GRÖNLAND

A

NORDATLANTIK

MÄRZ–MAI 2012

Kappeln

JULI–SEPTEMBER 2012

Camaret-Sur-Mer

FEBRUAR–APRIL 2013

La Gomera

AFRIKA

Panama   Grenada

NOVEMBER 2013– APRIL 2014

SÜD– AMERIKA

SÜDATLANTIK

N

JOHANNA & LUTZ
KLOSTERMANN

WORK
SAIL
BALANCE

IN TEILZEIT
UM DIE WELT

DELIUS KLASING VERLAG

Für die Liebe unseres Lebens:
Levi Tomke, der es vermocht hat,
aus dem größten Abenteuer unseres Lebens
ein noch viel größeres zu machen.

INHALT

6

PROLOG

in paar Tropfen des noch winterlich eisigen Nordseewassers laufen mir in den Kragen. Wie winzige Eiswürfel bahnen sie sich ihren Weg an meinem Hals hinab. Die nächste Welle bricht über uns herein, und das Wasser strömt über die Außenhaut unserer Schlechtwetterkleidung. Um nicht mit dem Wasser vom Deck gespült zu werden, knien wir auf dem schmalen Bug und klammern uns an der Reling fest. Wir zerren am Vorsegel und ziehen es Stück für Stück nach unten.

»Verfluchter Mist!« Während Lutz sich das Salzwasser mit dem Ärmel aus dem Gesicht wischt, grinst er mich an. Das Segel fängt an zu schlagen. Der Wind greift unter das Tuch und zerrt es in Richtung Meer. Es ist stockdunkel, aber Lutz kauert so nah bei mir auf dem Vorschiff, dass ich das Lachen in seinem Gesicht gut erkennen kann. »Was ist das denn bitte?!« Ungläubig schüttelt er den Kopf.

»Du dachtest, wir würden den ganzen Tag im Cockpit sitzen, Kaffee trinken und Seekarten von fernen Ländern studieren, nicht wahr?« Ich muss gegen den Wind und die Wellen anbrüllen. Der Lärm ist ohrenbetäubend, und außerdem haben wir zwei Schichten Stoff, nämlich Fleece- und Regenjacke, auf den Ohren.

»Das trifft es schon eher«, lacht Lutz und bindet das Segel unter Mühen an der Reling fest.

Wir haben keine Rollfockanlage, sondern schlagen unsere Vorsegel mit Haken am Vorstag an. Um das Segel zu wechseln oder zu bergen, müssen wir jedes Mal nach vorn zum Bug. Mit einer Rollanlage hingegen könnte man das Vorsegel bequem vom Cockpit aus bedienen.

In dieser Nacht herrscht ordentlich Wind, und die Wellen erreichen drei Meter Höhe. Die braunen Wassermassen überspülen uns bei jeder dritten oder vierten Welle. Wenn der Bug schwungvoll ins nächste Wellental rauscht, heben wir eine Handbreit vom Vorschiff ab, als ob uns eine unsichtbare Hand immer wieder den Boden unter den Füßen wegzöge. Die Nordsee ist flach, unser Echolot zeigt an keiner Stelle mehr als 20 bis 30 Meter Tiefe an. Das erklärt die brackige, braune Farbe des Meeres. Der Schlamm vom nahen Grund wird von den Wellen aufgewühlt. Auf so einem flachen Meer sind die Wellen kürzer und steiler als auf dem offenen, mehrere Tausend Meter tiefen Ozean.

Patrik, unser Segelmentor, übernimmt bei diesen Manövern das Steuer. Riesig wie ein Fels in der Brandung steht er am großen Steuerrad und lenkt uns gelassen durch die Dunkelheit. In seinem nagelneuen Schlechtwetterzeug wirkt er noch größer, die dicke Jacke und die riesige Latzhose leuchten rot in der Nacht. Seine blonden, zotteligen Locken gucken unter der Kapuze hervor und kleben nass von der Gischt auf seiner Stirn. Patrik strahlt Ruhe und Besonnenheit aus, und er weiß, was er tut. Wir vertrauen ihm blind.

Das Meerwasser und der Wind peitschen uns um die Ohren, die Wolken verdecken den Mond und verdunkeln die Nacht. Unser geliebtes Boot – die RUND360° – stampft und schnauft durch die raue See. Wir haben nicht nur volles Vertrauen in Patrik, sondern auch in unser Boot und in uns als Team. Wir sind Feuer und Flamme und kämpfen uns Meile für Meile nach Westen, voller Vorfreude auf das, was noch kommen wird.

Ich drehe mich zu Patrik um und hebe kurz die Hand, um zu signalisieren, dass hier vorn auf dem Vorschiff alles klar ist. Er winkt aufmunternd zurück. Daraufhin schweift sein Blick über das düstere Meer, und ich meine, trotz der Distanz einen Schatten auf seinem Gesicht zu erkennen. Vielleicht sind es auch nur die Schultern, die er unmerklich einzieht, so, als wäre ihm irgendetwas nicht ganz geheuer.

Wir segeln um die Welt. Unser Start fällt in den norddeutschen März – eine Jahreszeit, die nicht gerade geeignet ist, um entspannt über Ost- und Nordsee zu segeln. Auf der anderen Seite, so unser Kalkül, ist ein so früher Start ein guter Stresstest, quasi der Sprung ins kalte Wasser. Für uns genauso wie für das Boot. Wenn wir im März den langen Törn über die Nordsee bis nach England überstehen, dann überstehen wir alles. Soweit unsere Überlegung.

Ich bin erleichtert über Lutz' Grinsen und weiß, dass er das Abenteuer genauso liebt wie ich. Aber wie konnten wir uns sicher sein, dass er diese Art von Abenteuer mögen würde? Bis jetzt waren wir mit einem Jeep in Afrika unterwegs, haben Indien mit dem Zug bereist und auf unserer Hochzeitsreise zu Fuß die Alpen überquert. Auf dem Meer waren wir bislang noch nicht zusammen unterwegs. Lutz hat auch gerade erst in einer Jolle auf dem Wannsee die Grundlagen des Segelns erlernt und den Sportbootführerschein See absolviert.

Ich habe Lutz überredet, mit mir um die Welt zu segeln. Genau genommen habe ich ihn gar nicht überredet, sondern ihn vor vollendete Tatsachen gestellt. Als wir uns kennenlernten, warnte ich ihn, dass ich eines Tages um die Welt segeln wolle. Und dass ein näheres Kennenlernen deshalb nur dann sinnvoll sei, wenn er sich vorstellen könne mitzukommen. Vielleicht hat er mir anfangs nicht geglaubt oder vermutet, dass ich von einer Reise im Rentenalter spräche. Es hat ihn auf jeden Fall nicht davon abgehalten, mich zwei Jahre später zu heiraten. Und schon weitere zwei Jahre später mit mir zusammen das bisher größte Abenteuer unseres Lebens zu beginnen.

Zusammen mit Patrik sind wir in meiner Heimatstadt Kappeln gestartet. Patrik ist Schwede und lebt in Finnland. Er ist kaum jünger als wir, hünenhaft wie ein Seebär und schon um die ganze Erdkugel gesegelt. Er ist nicht nur an Bord, um uns bei den Hafenmanövern und dem ersten Sturm beizustehen, sondern auch zur Beruhigung von Lutz' Mutter. Obwohl sie ihn nicht kennt, ist sie erleichtert, dass wir jemanden dabeihaben, der schon so viel Segelerfahrung hat. Wir haben Patrik über eine Mitseglerbörse im Internet gefunden. Er hat ein Boot zum Mitsegeln gesucht und wir einen erfahrenen Segler, der uns im Segeln unterrichtet. Wir waren uns auf Anhieb sympathisch.

Wir wollen in Etappen um die Welt segeln, das heißt mehrere Wochen auf See verbringen und dann wieder eine Weile zu Hause sein. Ursprünglich war die Idee, ein paar Jahre am Stück zu segeln. Das war aber nichts für Lutz. Freunde und Familie für so lange Zeit nicht zu sehen, die Karriere auf Eis zu legen und kein Geld zu verdienen, also ganz auszusteigen, das konnte er sich nicht vorstellen. Lutz wollte zwar mit mir reisen, fremde Länder entdecken und über Ozeane segeln. Auch fand er es faszinierend, Inseln auf dem eigenen Kiel anzusteuern, die man sonst kaum besuchen kann. Ihm gefiel jedoch der Gedanke nicht, für zwei, drei oder sogar vier Jahre unterwegs zu sein. So entstand die Idee, beides miteinander zu verbinden, unser Leben zu Hause und das Langfahrtsegeln. Wir machen einfach beides: Wir segeln Teilzeit – und haben so die perfekte Work-Life-Balance oder besser gesagt Work-Sail-Balance.

Patrik, dem wir von unseren Etappenabsichten erzählten, fand die Idee dahinter bestechend. Er hatte auf seiner Segeltour um die Welt viele Langfahrtsegler kennengelernt, die die Schönheit ihrer Reise nicht mehr zu schätzen wussten. Er drückte es so aus: »They were bored of paradise!« Wenn man regelmäßig nach Hause fährt, sagten wir uns, wird man sicherlich nicht so schnell vom Paradies gelangweilt sein und den Blick für die Reize einer solchen Reise nicht verlieren.

Die nächste große Welle kommt aus der Dunkelheit und kracht auf das Deck. Wir ducken uns, um dem Schwall möglichst wenig Angriffsfläche zu bieten. Das eisige Wasser läuft mir diesmal bis in die Gummistiefel – durch einen winzigen Spalt zwischen Latzhose und Stiefelschaft – jetzt sind meine Füße nicht nur kalt, sondern auch klamm, ohne eine Möglichkeit, die Schuhe wieder ordentlich trocknen zu können. Ich drehe mich zu Lutz um und sehe immer noch das erstaunte Lachen auf seinem Gesicht. Ich bin erleichtert, und mir wird warm ums Herz – für dieses Lachen liebe ich ihn noch mehr als je zuvor, vielleicht schaffen wir es ja tatsächlich zusammen um die Welt.

Es ist 2 Uhr morgens, und anstatt wie geplant auf dem Weg nach England zu sein, laufen wir mit defektem Autopiloten in den verlassenen Hafen von Borkum ein.

ETAPPE I

Am Ende des Winters über die Nordsee oder
»Ohne Rollreffanlage fahr' ich nicht weiter«

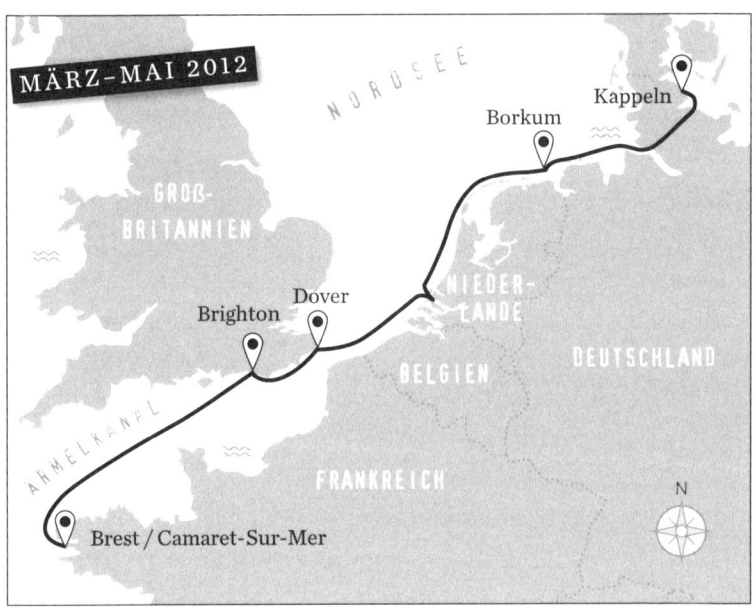

A m 24. März 2012 ist es so weit. Wir wollen starten und haben keine Ahnung, worauf wir uns da einlassen. Unser Plan ist es, in einem Rutsch von Kappeln über Schlei, Ostsee, Nord-Ostsee-Kanal, Elbe und Nordsee bis nach England zu segeln. Dann weiter bis nach Marokko und später in den Senegal und nach Gambia. Wir sind aufgeregt und nervös.

»Wollt ihr nicht doch lieber noch ein bisschen warten? Das Eis ist gerade erst geschmolzen, und ihr seid das einzige Boot im Wasser. Das sollte euch zu denken geben!« Henning, Chef der Mittelmann's Werft in Kappeln, schüttelt den Kopf über so viel Eigensinn. In seiner warmen, dunkelgrauen Segeljacke und den Docksides, die er von der Art her schon seit der 7. Klasse trägt, steht Henning unruhig auf dem Steg herum. In seinem Gesicht ist sein innerer Konflikt klar zu lesen – dass er gerne noch mehr dazu sagen würde, sich aber zurücknimmt. Später wird er von uns als seinen »ersten Patienten der Saison« sprechen. Der Winter war in diesem Jahr besonders kalt in Kappeln. Die Temperaturen sanken bis auf −12 °C. Eine dicke Decke aus Schnee lag auf unserem Deck, und die Kälte machte uns bei den Arbeiten am Schiff zu schaffen.

Das Boot hatten wir in Hamburg entdeckt. Eine Dehler 38, in die wir uns auf Anhieb verliebten. Sie ist schnell, hochseetauglich und bietet genug Platz für uns beide. Von Dezember bis März haben wir sie auf Hennings Werft für das Langfahrtsegeln ausgerüstet. Henning ist ein alter Schulfreund, und das Team auf seiner Werft hat uns tatkräftig bei den Arbeiten unterstützt.

Unsere Aufregung muss ein wenig ansteckend gewesen sein. Sein Sohn Henri stand regelmäßig am großen Panoramafenster im Wohnzimmer und hat sich die Nase am Glas plattgedrückt, um uns bei der Arbeit am Schiff zuzuschauen. Hin und wieder konnte er gar nicht genug davon bekommen, was bei uns da draußen in der Kälte passierte und kam nach dem abendlichen Bad noch nackt ans Fenster gerannt. Wir haben uns sehr über unseren kleinen Zuschauer gefreut.

Im März waren wir mit den Arbeiten schon fertig, und um Hennings Frage zu beantworten: Nein, wir wollen nicht warten. Die Kälte schreckt uns nicht ab. Für unsere erste Etappe haben wir bis Anfang Mai Zeit, dann müssen wir wieder zu Hause in

Berlin sein, für einen wichtigen Termin. Wie wichtig dieser Termin für uns sein wird, ahnen wir zu diesem Zeitpunkt noch gar nicht.

Als ob die Sonne unseren Starrsinn gutheißen wollte, vertreibt sie mit ihren Strahlen das eisige Grau des Winters. Im Laufe des Morgens färbt sich der Himmel blau, und die Schlei reflektiert die helle Frühlingssonne in alle Richtungen. Wir sind herrlich geblendet, als wir mit Patrik zusammen aufs Schiff steigen, um zu starten. Die Temperaturen klettern steil nach oben in Richtung Frühling und mit ihnen unsere Stimmung. Wir werfen die Leinen los und gleiten bei Flaute und ruhiger See die Ostsee hinunter.

»Was ist denn das für ein Piepen?«, fragt Lutz irritiert vom Vorschiff herüber, wo er gerade die warmen Sonnenstrahlen genießt.

Ich stehe am Steuer und zeige in Richtung Zündschlüssel: »Da blinkt was.«

Alle drei kriechen wir misstrauisch auf Knien vor dem Zündschlüssel herum, bis Lutz und Patrik gegen die hellen Sonnenstrahlen das Warnblinken erkennen, das die drohende Überhitzung des Motors anzeigt. Wir schalten ihn sofort aus und klappen den Tisch im Salon hoch. Hier, mitten in unserem »Wohnzimmer«, von allen Seiten zugänglich, sitzt unser 30 Jahre alter Volvo-Motor. Wir begutachten alle Leitungen und Rohre, finden aber nichts Auffälliges. Den Motor haben wir professionell durchchecken lassen und schmerzhaft viel Geld in seine Instandhaltung gesteckt. Dass nun ausgerechnet unser Volvo als Erstes Probleme macht, ist uns unverständlich.

Das Einzige, was uns schließlich als mögliche Ursache einfällt, ist unser neuer Warmwasserboiler. Axel, ein begnadeter Mechaniker, hat uns geholfen, ihn an den Motor anzuschließen, damit wir bei längeren Motorfahrten auch gleich warmes Wasser zum Duschen und Abwaschen speichern können. Das Kühlwasser des Motors läuft nun also noch durch unseren Boiler, bevor es durch die Bordwand zurück ins Meer fließt. Wir klemmen die langen Schläuche wieder ab und bauen das System zurück, zurück auf Kaltwasser. Ich drehe den Zündschlüssel, starte den Motor – und das Piepen ist verschwunden.

»Warmwasser wird eh überbewertet«, heitert Lutz mich auf. »Bald sind wir in Gegenden unterwegs, wo wir gar kein warmes Wasser mehr brauchen.« Nun ja, denke ich, immerhin hatten wir einige Stunden Arbeit in unser neues Warmwassersystem gesteckt.

Lutz und Patrik wenden ihre Gesichter wieder der warmen Sonne zu, und auch ich habe diesen ersten von vielen kleinen Zwischenfällen nach wenigen Minuten vergessen. Wir kommen voran, und mit unseren Gedanken sind wir bereits in fernen Ländern.

Als Nächstes passieren wir den Nord-Ostsee-Kanal und fahren die Elbe hinauf bis nach Cuxhaven. Auch hier sind wir das einzige Boot, der Hafen ist winterlich verlassen. Wir verkabeln noch den neuen Autopiloten, duschen heiß und ausgiebig und machen uns auf den Weg in Richtung England.

Wir wollen nonstop nach Brighton segeln und sind daher auf mehrere Tage auf See eingestellt. Dazu wählen wir einen Weg, der etwas weiter weg von der Küste zwischen zwei Verkehrstrennungsgebieten liegt, in denen die Großschifffahrt unterwegs ist. Hier erhoffen wir uns sehr viel weniger Fischerboote als nahe der Küste und freie Bahn nach Westen.

Da es nachts noch empfindlich kalt wird, wechseln wir uns alle zwei Stunden mit dem Wachehalten ab. Wachehalten heißt für uns hier auf der viel befahrenen Nordsee: alle fünf Minuten einmal rundherum schauen, ob Fischer-, Container- oder Segelschiffe unseren Weg kreuzen. Viele Monate später heißt es dann nur noch alle zwei Stunden einmal rundum zu schauen. Mitten auf dem Pazifik werden wir wochenlang kaum einem Schiff begegnen.

In der darauffolgenden Nacht wecken mich ein heftiger Ruck und ein sehr lauter Knall. Ich rutsche mit dem Kopf gegen die Wand. Es ist stockdunkel in meiner Kabine. Nur schemenhaft erkenne ich meinen Laptop. Er fliegt senkrecht nach oben, knallt gegen die niedrige Decke, prallt an der weißen Seitenwand ab und landet dann auf dem kleinen Stück Fußboden vor meiner Koje. Der Boden im Schiff ist aus Teakholz – äußerst angenehm, um darauf später barfuß zu laufen. Im Moment trage ich aber zwei Paar warme Socken gegen die nächtliche Kälte.

Ich reibe mir den Kopf an der Stelle, wo ich gegen die Wand gerutscht bin, und versuche zu verstehen, was gerade passiert ist. Sind wir mit einem Containerschiff kollidiert? Hat uns ein Fischer gerammt? Gehen wir etwa unter? Ich lasse meinen Laptop liegen, schliddere auf Socken in den Salon zum Niedergang und recke meinen Kopf ängstlich in die Nacht hinaus. Gegen den Nachthimmel erkenne ich, dass Lutz das Steuer übernommen hat. Patrik kniet neben ihm, den Kopf in der hinteren Cockpitkiste. Dort wohnt unser Autopilot.

»Patenthalse! Der Autopilot ist abgebrochen!«, ruft Lutz mir zu, um die Wellen und den Wind zu übertönen. »Die Halterung, das dicke Stück Stahl, ist vom Ruderschaft abgebrochen!«

Keine Kollision, kein Loch im Rumpf, wir gehen nicht unter, puh! Und auch sonst ist nicht viel passiert. Ein Glück, dass wir angefangen haben, nur noch mit Bullenstander zu fahren. Ein merkwürdiges Wort, wohl eine Abwandlung des Wortes »Bulien«, eine Leinenart auf alten Rahseglern. Die englische Bezeichnung gefällt uns besser: Preventer. Ganz einfach. Die Leine soll ja verhindern, dass der Baum von einer Seite auf die andere schlagen kann. Das kann auf hoher See schnell passieren, aufgrund von Wellen oder auch eines Steuerfehlers, wenn das Boot plötzlich falsch vor dem Wind steht. Der herumschlagende Baum ist gefährlich, da er sich auf Kopfhöhe befindet. Wenn er mit Schwung von einer Seite auf die andere rauscht, kann er leicht eine tödliche Kraft entwickeln.

Unser Preventer hat gute Arbeit geleistet. Es ist nichts weiter passiert, und Lutz hat uns schnell wieder auf Kurs gebracht, aber warum der Stahl gebrochen ist, können wir uns nicht erklären. Und wir können ihn auch nicht reparieren, denn wir haben kein Schweißgerät an Bord. Also bleibt uns nichts anderes übrig, als den nächstbesten Hafen anzulaufen. Wir entscheiden uns für Borkum und steuern den Rest der Nacht per Hand.

Die Anfahrt nach Borkum ist schwierig. Die Strömung ist stark und schiebt gegen uns. Der Wind nimmt rasant zu, und nun drücken Strömung und Wind in verschiedene Richtungen. Das Oberflächenwasser ist kabbelig und nervös. Wir erreichen den alten Marinehafen und müssen an der Kaimauer festmachen – bei diesen Bedingungen haarsträubend. Wir überlegen kurz, ob wir Patrik das Steuer überlassen sollen, aber eigentlich ist das für Lutz und mich eine ausgezeichnete Übung. Obwohl wir vor Angst, unser geliebtes Boot gegen eine Mauer zu setzen, schweißnass sind, bleiben wir dran. Patrik lässt uns entspannt machen und gibt uns wertvolle Tipps. Kurz darauf liegen wir sicher vertäut neben der Seenotrettung.

Zu unserer Erleichterung finden wir bei der Seenotrettung sofort jemanden, der uns die gebrochene Halterung schweißt und auch noch doppelt verstärkt. Schon am nächsten Vormittag ist alles wieder repariert. Die Halterung sieht jetzt überdimensioniert aus, aber noch einmal soll uns dieses Teil nicht brechen. Der Schreck sitzt mir noch in den Knochen. Mein Laptop hat glücklicherweise nur leichte Schäden davongetragen. Sein Akku hat sich verabschiedet, aber ansonsten funktioniert er noch. Ab jetzt werden wir alle elektronischen Geräte fest einkeilen oder anschnallen. Unsere Lernkurve ist in diesen ersten Wochen auf See sehr steil. Wir werden sicherer im Umgang mit unserem Boot und gewinnen mehr und mehr Vertrauen in unsere eigenen Fähigkeiten.

Der Wind hat in der Zwischenzeit über der gesamten Nordsee Sturmstärke erreicht, und so sitzen wir für fünf Tage auf Borkum fest.

Wieder auf See, begegnen wir vor Rotterdam unseren ersten Delfinen der Reise! Es sind zwei kleine flinke Tiere, die so schnell wieder verschwinden, wie sie aufgetaucht sind. Trotzdem freuen wir uns ungemein über den Besuch. Es bedeutet, dass wir in wärmere Gefilde kommen. Wir wundern uns nur, warum sie ausgerechnet vor dem größten Industriehafens Europas anzutreffen sind. Hier herrscht mit Abstand das höchste Verkehrsaufkommen, das uns auf unserer Reise bis jetzt begegnet ist. Der Bildschirm des Kartenplotters reicht kaum aus, um alle Schiffe um uns herum darzustellen. Patrik, der auf seinen Segelreisen schon viel gesehen hat, macht zum Beweis ein Foto vom Bildschirm des Plotters. Das will er später seinen Freunden in Finnland zeigen.

Auf der Höhe von Amsterdam tauchen im Morgengrauen plötzlich etwa 15 alte Zwei- und Dreimaster aus dem Nebel auf. Ich habe gerade Nachtwache und überlege, ob ich mir das vor lauter Müdigkeit nur einbilde – von Halluzinationen bei Seglern habe ich gelesen. Bei Übermüdung sehen die einen Geister, die anderen Bohrplattformen, die es nicht gibt. Ich bin mir nicht sicher. Es ist Samstag, 6 Uhr früh – die Sichtweite beträgt schätzungsweise 400 Meter. Was in aller Welt sollten diese Segelboote hier um diese Uhrzeit tun?

Ich klettere den Niedergang hinunter und linksherum in unsere Kabine. Die Dunkelheit wird nur durch den schmalen Schein meiner Kopflampe erhellt. Vorsichtig schüttele ich Lutz an der Schulter.»Lutz, wach auf! Da draußen sind ganz viele, äh, Piratenschiffe oder so. Die kommen aus dem Nebel. Und genau auf uns zu!«

»Hm, nee lass mal. Und mach das Licht aus.«

»Los komm, das sieht irre aus!« Ich wende Lutz das Gesicht zu und leuchte ihm so aus Versehen mit der Lampe auf meiner Stirn direkt in die Augen. Diese schließen sich reflexartig – und öffnen sich auch nicht wieder. Als Antwort bekomme ich nur ein leises Schnarchen.

Hm, dann vielleicht Patrik. Ich versuche also vorsichtig, unseren Segelmentor von der Szene da draußen zu begeistern. Sofort steht er auf – vielleicht aus einem Gefühl der Verantwortung für Leib und Leben heraus –, reibt sich die Augen und starrt sekundenlang durch seine Luke im Vorschiff in den inzwischen grünstichigen Nebel hinein. Die Sonne wird bald aufgehen, und der Nebel lichtet sich. Langsam und taumelnd kommen uns die grauen Museumsobjekte entgegen. Patrik kratzt sich ungläubig am Kopf und schaut mich fragend an. Wir halten unseren Kurs, während alle 15 Schiffe lautlos und wie auf Schienen im Bogen um uns herumsegeln. Wir machen Fotos für Lutz. Dann stehen wir noch lange auf Deck und starren hinter den Zwei- und Dreimastern her, mit einem Becher dampfendem Kaffee in der Hand: großes Kino!

An Bord stellt sich nun eine Art Routine ein. Wir wechseln uns mit den Wachen ab, was bedeutet, dass eigentlich immer einer von uns schläft, einer für das Boot verantwortlich ist und der Dritte frei hat. Nach und nach lernen wir die Geräusche an Bord zu deuten. Neben der verräterisch lauten Pumpe für Frischwasser, den leicht knarzenden Geräuschen der Selbststeueranlage und den Wellen, die gegen den Rumpf schlagen, gibt es noch viele andere Geräusche, die zum Segeln dazugehören.

Am dritten Tag bei Sonnenuntergang erreichen wir die englische Hafenstadt Dover.

Unsere Reise mit Patrik erweist sich als perfektes Lehrstück: Wir haben einen Kanal, eine Schleuse – in Holland zum Tanken –

und mehrere Verkehrstrennungsgebiete durchquert, starke Strömungen, viel Wind und Welle sowie eine Patenthalse durchlebt. Wir haben viel gelernt und Probleme gemeinsam gemeistert. Lutz und ich sind zufrieden. Mehr als das: Wir spüren, dass wir unser Boot so langsam im Griff haben.

Bei unserer Ankunft in Dover glüht der Abendhimmel, und die weißen Leuchttürme am Eingang zum Hafen leuchten orange. Am Horizont regnet es, gleich zwei Regenbögen erstrecken sich über dem Meer. Der Hafenmeister empfängt uns herzlich und empfiehlt uns als Erstes einen Besuch in der nächstgelegenen Kneipe. Einklarieren könnten wir auch später, sagt er. Wir wollen aber weiter, tanken nur kurz, vertreten uns für ein paar Minuten die Beine und legen gleich wieder ab. Das Einklarieren verschieben wir auf Brighton, wo uns später gesagt wird, dass wir es auch bleiben lassen könnten, es würde für beide Seiten nur unnötigen Aufwand bedeuten. Also lassen wir es sein und halten uns folglich tagelang illegal in Großbritannien auf.

Die starken Strömungen, die von den Gezeiten an der englischen Küste verursacht werden, schieben uns rasend schnell in Richtung Brighton. Lange diskutieren wir, wann wohl der richtige Zeitpunkt für diese Strecke wäre, denn ganz einfach lassen sich die vielen Informationen aus den Handbüchern nicht zusammensetzen. Schließlich berechnen wir, dass wir die günstigste Strömung mit uns hätten, wenn wir sofort weiterfahren würden. Und es funktioniert: Mit über 8 Knoten rutschen wir an der englischen Küste entlang. Für unser Boot ist das wahnsinnig schnell. Dieser Wert relativiert sich allerdings, wenn man bedenkt, dass man zu Fuß schon 2,7 Knoten schnell ist. Oder anders ausgedrückt: Mit 8 Knoten sind wir in etwa so schnell, als würden wir langsam Fahrrad fahren. Trotzdem legen wir schon um 3 Uhr nachts in der Marina von Brighton an.

So schnell die Rutschpartie auch ist, die Nacht ist anstrengend. Die Sicherung des Autopiloten brennt durch, und so müssen wir wieder per Hand steuern. Die Probleme mit dem Autopiloten machen uns jetzt Sorgen. Wir passieren auch einige Fischerboote. Zwei von ihnen sind im Verbund unterwegs und haben Netze zwischen sich gespannt, die bei Dunkelheit kaum zu sehen sind. Von früheren Segeltörns kenne ich dieses Phänomen und halte generell ordentlich Abstand zu Fischerbooten. Als wir 300 Meter von ihnen entfernt sind, schalten die Fischer auf beiden Seiten gigantische Strahler an und beleuchten die Netze zwischen ihnen. Es ist plötzlich so hell, dass wir geblendet sind. Sehr effektiv: Wir sind alle wieder hellwach.

Die Einfahrt nach Brighton erfordert unsere volle Konzentration. Im Handbuch steht, dass die Fahrrinne seitlich versandet sein könne. Die Wellen und die Strömung schieben uns seitwärts, und ich muss aufpassen, in der Mitte des Fahrwassers zu bleiben. Patrik und Lutz helfen mir in der Dunkelheit, indem einer links, der andere rechts auf Deck steht und sie mich mittig zwischen den roten und grünen Tonnen durchlotsen. Alles passt, wir machen an einem freien Steg fest und fallen todmüde in die Kojen.

Am nächsten Morgen trinken wir unseren Kaffee im Cockpit. Es ist schon ziemlich spät, und wir machen gerade im Geiste eine Liste mit den Dingen, die wir hier erledigen wollen. Unser Cockpit ist für die Länge des Schiffes angenehm groß. Hier sitzen wir am liebsten und genießen die Pausen. Es ist zwar noch immer nicht sehr warm, aber die Sonne scheint, und wir sind ausgeschlafen und entspannt.

Lutz bewundert das Können zweier Segler direkt vor unserem Steg. Trotz starker Strömung und seitlichen Windes gelingt es ihnen, auf der Stelle zu stehen und sich kein bisschen zu bewegen. »Das will ich auch können!«, sagt Lutz und schlürft den heißen

Instantkaffee. Er verzieht das Gesicht, denn noch haben wir uns nicht richtig an den einfachen Nescafé an Bord gewöhnt. Dann kommt ein Motorboot der Marina vorbei, und der Mann am Steuer winkt den beiden Seglern zu – und wirft ein Abschleppseil zur Yacht hinüber. Lutz setzt sich auf, um besser sehen zu können. Als er seinen Irrtum endlich bemerkt – die Yacht steckt nämlich ordentlich im Schlick fest –, prustet er so heftig los, dass der heiße Kaffee durchs Cockpit bis auf meine Füße spritzt.

Die Brighton Marina ist die größte Großbritanniens. Wir kaufen noch fehlende Ausrüstungsgegenstände und lassen den Autopiloten überprüfen. Der Bootsbauer kann aber keine Probleme feststellen, der Autopilot sei korrekt eingebaut. Mehr als die Sicherung zu wechseln, könnten wir nicht tun.

In einem der Ausrüstungsläden besorgen wir uns einen Radarreflektor. Bei den Unmengen an Containerschiffen halten wir das für eine gute Idee. Der Reflektor soll sicherstellen, dass unser kleines Schiff vom Radar der Großschifffahrt erfasst wird. Das Gerät hat allerdings einen Haken. Man muss die Metallstücke zu einer Art Kubus zusammenstecken, der dann oben an den Wanten angebracht wird. Das gelingt jedoch keinem von uns dreien, und so bringen wir die Teile fragend zurück in den Laden. Die Verkäufer versuchen uns zu helfen, einige Kunden ebenfalls, zum Schluss ein alter englischer Skipper. Er ist sich sicher, dass das ziemlich einfach ist und fummelt an den einzelnen Metallscheiben herum, bis ihm schließlich der Kragen platzt: »This must be a French product!« Seine Verachtung für die Franzosen ist nicht zu überhören. Die einzelnen Metallscheiben klirren auf den Tresen, und empört stampft er davon. Nun haben wir ein komplett anderes Modell an Bord, eine Art Röhre, die man nicht zusammenbauen muss. Das französische Produkt wurde aus dem Sortiment genommen.

Lutz und ich haben beide einige Jahre in England gelebt und beschließen, ein paar Tage hierzubleiben. Wir treffen alte Freunde und genießen einige Dinge, die typisch für England sind: Marmite, Ale und Salt and Vinegar Crisps. Marmite, ein Brotaufstrich aus Hefeextrakt, sieht aus wie Nutella, schmeckt aber extrem salzig. Das mögen wirklich nur Briten und einige wenige andere. »You either love it or hate it!«, beschreibt die englische Werbung das Produkt denn auch ganz treffend. Bei Lutz und Patrik ist es Letzteres. Ich habe also das ganze Glas für mich allein. Dafür genießt Lutz das englische Ale und Patrik die Salz- und Essigchips.

Nach wenigen Tagen segeln wir weiter – aus dem Ärmelkanal hinaus auf den offenen Atlantik mit Kurs auf die Biskaya. Wir spüren, dass der Meeresgrund steil abfällt. Die Wellen weichen einer langen Dünung, und das Boot gleitet ruhiger übers Meer. Wir sind guter Dinge, das Wetter ist schön, und wir kommen gut voran, als Patrik uns plötzlich eröffnet:»Without a furling genoa I am not going across the Bay of Biscay!« Seine Arme sind vor der Brust verschränkt, ein wenig defensiv und unsicher. Lutz und ich sind baff. Patrik weigert sich, ohne Rollreffanlage über die Biskaya zu segeln. Unser Segellehrer hat Angst! Und wir sind verwundert, denn die ungemütlichen Arbeiten auf dem Vorschiff, um die Segel zu wechseln, zu setzen und zu bergen, erledigen ja Lutz und ich. Patrik bleibt bei diesen Manövern im sicheren Cockpit. Er hat also gar nicht viel zu befürchten. Oder ist es gerade das? Dass Patrik vom Cockpit aus die Strapazen mit ansehen muss und sich verantwortlich fühlt? Es muss ja auch haarsträubend aussehen, wenn wir dort vorn von den Wellen überspült und in die Luft gehoben werden, auf allen Seiten umgeben von weißer Gischt. Wer weiß, auf jeden Fall sind Lutz und ich aber inzwischen so weit, dass wir auch allein weiterfahren würden.

Wir entscheiden uns für einen Stopp in der Nähe von Brest in Frankreich: in einem bretonischen Fischerdorf mit dem klangvollen Namen Camaret-sur-Mer, das noch nördlich der Biskaya liegt. Kurz vor der Einfahrt begegnet uns ein anderes Segelboot, das erste seit Tagen. Es ist eine Sweden 44. Während wir die elegante Yacht beobachten, wie sie im Sonnenuntergang zügig an uns vorbeizieht, krächzt unser Funkgerät:»Sailing yacht ROUND360°! Sailing yacht ROUND360°!« Patrik ist der Einzige, der aus dem Geknister unseren Bootsnamen heraushört. Lutz sprintet in den Salon, holt unsere Handfunke und antwortet:»This is sailing yacht ROUND360°. Hello?«

Am anderen Ende vernehmen wir eine bekannte Stimme, die von der Sweden-Yacht neben uns kommt. Es ist John! Ein alter Freund und Skipper aus Schottland, mit dem ich auf früheren Überführungstörns zusammen gesegelt bin. Wir haben ihn im Mittelmeer vermutet. Sein Zeitplan hat sich aufgrund des Sturms über der Nordsee aber ebenfalls stark verzögert, und so kommt es, dass wir ausgerechnet hier aufeinandertreffen.

John hat Lutz und mir vor einigen Monaten geholfen, unser neu erstandenes Segelboot von Hamburg nach Kappeln zu bringen. Wir haben unser Boot am 11.11.2011 gekauft und es gleich am nächsten Morgen zusammen mit John über den Nord-Ostsee-Kanal nach Kappeln überführt. Obwohl erst November, war es schon ungemütlich kalt, und in der Nacht, die wir in Rendsburg verbrachten, sanken die Temperaturen auf −4 °C. Die Heizung, die laut Verkäufer einwandfrei funktionieren sollte, brachte kein bisschen Wärme, doch John hielt ohne Murren durch, wofür ich ihm bis heute dankbar bin.

Am nächsten Morgen war sogar Eis an Deck, und über dem Kanal lag Nebel. Als waschechter Schotte hat John sich aber nicht davon abhalten lassen weiterzufahren, woraufhin wir über Funk einen aufgebrachten Kanalkontrolleur am Ohr hatten:»It is absolutely forbidden to sail on the canal when there is fog!« So mussten wir eine Weile in einer Nothaltebucht ausharren, bis sich der Nebel etwas gelichtet hatte und das Okay für die Weiterfahrt über Funk kam. Als John den Brückenwärter in Kappeln anfunkte, um im winterlichen Betrieb um Durchfahrt zu bitten, kam erst ein »Wat?« als Antwort, da John ihn auf Englisch angefunkt hatte, und dann, einen Augenblick später: »Seid ihr das dahinten? Dann gebt mal Gas!«

Mit John fing unsere Reise an, und nun ist er mit seiner britischen Crew ebenfalls auf dem Weg nach Camaret-sur-Mer! Es wird ein fröhliches Wiedersehen mit traditionellen »moules et frites« – Miesmuscheln mit Pommes.

Die Zeit wird nun langsam knapp, und Lutz und ich beschließen schweren Herzens, unsere erste Segeletappe nicht in Marokko, sondern in Frankreich zu beenden. Wir haben zwei wichtige Termine zu Hause in Berlin, die wir nicht verschieben können.

Wir räumen das Schiff ordentlich auf und lassen es sicher vertäut in der Marina von Camaret-sur-Mer liegen. Von Brest aus fliegen wir nach Berlin zurück, Patrik fliegt nach Helsinki. Er ist unglaublich rührend und bietet uns seine weitere Mithilfe für die nächste Etappe an: Er würde wieder herfliegen. Dafür könnten wir ihn knutschen!

Als wir dann aber auf dem Weg zum Flughafen die Preise für Rollreffanlagen auf dem Smartphone googeln, schauen Lutz und ich uns nur an – und müssen gleichzeitig lachen. Wir wissen beide, dass wir ab jetzt allein weitersegeln werden. Inzwischen trauen wir uns zu, die weitere Reise ohne Patrik anzutreten. Und ohne Rollreffgenua.

SEGELMENTOREN

Da Lutz gerade einmal den Sportbootführerschein See und einen Segelkurs auf dem Wannsee absolviert hatte und ich zwar sehr viel mehr Seemeilen im Kielwasser vorweisen konnte, aber noch nicht über das nötige Know-how verfügte, ein Dickschiff ganz allein zu segeln, haben wir uns dafür entschieden, jemanden mitzunehmen, der uns alles Nötige beibringen konnte – eine Art Segelmentor. Neben Patrik gab es noch zwei weitere »Mentoren«, die mich auf dem Weg zum Langfahrtsegler ein Stück begleitet haben.

Als Kind bin ich Optimist gesegelt und mit den Eltern von Freunden ein-, zweimal nach Dänemark. Aber richtig gepackt hat mich das Segeln erst, als ich als Austauschschülerin in Südafrika mit meiner Gastfamilie auf dem Indischen Ozean unterwegs war. Von Richards Bay in Südafrika ging es mit dem selbst gebauten 20-Meter-Segelschiff nach Mosambik die Küste hoch. Tagelang auf dem offenen Meer, Wale, Windhosen, Nachtwachen bei sternenklarem Himmel, ein Hai, der unseren Fang von der Angel biss, und die Gastfreundschaft, die wir überall antrafen, haben mich mit meinen 17 Jahren nachhaltig beeindruckt. Trotzdem habe ich das Segeln in den nächsten Jahren nicht weiter verfolgt.

Als Vorbereitung für unsere große Reise und auch als Test, ob mir das Langfahrtsegeln auch heute noch so gut gefallen würde wie mit 17, habe ich bei einem Weltumsegler angeheuert, der gerade Station in der Türkei machte. Über eine Seglerbörse im Internet fand ich einen US-Amerikaner aus San Francisco, der immer zwei weitere Crewmitglieder mit an Bord hatte, um ihm beim Segeln seines 44 Fuß großen Katamarans zu helfen. Gegen Mithilfe beim Segeln und allen anderen Aufgaben, die auf einem Boot anfallen, und einer Beteiligung an der Bordkasse für Wasser, Diesel und Essen, fährt man gratis mit. Das Prinzip nennt sich Hand gegen Koje.

Wir segelten gemeinsam von Marmaris aus durch die sommerlich schillernde griechische Inselwelt, durch die Straße von Korinth bis in die westlichsten Regionen von Griechenland. Hier lernte ich das perfekte Ankern, das Navigieren mit äußerst ungenauen Seekarten (teilweise wich die Karte um 200 Meter von der Realität ab, und laut GPS segelten wir mitunter über Land!) und vor allem den Alltag des Fahrtensegelns: die regelmäßige Suche nach Waschsalons, den extrem sparsamen Umgang mit Süßwasser, das Abwaschen mit Meerwasser, das Duschen bzw. Waschen im Meer. Das ist teilweise mühselig und sicherlich nicht für jeden Menschen geeignet. Ich aber fand es großartig.

Somit war der Eigner der Catana 44 schon mein erster Segelmentor. Um auch die extremere Seite des Fahrtensegelns kennenzulernen, heuerte ich danach noch bei einer Crew an, die eine Überführung von Frankreich auf die Kanaren machen wollte. Hier lernte ich auch John kennen. John war mein zweiter Mentor: Er überließ mir die Navigation, das Verproviantieren für den Törn, das Segeln und erklärte mir das System der Wacheinteilungen, Sicherheitsvorkehrungen an Bord und die Technik. Die längste Passage dauerte fünf Tage und Nächte. Von Cascais bei Lissabon nach Gran Canaria. Ich habe mich sofort wieder in das lange Segeln auf dem offenen Meer verliebt. Von daher wusste ich, worauf ich mich einließ – im Gegensatz zu Lutz.

Da meine Erfahrungen mit der Seglerbörse ausgesprochen positiv waren, haben Lutz und ich beschlossen, hier auch nach einem geeigneten Mentor zu suchen, der uns auf unserer ersten Etappe begleiten sollte. Innerhalb von wenigen Tagen wurden wir fündig – oder besser gesagt, wir wurden gefunden. Von Patrik, der ein Boot zum Mitsegeln suchte und auch gern sein Langfahrtseglerwissen weitergeben wollte. Patrik hatte schon die ganze Welt besegelt, und das, obwohl er zu dem Zeitpunkt gerade einmal Anfang 30 war.

Ein gewisses Risiko, ob man sich auf so engem Raum mit einer wildfremden Person verstehen wird, bleibt immer. Wir hatten Glück und waren uns auf Anhieb sympathisch. Patrik strahlte eine Ruhe und Besonnenheit aus, die wir in unserer Aufregung gut vertragen konnten. Die Kosten für seinen Flug, Kost und Logis übernahmen wir.

Patrik erwies sich als der perfekte Lehrer. Er war ruhig, freundlich, humorvoll und, was am wichtigsten für uns war, er hatte Freude daran, uns sein Wissen zu vermitteln. Außerdem war er verrückt genug, mit uns am Ende des Winters loszusegeln.

Ob es um einen Tropfen Öl für die quietschende Pumpe der Bordtoilette ging oder sein Hinweis, dass wir das selbst eingebaute Schaltpanel auf jeden Fall noch verstärken müssten, da es auf der Ostsee sicherlich lange halten würde, aber schon auf dem Atlantik den Kräften der Wellen nicht standhalten würde: Seine Tipps waren uns eine große Hilfe, und er packte bei allem mit an.

Patrik hat unser Abenteuer gut gefallen. Nicht lange nachdem sich unsere Wege trennten, schrieb er, dass er nun als Nächstes ein junges Paar aus England mit ganz ähnlichen Plänen und wenig Erfahrung für eine Weile begleiten würde.

ETAPPENPAUSE

Hat jemand einen Platz zum Schlafen?

S eid ihr nächste Woche etwa im Urlaub?«, rufe ich begeistert in den Telefonhörer. »Dann ist eure Wohnung also frei und niemand da, der die Blumen gießt?« Anstatt nachzufragen, wohin die Reise denn gehen soll, interessiere ich mich momentan nur für die Tatsache, dass die Wohnung unseres Freundes Peter in Berlin eine Woche lang leer steht.

»Ja, die Wohnung ist frei. Worauf willst du denn hinaus?«, lacht Peter, der Lunte gerochen hat. Wir verabreden die Schlüssel-übergabe, und ich lege erfreut auf. Für die erste Woche zu Hause haben wir eine Unterkunft gefunden.

Unsere eigene Wohnung ist noch untervermietet, da wir etwas früher zurückkehren als geplant. Das Teilzeitsegeln ist hin und wieder eine organisatorische Herausforderung. So gut wir unsere Segeletappen auch planen, es entstehen hin und wieder Über-schneidungen. Manchmal beenden wir eine Etappe etwas früher, manchmal fangen Projekte früher an als geplant. Die Untermieter möchten wir deswegen nicht vor die Tür setzen. So ist manchmal ein hohes Maß an Flexibilität gefragt.

Uns bleibt uns also nichts anderes übrig, als spontan bei Freun-den und Familie anzuklopfen und nach einem Platz zum Schlafen zu fragen. Im Laufe der Zeit übernachten wir dann mal auf dem Fußboden im Zimmer meines Neffen, mal ein paar Tage im Hotel, und natürlich ziehen wir auch immer wieder bei unseren Eltern in Hannover und Kiel ein. Je nachdem, wie lange unser Zuhause noch vergeben ist.

Unsere Wohnung haben wir ein wenig entrümpelt und zur Untermiete frei gegeben. In den Zeiträumen, in denen wir unterwegs sind, wohnt dort zuerst eine Familie aus England, dann ein Arzt aus Holland, dann eine Familie, die aus Kolumbien wieder nach Berlin zurückgekehrt ist und noch einige mehr.

Insgesamt gesehen ist das Teilzeitsegeln zwar teurer – die Flüge in die Heimat und die monatelange Unterbringung des Schiffes an fernen Orten in der Welt schlagen aufs Budget –, aber auf der anderen Seite verdienen wir auch immer wieder Geld. Geld, das in die Bordkasse fließt und uns unterwegs mehr Flexibilität bietet. Unterm Strich haben wir auf diese Weise viel mehr Geld beim Segeln zur Verfügung.

Manchmal wissen wir nicht mehr, wo was ist – im Keller unserer Wohnung, den wir nicht mitvermietet haben, oder doch bei meinem Vater? In Peters Wohnung oder sogar auf dem Boot? Wir versuchen es mit Humor zu nehmen, denn schließlich ermöglichen wir uns so die Verwirklichung unseres Traumes.

Jedes Mal, wenn wir nach einer Segeletappe nach Hause kommen, genießen wir den »Luxus« in vollen Zügen: Zu allererst duschen wir richtig warm und länger als zehn Sekunden, trocknen uns die Haare mit einem Föhn (!) und beäugen dann – noch immer im Handtuch eingewickelt – unseren Kühlschrank. Im Gegensatz zu der winzigen Kühlbox auf unserer RUND360° wirkt der hier fast unanständig groß! Ein Gefühl wie früher, als wir als Kinder in amerikanischen Serien diese riesigen, bolligen Kühlschränke das erste Mal sahen, die sogar Eiswürfel ausspucken konnten. Wer braucht sowas dekadentes? Dachten wir damals. Und jetzt, bei dem Anblick unseres gar nicht wirklich sonderlich großen Eisschranks, beschleicht uns dieses Gefühl von Neuem.

In die kleine Kühlschrankbox auf unserer RUND360° hingegen passt nur das Allernötigste hinein: ein Liter Milch, Aufschnitt, ein paar kleine Tupperdosen und ein Liter Saft, das war's schon. Wir können ihn auch nicht unentwegt laufen lassen, weil er zu viel Strom frisst. Unser Kühlschrank zu Hause läuft Tag und Nacht ohne Pause, er ist richtig kalt und hat sogar ein Tiefkühlfach. Der Strom kommt wieder aus der Steckdose, nicht aus Batterien. Wir können alle Lampen anknipsen, wenn wir Lust dazu haben. Wir haben eine Waschmaschine, Fahrräder und ein Auto vor der Tür. Und nicht zu vergessen: In jedem Segelladen hier gibt es Unmengen an Ersatzteilen aller Art. Wir fühlen uns wie im Schlaraffenland. Unsere Freizeit verbringen wir jetzt in Ausrüstungsläden und Baumärkten. In Marokko dagegen wird schon der Versuch erfolglos ausgehen, einen verloren gegangenen Fender zu ersetzen oder eine neue Glühbirne für die Navigationslichter zu erstehen. Und das, obwohl uns die Marina-Crew tatkräftig bei der Suche unterstützt. Auch in anderen Ländern sind Ersatzteile nicht immer erhältlich, sehr viel teurer oder müssen umständlich importiert werden.

Während Lutz beruflich in Europa unterwegs ist, organisiere ich die nächste Etappe, kaufe Unmengen an Ersatzteilen, lerne Spanisch und suche neue Untermieter. Ich erhandele einen neuen Satz Segel und verkaufe Ausrüstungsgegenstände, die wir an Bord doch nicht brauchen.

Wir sind gestartet, ohne das Boot 100-prozentig umgerüstet zu haben, denn wir wussten ja nicht, ob das Fahrtensegeln wirklich unseren Vorstellungen entsprechen würde, vor allem denen von Lutz. Bis jetzt haben wir nur das Nötigste eingebaut: einen Windgenerator, eine Selbststeueranlage und ein Verschattungssystem für das Cockpit. Das Bad, das Schaltpanel und die Bezüge im Salon haben wir auch erneuert.

Im Moment haben wir noch Kevlarsegel an Bord, schnittige, schnelle Segel – nur ungeeignet, um damit auf Langfahrt zu gehen. Dafür sind sie zu empfindlich. Jetzt, wo wir wissen, dass wir weitersegeln werden, ist es Zeit, die Segel zu tauschen. Wir werden von einem Segelmacher in Flensburg unterstützt und bekommen neue, strapazierfähige Segel aus Dacron zum Einkaufspreis.

In der ersten Etappenpause überlegen wir, was ich später in den kurzen Zeiträumen zu Hause beruflich tun könnte. Als Architektin kommt eine Anstellung für so kurze Zeit nicht infrage. Aber schon in der nächsten Etappenpause wird sich diese Frage schlagartig und auf ungeahnte Weise klären.

Lutz hat zusammen mit einer Freundin eine eigene Unternehmensberatung gegründet. Wenn wir zu Hause sind, berät er verschiedene Konzerne und Banken. Das selbstständige Arbeiten an Projekten bietet uns einen großen Vorteil: Sobald ein Projekt zu Ende ist, können wir uns wieder zum Segeln aufmachen. Unterwegs betreibt Lutz dann hin und wieder noch Akquise und pflegt sein Netzwerk. Dafür ist der Aufenthaltsort unerheblich.

Eine Dreiertelefonkonferenz vom sonnigen Deck unserer Dehler auf La Gomera aus verläuft in etwa so:

»Hallo Herr Klostermann, hallo Herr Buntes! Ich begrüße Sie und freue mich, mit Ihnen Projekt XY zu besprechen«, eröffnet ein wichtiger Kunde aus Frankfurt die Telefonkonferenz.

»Hallo Herr Bartsch! Ich grüße Sie«, antwortet Lutz aus seiner Liegeposition am Bug.

»Hallo H...kadsödfkjk!« Die Leitung zum dritten Teilnehmer in Zürich rauscht.

»Hallo? Hallo? Herr Buntes, ich kann Sie leider gar nicht verstehen!« Die Leitung in die Schweiz rauscht weiterhin stark.

»Herr Buntes? Den Herrn Klostermann verstehe ich, als säße er neben mir, aber Sie kann ich beim besten Willen kaum hören! Wo stecken Sie denn? Sind Sie im Urlaub, oder was?«

Den gesamten Mai verbringen Lutz und ich zu Hause in Berlin. Kaum sind wir angekommen, geht es zu einem der wichtigsten Termine in diesem Jahr: dem Adoptionsseminar. Lutz hat vor mehr als zehn Jahren eine schwere Krebserkrankung überstanden. Krebs, der fast zu spät entdeckt wurde. Die monatelange Chemotherapie hat die Krankheit besiegt, aber auch Spuren hinterlassen. Wir können auf natürlichem Wege keine Kinder bekommen. Nach langen Überlegungen, ob wir erstens: überhaupt Kinder haben wollen, und zweitens: uns vorstellen könnten, ein fremdes Kind anzunehmen, sind wir zu dem Schluss gekommen, dass eine Adoption gut zu uns passen würde. Was könnte schöner und gleichzeitig sinnvoller sein, als einem Kind, das bei seinem Start ins Leben wenig Glück gehabt hat, ein Zuhause zu geben? Eine Adoption fühlt sich sowohl für Lutz als auch für mich »richtig« an.

Aber so viele Gedanken wir uns auch machen, so viele Bücher wir auch lesen – was eine Adoption wirklich bedeutet, können wir nicht ermessen, bis wir ein Kind bei uns aufgenommen haben. Also haben wir uns ein weiteres Mal getraut und den Schritt ins Ungewisse, ins Abenteuer, gewagt: Wir haben uns um eine Adoption beworben. Im Bewerbungsprozess sind wir schon weit vorangekommen. Jetzt müssen wir nur noch einen Hausbesuch und ein zweitägiges Seminar über uns ergehen lassen – eine Pflichtveranstaltung, die an einem Wochenende stattfindet.

Dort lernen wir andere Adoptionsbewerber kennen, mit denen wir uns später noch oft treffen werden. Wir Teilnehmer stehen alle an verschiedenen Stationen im Bewerbungsprozess. Einige müssen noch heiraten und in eine größere Wohnung mit Kinderzimmer umziehen, bevor sie überhaupt für eine Adoption infrage kommen. Andere wiederum rechnen innerhalb der nächsten Wochen oder Monate mit einer Adoption aus dem Ausland.

Ende Mai steht dann der letzte Termin unseres Bewerbungs-marathons an: der Hausbesuch. Unsere Sachbearbeiterin Frau Baumgärtner klingelt um 9 Uhr morgens bei uns an der Haustür und sieht sich unsere Wohnung an. Wir haben nur ein winziges Kinderzimmer, man könnte auch sagen: Wir haben eigentlich gar kein Kinderzimmer. Es ist eher ein größeres Ankleidezimmer, aber das scheint in unserem Fall nicht wichtig zu sein. Zu dem Treffen dürfen wir zwei Freunde einladen, und es wird ein nettes, kurzes Kaffeetrinken.

Zum Abschluss ihres Besuches teilt Frau Baumgärtner uns strahlend mit, dass wir nun auf der Warteliste ständen. Wir freuen uns riesig, darauf haben wir nicht zu hoffen gewagt! Wir haben bislang nur von einem langen steinigen Weg und sehr wenigen zu vermittelnden Kindern gehört und deswegen insgeheim beschlossen, dass wir uns zwar bewerben, aber nicht zu enttäuscht sein würden, wenn es nicht klappen sollte.

Jetzt sind wir überglücklich, und kaum, dass wir die Tür hinter Frau Baumgärtner geschlossen haben, platzt es aus uns heraus: »Wahnsinn. Haben wir was zum Anstoßen?«, ruft Lutz strah-lend, und ich knutsche ihn auf die Wange.

»Nicht gleich überschnappen! Wir sind auf der Warteliste. Das heißt noch lange nicht, dass wir jemals adoptieren werden«, gebe ich zu bedenken.

»Hm ja, da sind ganz schön viele vor uns auf der Warteliste. Aber wir sind auch drauf, wer weiß!«

Wir suchen eine Flasche zum Anstoßen heraus und feiern mit einem Glas warmem Prosecco. Dann kommt mir eine wichtige Frage in den Sinn: »Aber mal was ganz anderes. Was heißt das denn jetzt für die Segelei?«

Wenn in Zukunft unser Telefon klingelt und »Frau Baumgärt-ner« auf dem Display steht, können wir davon ausgehen, dass wir als Eltern ausgewählt wurden. Dann sollten wir in der Lage sein, innerhalb von einem oder zwei Tagen wieder nach Hause zurückzureisen, um einen kleinen Menschen in unsere Familie aufzunehmen. Können wir denn jetzt überhaupt weitersegeln?

Diese Sorge wird uns tags darauf gleich wieder genommen: Frau Baumgärtner weist uns ausdrücklich darauf hin, dass wir nun auf keinen Fall zu Hause sitzen und auf ihren Anruf warten sollten. Es könne Jahre dauern, bis es zur Vermittlung eines Kindes komme. Das lassen wir uns nicht zweimal sagen und bereiten unsere zweite Segeletappe vor. Wir stellen sicher, dass wir über unser Satellitentelefon jederzeit für sie erreichbar sind. Das Telefon hatten wir uns eigentlich angeschafft, um bei Notfällen Hilfe rufen zu können, aber nun hat es noch eine andere wichtige Funktion bekommen. So können wir im Falle eines Falles sofort den nächsten Hafen anlaufen, zum Flughafen fahren und innerhalb kürzester Zeit wieder in Berlin sein.

Aber es gibt viele potenzielle Eltern auf der Warteliste, und wir rechnen nicht damit, dass unser Telefon allzu bald klingeln wird. Wir bleiben noch zu den Geburtstagsfeiern von Lutz' Mutter und meinem Vater und kehren Anfang Juni zu unserem Boot nach Camaret-sur-Mer zurück.

ORGANISATORISCHES UND FINANZEN

Organisation:

Die Organisation von unserem Teilzeitmodell weicht im Allgemeinen nicht groß von der Organisation jeder anderen Langfahrt ab. Nur mit dem Unterschied, dass sich die Abmeldung von z. B. Auto und Krankenkasse für sehr kurze Zeiträume nicht lohnt bzw. nicht möglich ist. Bei Zeiträumen von über sechs Monaten allerdings kann man von der heimischen Krankenkasse auf eine weitaus günstigere Auslandskrankenversicherung umstellen, die nicht nur Geld spart, sondern auch private Leistungen übernimmt.

Wir haben etwa 60 € pro Person und Monat gezahlt und für Lutz, der in Deutschland privat krankenversichert ist, eine Anwartschaft abgeschlossen, die ihm garantiert, bei seiner Rückkehr zu den gleichen Konditionen ohne Gesundheitsprüfung wieder aufgenommen zu werden. Die Auslandskrankenversicherung hat sich als sehr gut erwiesen. Alle eingereichten Rechnungen wurden anstandslos akzeptiert und erstattet.

Um den größten Ausgabe-Posten zu Hause auf Null zu stellen, haben wir unsere Wohnung in Berlin für jede Segeletappe untervermietet. Da die Wohnung sehr zentral liegt, haben wir auch für sehr kurze Etappen immer genügend Interessenten gefunden, sodass wir uns die Untermieter auswählen konnten. Anfangs haben wir die Wohnung noch über eine Agentur angeboten. Da die Schlüsselübergabe und die Endreinigung allerdings sowieso selbst organisiert werden mussten und die zusätzlichen Kosten für die Mieter auch nicht gering waren, haben wir uns später dazu entschieden, über Airbnb zu annoncieren. Das klappte sogar noch besser als über die Agentur – die Interessenten meldeten sich jetzt direkt bei uns – und war für uns leicht zu händeln.

Unsere privaten Unterlagen und die wichtigsten persönlichen Gegenstände haben wir in den Keller geräumt und gehofft, dass unsere Wohnung während unserer Abwesenheit nicht allzu großen Schaden nimmt. Im Großen und Ganzen hat die Untervermietung jedes Mal ausgesprochen gut funktioniert. Nur der Staubsauger ging irgendwann kaputt, und der Esstisch hatte einen kleinen Knacks. Aber das hätte uns genauso passieren können.

Die Schlüsselübergabe hat unsere Nachbarin übernommen, genauso wie das Putzen nach Auszug der Mieter.

Bei der Post haben wir einen Nachsendeantrag zu Lutz' Eltern nach Hannover gestellt, die uns per E-Mail über wichtige Briefe informiert haben. Was wir aber am einfachsten fanden, war, die Kommunikation soweit es ging auf E-Mail umstellen zu lassen. Krankenkassen, Versorgungswerk und Versicherungen waren durchaus gewillt, uns in Zukunft per E-Mail anzuschreiben. Um den Briefkasten für unsere Untermieter nicht unnötig mit Werbesendungen zu verstopfen, die nicht weitergeleitet werden, haben wir auch bei verschiedenen Firmen um Abstellung ihrer Zusendungen gebeten, mit Erfolg.

Außerdem haben wir überall dort ein SEPA-Lastschrift-Mandat erteilt, wo es möglich war: Strom-, Handy- und Telefonanbietern, den Versicherungen und später sogar dem Finanzamt. Das mussten wir allerdings erst auf die unangenehme Art lernen, nachdem Lutz' Konto vom Finanzamt gepfändet worden war. Ein oder mehrere Briefe mit einer Zahlungsaufforderung des Finanzamts müssen abhandengekommen sein. Nach einigen Monaten wurde das Konto gepfändet und der offene Betrag plus schmerzhaft hohen Strafgebühren eingezogen. Das Konto konnten wir bis zur Klärung der Umstände nicht nutzen, was sehr ärgerlich war. Zum Glück gab es immerhin keinen negativen Schufa-Eintrag.

Um weltweit gebührenfrei Bargeld abheben zu können, haben wir unsere Konten bei der DKB. Diesen Service bieten aber inzwischen weitere Banken an. Man kann also problemlos an jeder Ecke der Welt auch kleine Summen Bargeld in der Landeswährung abheben, ohne Gebühren fürs Abheben und ohne Wechselgebühren. Wir waren erstaunt, wie gut dies funktioniert. An jedem noch so kleinen Automaten der Welt, egal wie abgeschieden, konnten wir problemlos Geld abheben – bis auf einen einzigen Automaten der Sparkasse, ausgerechnet im heimischen Harz. Zusätzlich hatten wir immer einen kleinen Bestand an US-Dollar an Bord für den Fall, dass es keine Bank gab.

Zusammenfassend lässt sich sagen, dass der Unterschied im Organisatorischen zwischen Langfahrt im Allgemeinen und Langfahrt als Teilzeitmodell hauptsächlich im Aufwand liegt: Bei jeder Abreise muss erneut ein Untermieter gefunden und die Post umgestellt werden. Das ist etwas mühselig, lohnt sich aber!

Finanzen:

Das Thema, das auch immer wieder großes Interesse weckt, ist das der Finanzen. Ist es nicht unendlich teuer, das Boot an fernen Orten zu lagern und die langen Flüge nach Hause zu bezahlen? Ja und nein!

Auf der einen Seite kostet die Unterbringung einer Yacht monatlich gut und gerne zwischen 200 und 300 €, dazu kommen ein teurer Flug und oft noch ein oder zwei Tage im Hotel in der Nähe des Flughafens, um auf dem Heimweg die Abreise nicht allzu hektisch werden zu lassen und auf dem Rückweg dem Jetlag etwas Zeit zu geben. Nicht zu vergessen der Mietwagen oder das Taxi quer durchs Land, um zum Flughafen zu kommen. Das sind zweifellos hohe Kosten.

Auf der anderen Seite verdienen wir dann wieder über mehrere Monate Geld in der Heimat, das wir wiederum für die Reise zur Verfügung haben.

Und es ist nicht zu unterschätzen, wie viel weniger Steuern man auf sein reduziertes Einkommen zahlt. Wenn man Teilzeit segelt und Teilzeit arbeitet, ist das zu besteuernde Einkommen stark reduziert, was bei einer Kosten-Nutzen-Rechnung sehr ins Gewicht fällt. Wenn man beispielsweise sechs Monate arbeitet und den Rest des Jahres Segeln geht, ist das zu versteuernde Einkommen auf die Hälfte reduziert, der Steuersatz fällt, und die zu besteuernde Summe ist zusätzlich noch reduziert. So kommen schnell viele Tausend Euro zusammen, die man spart. Verstärkt wird dieser Effekt noch, wenn man das Gehalt jahresübergreifend versteuert. Der erarbeitete Euro ist plötzlich viel mehr wert, und die Kosten für Flüge und Lagerung des Bootes werden leicht aufgewogen.

Unsere Ersatzteile haben wir zudem meistens günstiger (und oft auch besser) in Deutschland kaufen können. Wir sind jedes Mal mit Taschen voller Ersatzteilen zurück an Bord geflogen.

Insgesamt haben wir unseren Lebensstil in Deutschland auch ziemlich heruntergefahren. Wir sind ein altes klappriges Auto gefahren – das aber sehr chamant war –, haben auf teure Kleidung verzichtet, vieles gebraucht gekauft und auch vieles von dem verkauft, was wir nicht wirklich brauchten und das nur unseren Keller vollstellte. Dieses Downsizing, wie es heutzutage genannt wird, haben wir sogar als eine gewisse Erleichterung empfunden, weil man sich damit auch dem Dauerkonsum zu Hause entzieht. Wir haben versucht, nur die Dinge anzuschaffen, die wir wirklich benötigten.

Beruf:

Die uns am häufigsten gestellte Frage ist die nach unseren Jobs. Wie wir es schaffen, nur in den Etappenpausen zu arbeiten, und was unsere Arbeitgeber dazu sagen. Da hilft es natürlich, dass Lutz selbstständig als Unternehmensberater tätig ist und deswegen immer nur projektbezogen arbeitet. Das heißt, sobald ein Projekt zu Ende geht, sind wir frei zu entscheiden, wann Lutz das nächste Projekt übernehmen möchte. So können wir zwar nicht auf den Tag oder die Woche genau vorausplanen, wann der nächste Segeltörn losgeht, aber grob wissen wir, ob ein Projekt für drei, vier oder mehr Monate läuft.

Das wichtige Netzwerk, das Lutz für seine Arbeit braucht, um immer wieder im Gespräch zu bleiben und angefragt zu werden, hat er sich über Jahre aufgebaut und pflegt es auch von unterwegs, manchmal telefonisch, oft per E-Mail. Was diese Art von Projektarbeit aber auf jeden Fall braucht, ist ein hohes Maß an Flexibilität. Wenn unterwegs eine Anfrage kommt, die zeitlich grob passt, kommt es auch vor, dass wir unsere Reise um zwei, drei Wochen vorzeitig beenden, um rechtzeitig wieder vor Ort zu sein.

Als Architektin in einer Festanstellung ist diese Art der Etappenreisen schon etwas schwieriger. Das liegt aber nicht zwingend an der Arbeit an sich, da Architekten ja auch projektbezogen tätig sind, sondern eher an den noch immer eher traditionellen Arbeitsbedingungen. In der Zwischenzeit hat sich auf diesem Gebiet aber auch viel getan, es gibt mehr und mehr Arbeitgeber, die sehr flexible Modelle anbieten, was sicherlich auch daran liegt, dass der Arbeitsmarkt sich verändert hat und ein größerer Wettbewerb um gute Fachkräfte existiert. Nach unserer Erfahrung ist es inzwischen gut möglich, in Architekturbüros freiberuflich projektbezogen zu arbeiten. Hier hat sich die Branche in den letzten Jahren zugunsten von flexiblen Lebensmodellen verändert.

Uns ist deutlich bewusst, dass wir uns in einer günstigen beruflichen Ausgangslage befinden. Dennoch glaube ich, dass man – ein bisschen Findigkeit und Geduld sowie einen festen Willen vorausgesetzt – auch in anderen Berufsfeldern ähnliche Planungen treffen kann.

ETAPPE II

Allein über die Biskaya, Nordafrika und die Kanaren

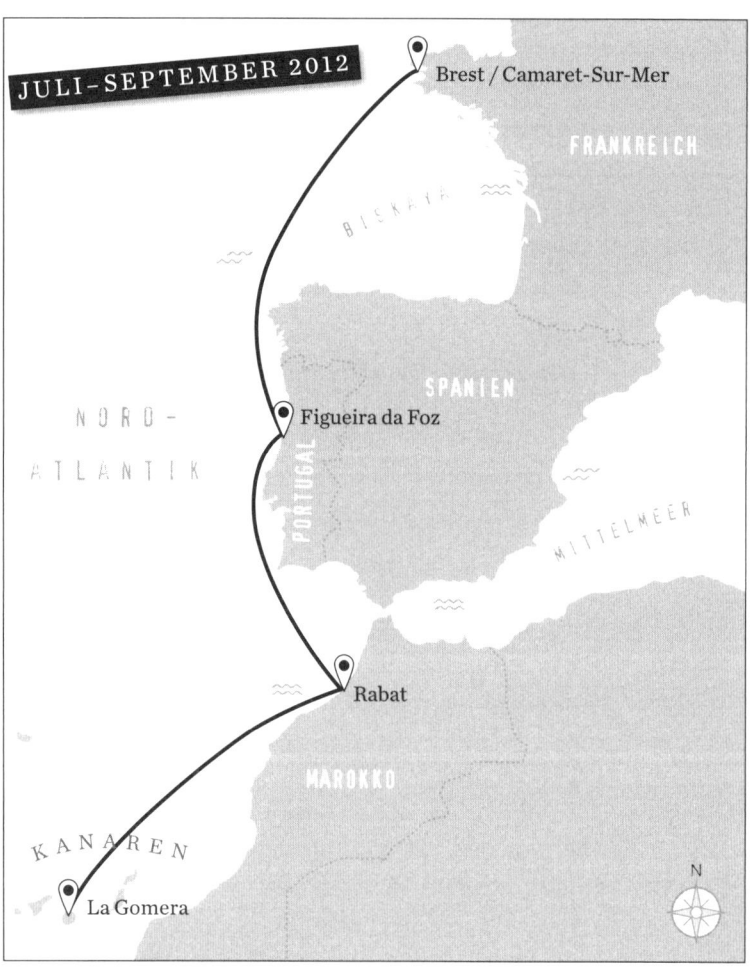

JULI–SEPTEMBER 2012

Brest / Camaret-Sur-Mer

FRANKREICH

BISKAYA

SPANIEN

NORD-
ATLANTIK

Figueira da Foz

PORTUGAL

MITTELMEER

Rabat

MAROKKO

KANAREN

La Gomera

N

D ie Biskaya ist unser nächster Härtetest. Zum ersten Mal sind wir völlig auf uns allein gestellt. Wie Patrik vorhergesagt hat, müssen wir unterwegs einiges von dem, was wir in den Wintermonaten selbst eingebaut hatten, noch einmal verstärken. Wind und Wellen haben uns ordentlich durchgeschüttelt und das Boot aufs Äußerste strapaziert. Aber die Crew – auf jeden Fall Lutz und ich – und das Boot haben die Reise bis jetzt gut überstanden. Wir haben das Gefühl, dass uns nun nichts mehr aufhalten kann.

Die Biskaya liegt also vor uns. Sie ist berühmt-berüchtigt für ihren hohen Seegang, für schlechtes Wetter und starke Stürme. Lutz und ich warten fast eine Woche auf ruhigeres Wetter, denn der Wind bläst seit Tagen mit bis zu 30 Knoten. Das ist uns definitiv zu viel. Je länger wir warten, desto nervöser werden wir. Das Vertrauen, das wir in den letzten Wochen auf See in unsere Fähigkeiten gewonnen hatten, fängt an zu schwinden. Mit jedem Tag, den wir auf besseren Wind warten müssen, nimmt unser Mut ab.

An einem Sonntagmorgen ist es dann so weit. Wir verlassen Camaret-sur-Mer noch vor 6 Uhr früh und motoren bei leichtem Gegenwind gen Süden. Nach ein paar Meilen hoffen wir, den richtigen Wind zu erwischen, der uns knapp an der spanischen Küste vorbei in Richtung Portugal bringen soll: einmal quer über die Biskaya.

Unsere Rechnung geht auf. Im Verlauf des Vormittags dreht der Wind. Er bläst jetzt aus östlicher Richtung, und wir segeln mit schnellen 6 Knoten unserem Ziel am anderen Ende des Golfs entgegen. Doch bevor wir endgültig aufatmen können, fängt der Wind an einzuschlafen. Nach drei Vierteln der Strecke über die große Bucht weht kein Lüftchen mehr.

»Lass uns den Motor anschmeißen, damit wir hier wegkommen«, schlage ich vor. Die Biskaya ist mir immer noch nicht geheuer. Ich möchte das letzte Stück so schnell wie möglich hinter mich bringen und hier nicht auf den nächsten Sturm warten. Aber der Motor springt nicht an.

»Das klingt nicht gut. Vielleicht ist da noch irgendwo Luft im System«, vermutet Lutz. Er öffnet die Schrauben und pumpt den Diesel mit einem winzigen Hebel, der sich am Motor befindet, durch die Leitungen. Aber nichts tut sich.

Schließlich nehmen wir unser Satellitentelefon zur Hand und versuchen auf gut Glück, unseren Mechaniker Axel zu Hause zu erreichen. Ich halte das Telefon in der Hand und bin in Gedanken plötzlich bei Frau Baumgärtner. Wann wird sie uns wohl anrufen? In einem Jahr, oder in zwei? Wird sie überhaupt anrufen? Und wie würde sich das eigentlich für uns anfühlen, wenn sie gar nicht anriefe, wenn wir ohne Kinder leben würden? Wenn man aber gar nicht weiß, wie ein Leben mit Kindern ist, wie soll man dann so eine Frage beantworten?

Ich werde aus meinen Gedanken gerissen, als Axel nach dem vierten Klingeln ans Telefon geht. Wir haben Glück. Er ist nicht nur erreichbar, er kann uns sogar auf Anhieb weiterhelfen. Anhand der Geräusche weiß er sofort, was zu tun ist. Es ist tatsächlich noch Luft im Motor, und Axel erklärt uns, wie wir vorgehen sollen. Wir legen das Volvo-Handbuch sicherheitshalber vor uns auf die Knie und drehen an den genannten Schrauben.

Kurz vor Anbruch der Dunkelheit läuft der alte Volvo wieder, und wir geben erleichtert Gas. Lutz und ich stehen gemeinsam am Steuer, mit einer Flasche Bier in der Hand, die wir uns teilen, und schauen in die untergehende Sonne.

Wir sprechen über eine mögliche Adoption und die gefühlt höhere Wahrscheinlichkeit, ein Leben ohne Kinder zu führen. Wir finden beide, dass unser Leben, so wie es ist, spannend und lebenswert ist, auch ohne Kinder. Aber uns beiden scheint dieses Thema momentan meilenweit weg zu sein, und wir beschließen, uns damit eingehender zu befassen, wenn wir zurück in Deutschland sind.

Mit dem letzten Tageslicht verschwinden auch nach und nach die Gedanken an Frau Baumgärtner.

Am nächsten Tag begleiten uns Dutzende Delfine. Wir stehen auf dem Vorschiff und feuern die Tiere bei ihrem Wettrennen um unseren Bug lauthals an. Lutz reckt seine Fäuste in die Höhe, ich hüpfe auf und ab, und wir schreien so was Blödes wie »Nochmal!« und »Höher!«. Wir haben den Eindruck, dass die Tiere uns mindestens genauso begeistert beobachten wie wir sie.

Ein paar der Delfine legen ihren Kopf schief, wenn sie auf Höhe unseres Bugs neben uns schwimmen und somit weniger als einen Meter von uns entfernt sind. Sie schauen uns mit dem Auge, das dann aus dem Wasser guckt und auf uns gerichtet ist, offen und belustigt an. Sie scheinen sich zu fragen, was denn diese beiden Hampelmänner da vorn bloß tun. So eine Show hat wohl noch niemand für sie inszeniert.

Kaum zieht eine Gruppe davon, kommt auch schon bald der nächste neugierige Schwarm vorbeigeschwommen. Es sind ungewöhnlich viele Delfine, das habe ich so noch nicht erlebt. Ich bin auf diesen Gewässern schon einmal mit einem ähnlich großen Boot unterwegs gewesen, auch unter Motor. Da haben wir zwar auch den einen oder anderen Delfin gesehen, aber nie so viele.

Liegt es an dem lauten Quietschen? Das Geräusch kommt vom Ruderlager. Das Lager setzt sich mehr und mehr fest, sodass wir immer mehr Kraft brauchen, um am Steuerrad zu drehen. Das Quietschen hat sich in der letzten Zeit immer weiter verstärkt. Lockt das die vielen Delfine an? Wenn man im Schiff ganz nach hinten kriecht, ist der Lärm inzwischen ohrenbetäubend, und der wird dann über die Bordwand ins Wasser übertragen.

Ich kann das Steuer nicht mehr über einen längeren Zeitraum bedienen, es kostet mich zu viel Kraft. Der Autopilot ist auch schon überfordert und hat mit einem kaum hörbaren »Piep« aufgegeben. Sollte dies das eigentliche Problem des Autopiloten sein, der zu hohe Kraftaufwand?

Einen Tag vor unserer Abreise hatte Henning uns noch einmal mit seinem Travellift aus dem Wasser gefischt. Unser Ruder hatte zu viel Spiel. Vom Steg aus konnte man sehen, wie das Ruderblatt bei jeder Welle hin- und herschwang. In einer Hau-ruck-Aktion wurden die beiden Ruderlager herausgebrochen, neu gedreht und noch am selben Tag wieder eingesetzt. Eine Meisterleistung! Je weiter wir aber in wärmere Gefilde kommen, desto schwieriger wird das Steuern. Und es quietscht, immer lauter. Je weiter wir nach Süden kommen, desto wärmer wird das Wasser. Die Buchsen dehnen sich aus, der Schaft wird immer mehr eingeklemmt.

Der Wind frischt weiter auf, und die Wellen werden größer. Wir halten durch, bis die Wellen vor der portugiesischen Küste auf 3,50 Meter Höhe ansteigen und so viel Druck auf das Ruder ausüben, dass ich das Boot kaum noch auf Kurs halten kann. Lutz schlägt einen Notstopp in Figuera da Foz vor, immerhin schon Portugal. Also gut, wir brauchen schließlich eine Lösung.

Vor der Einfahrt in die Marina gibt es eine geschützte kleine Bucht. Geschützt ist sie aber nur bei Ostwind, während der Westwind ungebremst hineinbrettern kann. Bei näherem Hinsehen wimmelt es außerdem noch von Fischernetzen. Die Wellen sind hier nicht unbedingt höher, dafür ist aber der Abstand zwischen ihnen kürzer.

Ich übernehme das Steuer, und Lutz klettert nach vorn aufs Vorschiff, um die Fock zu bergen. Von meinem Platz am Steuer sieht es furchterregend aus, wie jede einzelne Welle über ihn hereinbricht und droht, ihn mit über Bord zu nehmen. Ich würde ihm gern etwas zurufen, aber mir fehlen die Worte. Ich muss das Boot mit aller Kraft im Wind halten, damit er das Segel herunterziehen kann. Dabei muss ich die Fischernetze im Blick behalten. Würden wir mit unserem Propeller darin hängenbleiben, könnte das böse enden, ohne Antrieb in diesem Hexenkessel.

Der Wind ist jetzt so stark, dass sich das Segel kaum herunterziehen lässt. Die Stagreiter, metallene Haken, die das Segel am Vorstag festhalten, werden vom Wind so heftig an das Drahtseil gedrückt, dass die Reibung das Herunterziehen behindert. Lutz bleibt nichts anderes übrig, als sich mit seinem ganzen Körpergewicht an das Segel zu hängen, um es Stück für Stück nach unten zu bewegen. Es sieht haarsträubend aus, wie er da vorn hängt und mit dem Bug in jedes Wellental eintaucht – vor ihm schon der nächste riesige Wellenberg, der ihn um mehrere Meter überragt. Nicht mehr weit vor uns taucht ein weiteres Fischernetz in den Wellen auf. Mir bricht der Schweiß aus. Lange kann ich den Kurs so nicht mehr fahren. Segel, komm runter! Bitte, JETZT, SOFORT! Von Weitem muss unser Boot wie ein Spielzeugteilchen auf den Wellen wirken – herumgeworfen und umgeben von Fischreusen.

Das Segel rutscht die letzten zwei Meter in einem Stück herunter! Lutz krallt sich mit dem Vorsegel in der Hand an der Reling fest und gibt mir ein Zeichen, dass ich abdrehen kann. Wir bekommen gerade noch vor dem Netz die Kurve und drehen vor den Wind. Mit einem Mal ist der Spuk vorbei! Das Boot liegt ruhiger auf den Wellen, und der Wind hat aufgehört, in den Ohren zu kreischen. Langsam und mit weichen Knien laufen wir in die Marina ein.

Auf dem Weg zum Hafenmeister grinst Lutz mich plötzlich an: »Heute Abend spielt Deutschland gegen Griechenland! Wie viel Uhr ist es denn? Ach, Mensch, das passt ja. In einer halben Stunde fängt das Fußballspiel an!«

»Ach, wirklich? Was für ein Zufall!«, wundere ich mich. Ist das wirklich Zufall, oder hat Lutz den Hafen so gewählt, dass wir das

Spiel sehen können? Egal, die Vorstellung von einem kühlen Bier und einem EM-Spiel in der Kneipe begeistert auch mich nach so vielen Tagen auf See. Außerdem freue ich mich auf eine warme Dusche und etwas Ordentliches zu essen.

Noch bevor wir die Leinen an unserem endgültigen Liegeplatz richtig festgemacht haben, sind wir schon mit unserem Stegnachbarn zum Fußballgucken verabredet. Das Ruderlager muss warten. Während wir alle zusammen mit der deutschen Mannschaft mitfiebern, stellt sich heraus, dass wir ausgerechnet auf einen Ingenieur aus Hamburg getroffen sind, der sich auf Ruderlager spezialisiert hat. Was für ein grandioser Zufall!

Wie viele Ruderlagerspezialisten gibt es wohl? Herbert ist mit einem selbst gebauten Katamaran unterwegs an die Algarve, wo ihn seine Frau mit ihrem Neugeborenen erwartet. Sie wollen die erste Zeit mit dem Baby dort an Bord verbringen. Herbert gibt uns umgehend Tipps, wie wir unser Ruderproblem lösen können, und zwar ohne das Boot wieder an Land kranen zu müssen.

Am nächsten Morgen hilft er uns beim Ausbau des Ruderblatts, obwohl er mit seiner Drei-Mann-Crew eigentlich schon frühmorgens aufbrechen wollte. Während das Ruderblatt angeleint im Hafenbecken schwimmt, weiten wir beide Lagerbuchsen ordentlich, indem wir sie mit wasserfestem Schmirgelpapier bearbeiten. Um den Ruderschaft wieder einzufädeln, muss Lutz unters Boot tauchen – unseren ersten Tauchgang auf der Reise hatten wir uns etwas anders vorgestellt. Mit Korallen, türkis farbenem Wasser und bunten Fischen. Das Hafenwasser ist braun, und er kann kaum die Hand vor Augen sehen, so aufgewühlt und dreckig ist es. Aber die Mühen lohnen sich: Nachdem Lutz das Ruderblatt wieder eingefädelt hat, lässt sich das Steuer federleicht drehen. Das ist auch der Grund, warum wir Herberts Rat, die Buchse ordentlich mit seewasserbeständigem Fett einzureiben, ignorieren. Es funktioniert ja wieder.

Auf dem weiteren Weg nach Marokko werden wir nur noch vereinzelt von Delfinen besucht. Das Quietschen hat aufgehört, und der Autopilot übernimmt wieder das Steuer. Vier Tage und Nächte segeln wir bei leichtem Wind, fangen unseren ersten Fisch, eine Makrele, und feiern ihn mit einem Glas gekühltem trockenem Weißwein. Der Wind lässt nach, und unter Deck zeigt das Thermometer zum ersten Mal 30 °C an. So haben wir uns das Fahrtensegeln vorgestellt!

Wir spüren, dass wir uns langsam, aber sicher Afrika nähern. Zur Abkühlung baden wir mitten auf dem Atlantik: Wir bergen die Segel und steigen, an eine Leine geklammert, abwechselnd an der Badeleiter hinunter ins Wasser – nur für ein paar Sekunden, dann springen wir schnell wieder heraus. Der Meeresgrund befindet sich an dieser Stelle etwa 3.000 Meter unter uns, und die Sonnenstrahlen erhellen nur die ersten fünf, sechs Meter unter der Oberfläche. Im Wasser kann man die einzelnen Strahlen deutlich ausmachen und darunter die endlose Tiefe des Ozeans erahnen. Wunderschön, aber für ein ausgiebiges Bad ist uns das zu unheimlich! Es könnte ja jeden Moment ein Wal, ein Hai oder ein Krake aus der Tiefsee auftauchen und uns am Bein packen …

Am nächsten Tag erreichen wir Marokko und haben den ersten neuen Kontinent ersegelt: Wir sind in Afrika! Am frühen Nachmittag steuern wir auf die Mündung des Flusses Bou-Regreg zu, der die Schwesterstädte Rabat und Salé voneinander trennt. Die Marina liegt ein Stück den Fluss hinauf im Zentrum. Rabat ist die Hauptstadt von Marokko, aber ansonsten wissen wir wenig über diese beiden Orte. Wir wollen sie als Ausgangspunkt für unsere Reisen ins Landesinnere nutzen.

Kaum haben wir die Flussmündung erreicht, sind wir von Hunderten von Menschen umgeben. Auf dem Fluss wimmelt es von Badenden, Jet-Ski-Fahrern und Fischerbooten. Überall gucken

Köpfe aus dem Wasser, und mitten in diesem Chaos lässt die örtliche Segelschule ihre Zöglinge mit Optimisten eine Regatta fahren. Alle paar Minuten sind wir gezwungen, voll aufzustoppen, um mit niemandem zu kollidieren. Die Fahrrinne ist recht schmal und kaum betonnt, daher ist das Ausweichen eine echte Herausforderung. Wir machen uns weniger Sorgen um unser Boot als um das Leben der Menschen im Wasser.

Die gesamte Szenerie erscheint etwas unwirklich. Nach vier ruhigen Tagen auf See sind wir plötzlich in ein riesiges Getümmel hineingeraten und werden mit lauten »Bonjour!«-, »Salam!«- und »Allemand!«-Rufen von allen Seiten begrüßt. Mit unserem fremden Boot sind wir eine Sensation. Ganz langsam passieren wir die alte Kasbah und die Medina von Rabat, vorsichtig nach allen Seiten schauend, ob nicht noch ein Kopf unmittelbar vor unserem Bug aus dem Wasser auftaucht.

Mitten in diesem Tumult wird uns klar, warum man bei der Marina ein Begleitboot anfordern kann. Es holt die ankommenden Segler an der Flussmündung ab und begleitet sie den Fluss hinauf bis in den Hafen. Unser Hafenhandbuch weist auf diesen Service hin und gibt auch den Funkkanal zur Kontaktaufnahme an. Da wir zwei Stunden vor Rabat auf dem Atlantik herumgedümpelt waren, um den richtigen Hochwasserstand für die Einfahrt abzupassen, hatten wir die Zeit genutzt und versucht, die Marina zu kontaktieren. Leider nennt das Handbuch die falschen Funkkanäle. Nach mehreren Anrufen ohne Antwort gaben wir auf und machten uns schließlich allein auf den Weg den Fluss hinauf.

Auf der Hälfte der Strecke kommt uns das Begleitboot unerwartet entgegen, und wir werden erstaunt gefragt, warum wir sie nicht gerufen hätten. Meine Antwort lässt ein wenig auf sich warten. Ich muss erst einmal meine lang verschollenen Französischkenntnisse herauskramen. Nach ein paar gestotterten Worten klappt es dann auch ganz gut. Der Marinero versteht mich, und gemeinsam machen wir uns auf den Weg flussaufwärts. Unsere Begleiter scheinen hier bekannt zu sein: Alle anderen Boote und Badegäste weichen jetzt vor uns zurück, und wir haben freie Bahn.

Die Marina selbst ist zu unserem Erstaunen hochmodern und professionell. Unser Marinero begleitet uns zum Zoll, zur Polizei und zum Hafenbüro. Wir bekommen gleich beim Einklarieren unsere Internet-Zugangsdaten, und ich bewundere die gelungene, moderne Architektur der Anlage.

Einzig das Prozedere beim Zoll und bei der Polizei lässt uns innerlich schmunzeln: Für unser Boot wird ein eigener, ziemlich großer Aktenordner angelegt, während unsere Reisepässe mehrfach von verschiedenen Personen kopiert werden. Der ältere Herr vom Zoll redet lange auf uns ein, um uns klarzumachen, wie wichtig das gerade von ihm erstellte Dokument sei und dass wir es erst am nächsten Tag bei ihm abholen dürften – obwohl es doch so offensichtlich schon fertig ist.

Dann schnüffelt noch ein hübscher und verspielter Polizeihund durch unser Schiff, und wir werden zu unserem Liegeplatz gebracht. Von dort aus haben wir Ausblick auf beide Städte: Rabat und Salé. Die Stadtmauer der Medina von Salé liegt direkt neben unserer Marina. Wir können es kaum erwarten, das Land zu erkunden.

Umgehend verlassen wir unser Boot, um uns die Beine zu vertreten, schlendern den Steg hinunter und blicken als Erstes auf riesige Bauzaunplakate eines mir durchaus bekannten Architekturbüros aus London: »Foster + Partners«. Ich traue meinen Augen nicht. Just in dem Moment, als wir unsere erste Kontinent-Eroberung feiern, starrt mich mein alter Job an! Soll mir das etwas sagen? Vielleicht so etwas wie: »Geh lieber wieder arbeiten, anstatt hier zu versuchen, um die Welt zu segeln.«?

Auf den Plakaten sind Visualisierungen der Gebäude zu sehen, die hier entstehen werden: Ein ganzes Viertel, direkt im Anschluss an die Marina. Ich kenne den Stil der Präsentation in- und auswendig und bin ganz verwirrt. Irgendetwas passt hier nicht. Wieso stehe ich jetzt mitten in meiner Weltumseglung wieder auf einer Baustelle meines alten Arbeitgebers? Eben waren wir noch in Marokko. Jetzt fühle ich mich, als wäre ich wieder in London, wo ich so viele Jahre gelebt und gearbeitet habe.

»Na, wieder Lust zu arbeiten? Wir können ja auch umdrehen, wenn du magst«, foppt Lutz mich. Er sieht wohl, dass mein Mund noch offen steht.

»Wie wär's, wenn wir jetzt erst mal ein schönes kaltes Bier trinken gehen und morgen erst die Baustelle besichtigen? Das hast du doch sicherlich vor, nicht wahr?«

»Na klar! Aber wir sind ja schließlich hier, um Marokko kennenzulernen, und nicht, um Baustellen anzugucken.«

Sicher vertäut lassen wir unsere RUND360° in der Obhut der Marina-Crew und reisen mit der Bahn über Casablanca nach Marrakesch. Von dort geht es mit dem Bus weiter bis M'hamid, einer kleinen, staubigen Siedlung am Rande der Sahara, von wo aus wir die Wüste mit dem Jeep und ortskundigen Führern erkunden. Die Sanddünen von Erg Chegaga nahe der algerischen Grenze sind überwältigend. Wir verbringen dort eine Nacht im Zelt, oder genauer gesagt: davor, da es auch nachts noch sehr warm ist.

Von außen wirken die Zelte eher unscheinbar. Sie sind aus schwarzer Ziegenwolle gewebt, die die Luft zirkulieren lässt, und sehen ein wenig aus wie die Zelte der Touareg, nur nicht so raffiniert und schön in der Form. Innen erwartet uns aber wahrer Luxus, mitten in der Wüste: Teppiche, große Betten mit wunderschön gewebten Decken, ein Schminktisch und ein Kleiderschrank aus Mahagoni – ein Traum wie aus *Tausendundeiner Nacht.* Es gibt sogar ein separates Bad in unserem Zelt, mitsamt Toilette, die von den Wüstenführern diskret unter der Zeltwand hindurch geleert wird. Wir schlafen, wie unsere Guides, auf einem riesigen, schweren Orientteppich unter freiem Himmel. Es ist Vollmond, und die Wüste wirkt in diesem Licht auch um Mitternacht noch lebendig.

Nachmittags steigen die Temperaturen auf 54 °C, deshalb haben wir auf unseren Erkundungstouren durch die Dünen immer eine Flasche Wasser griffbereit. Auf einem Schild entdecken wir ein altes Werbeplakat für einen Kameltreck von M'hamid nach Timbuktu. Mit Pinsel und Farbe wurde eine Kamelkarawane in passenden Beige-, Braun- und Blautönen auf eine Lehmwand gezaubert. Gerahmt ist das Gemälde in einem sandigen Weiß. Wir sind sofort Feuer und Flamme und erkundigen uns nach den Details. Leider finden diese Wüstentrecks aber nicht mehr statt. Unser Guide erzählt uns von Unruhen an der Mauretanischen Grenze. Schade, 52 Tage mit einer Karawane durch die Wüste zu wandern, würde uns schon sehr reizen, sozusagen als Gegenprogramm zu der Zeit auf dem Meer.

Wir machen uns wieder auf den Weg in Richtung Küste und wandern noch ein paar Tage durch den Hohen Atlas. Dabei »erholen« wir uns prima vom Ozean und genießen die marokkanische Küche, über die Paul Bocuse einmal gesagt haben soll: »Es gibt auf der Welt drei gute Küchen: die französische, die chinesische und die marokkanische!«

Im Hohen Atlas übernachten wir in einer kleinen Herberge, die Platz für sechs oder sieben Personen hat. Mit uns macht dort noch eine Familie aus Casablanca mit ihren zwei kleinen Töchtern Urlaub. Wir wandern zusammen zu einem Bach und unterhalten uns mit Händen und Füßen und ein bisschen Französisch. Zur Unterhaltung trägt auch noch ein kleiner CD-Spieler bei, den der Vater auf seiner Schulter trägt und aus dem moderne arabische Klänge ertönen.

Als es Zeit für das mittägliche Gebet ist, zaubert der Vater einen Gebetsteppich aus dem Rucksack seiner Frau. Der Teppich ist schon ein wenig zerschlissen, rot und schwarz und nicht größer als ein Badvorleger. Ein wenig Abseits kniet sich der Vater auf den Teppich und beginnt sein Gebet. Irgendetwas scheint er aber falsch zu machen, da seine Frau nervös wird und ihm etwas zuruft. Sie diskutieren, bis seine Frau zu ihm geht und den Teppich blitzschnell um 180° dreht: Richtung Osten nach Mekka.

Zurück in Rabat fällt uns auf, wie entspannt und modern diese Stadt im Vergleich zum restlichen Land ist. Die gelungene und unverkrampfte Verschmelzung von Tradition und Moderne ist beeindruckend. Man sieht verschleierte Frauen und Mädchen Arm in Arm mit Freundinnen in Miniröcken. Das iPhone ist fast so verbreitet wie bei uns, und die neue Metro der Stadt ist die modernste, die wir kennen.

Am meisten aber begeistern uns die Menschen mit ihrer Gastfreundschaft. Man scheut keine Mühen, um auch unsere ausgefallensten Wünsche – wie Gasflaschen, Fender und ähnliche untouristische Bedürfnisse – zu erfüllen. In unserer Unterkunft in Marrakesch fühlen wir uns wie zu Besuch bei Freunden, besonders nachdem Lutz den Hotelcomputer repariert hat (»You saved our life!«). Wir haben uns in dieses magische Land mit seinen wunderbaren Menschen und traumhaften Landschaften verliebt und werden mit Sicherheit eines Tages wiederkommen.

Auf dem Rückweg befahren wir den Fluss mit Eskorte: Die beiden Marineros, die inzwischen schon fast zu Freunden geworden sind, begleiten uns bis weit hinaus auf den Atlantik und winken uns noch lange hinterher.

Kaum haben wir die Mündung des Bou-Regreg verlassen, erwischen uns die hohen Wellen des Atlantiks wieder mit voller Wucht. Nach so langer Zeit an Land und in der ruhigen Marina sind wir nicht mehr seefest. Sofort wird uns schlecht. Langsam dämmert es uns, dass ein französisches Frühstück mit viel Camembert und weißem Baguette nicht gut als Grundlage für einen stabilen Magen geeignet ist.

Nachdem wir die Segel eingestellt haben, leiden und jammern wir ausgestreckt auf den Cockpitbänken vor uns hin und schwören uns, vor dem nächsten Auslaufen etwas weniger Fettreiches zu uns zu nehmen. Ich versuche es mit Vollkornmüsli und einem Apfel und fühle mich daraufhin auch gleich besser. Es vergehen aber noch einige Stunden, bis uns wieder Seebeine wachsen.

Wir wollen weiter nach Gambia und in den Senegal, dann in Richtung Kapverden und vor dort aus über den Atlantik in die Karibik. Das liegt fernab der Standardroute, aber Afrika, ob nördlich oder südlich der Sahara, übt einen ganz besonderen Reiz auf uns beide aus. Lutz und ich sind zusammen durch Ostafrika gereist, und das südliche Afrika, wo ich ein Jahr als Austauschschülerin verbracht und später auch eine Weile studiert habe, kenne ich sehr gut. Wir sind nun gespannt auf Westafrika.

Doch nach einem Tag auf See beginnt das Ruderlager erneut zu quietschen. Erst ganz leise, dann immer lauter und irgendwann dröhnt es wieder durch das ganze Schiff. Es setzt sich wieder langsam zu. Das Steuern fällt mir immer schwerer, während das Wasser stetig wärmer wird. Vielleicht liegt es daran, wir wissen es nicht. Auf jeden Fall müssen wir unseren Plan ändern.

Das neue Ziel heißt Kanaren, wo es ausgezeichnete Reparaturmöglichkeiten geben soll. Wir ändern den Kurs, und kurz darauf setzt heftiger Wind ein. Der Himmel zieht sich zu, alles wird grau. Wir wechseln uns jede Stunde am Steuer ab und filmen anfangs noch den Seegang.

Die dunklen Wellenberge rauschen von hinten heran, heben uns auf den Kamm, wo wir einen winzigen, wackeligen Moment verharren, um dann mit der Welle den Hang doch noch einmal hinabzustürzen, wobei uns der gesamte Berg noch weiter vorwärts schiebt. Wir müssen ein wahnsinniges Tempo draufhaben, aber momentan interessiert uns unsere Geschwindigkeit wenig. Der Windanzeiger meldet bald Wind um die 37 Knoten, in Böen 45. Das hatte der Wetterbericht nicht vorhergesagt. Wir hören auf zu filmen. Die Wellen fangen an, von hinten ins Cockpit zu steigen. Hatte Henning nicht gesagt, dass das Wasser niemals ins Cockpit steigen würde?

Wir tragen draußen unsere Schlechtwetterkleidung, Jacke und Latzhose, die Kapuze tief ins Gesicht gezogen, aber keine Schuhe. Es ist warm unter dem dicken Ölzeug. Ich stehe am Steuer und höre die Welle hinter mir brechen. Wie auf Kommando ziehe ich die Schultern ein, denn der Wellenkamm wird in wenigen Augenblicken von oben auf mich hereinstürzen. Ich klammere mich am Steuerrad fest und halte den Atem an. Das Wasser ist nicht kalt, aber mir läuft jedes Mal ein Schauer über den Rücken.

Das Cockpit läuft voll, und ich stehe bis zu den Knien im Wasser. Tropfenweise bahnt sich das Wasser seinen Weg am Steckschott entlang in den Salon. Gleichzeitig versuche ich hoch konzentriert den Wellenberg hinabzusurfen, um auf keinen Fall quer zur Welle zu schlagen. Das würde ein sicheres Kentern bedeuten. Die Wellen haben mittlerweile eine Höhe von etwa fünf Metern erreicht.

Wir haben inzwischen volles Vertrauen in unser Boot und in uns als Team. Obwohl wir von den Naturgewalten – den Wellen, die ins Boot steigen und uns überschwemmen, und dem kreischenden Wind – überrascht sind und das Meer aussieht, als würde es für einen Orkan proben, fühlen wir uns sicher. Wir haben großen Respekt vor dem Meer, aber Angst macht sich nicht breit. Dafür haben wir keine Zeit, wir müssen unentwegt hoch konzentriert steuern und haben unsere RUND360° ganz und gar unter Kontrolle. Sie surft die Wellenberge elegant hinab, wird wieder in den Himmel gehoben und auf dem Kamm ein wenig versetzt, um dann gleich wieder mit enormem Schwung den Hang hinabzufliegen. Drei Tage und zwei Nächte hält der stürmische Wind an, dann erreichen wir müde, erschöpft und glücklich die Marina Rubicón auf Lanzarote.

Während wir das Schiff aufklaren und alles Durcheinandergeworfene wieder zurück an seinen angestammten Platz stellen, schauen wir uns auf unserem Chartplotter auch noch einmal die Route an. Als maximale Geschwindigkeit der letzten Tage zeigt er 20,6 Knoten an. Das ist mit unserem Boot doch gar nicht machbar! Lutz überprüft alle anderen Angaben und stellt fest, dass der Wert stimmen muss. Wir müssen wohl von einem Wellenkamm aus mit solcher Wucht den Hang hinab ins Tal gesurft sein, dass unsere kleine Schüssel fast abgehoben hat!

Die Kanaren hatten wir nicht auf unserer Reiseroute eingeplant, sondern wollten an den schönen spanischen Inseln vorbeisegeln. Zum Reparieren sind sie allerdings bestens geeignet. Hier legen fast alle Segler an, die vorhaben, über den Atlantik nach Amerika zu fahren.

Die Ruderbuchse fetten wir in unserer Verzweiflung mit seewasserbeständigem Fett, wie Herbert es uns schon in Portugal empfohlen hatte. Sie ist aus teurem Delrin gefertigt, das man eigentlich nicht fetten soll, doch in Ermangelung einer besseren Lösung hoffen wir einfach, dass Herbert recht hat. Wir kaufen Unmengen an Fett und schmieren die Buchse, was das Zeug hält. Und tatsächlich: Es funktioniert! Die Ruderlager machen uns von diesem Zeitpunkt an nie wieder Probleme.

Da wir nun schon mal auf den Kanaren sind, beschließen wir, uns die Inseln auch anzusehen und segeln zwischen Lanzarote, Gran Canaria, Teneriffa und La Gomera umher. Dabei lernen wir immer mehr: von Düseneffekten zwischen den Inseln, vom Ankern unter Segeln und von halsbrecherischen Abschleppmanövern. Die

Inseln gefallen uns landschaftlich sehr gut. Wir erkunden Lanzarote, Gran Canaria, La Gomera und Fuerteventura. Auf dem Weg von Gran Canaria nach Teneriffa erteilt uns die See jedoch eine Lektion, die wir nicht so schnell vergessen werden. Von den Düseneffekten, die zwischen den Inseln regelmäßig auftreten, hatten wir natürlich gelesen. Und wir hielten uns für schlau, als wir berechneten, dass ein Vielfaches von null Wind immer noch null Wind ergibt. Wir ziehen also unser Dingi an einer Leine hinter uns her, anstatt es an Deck zu hieven und festzuschnallen. Kein Wind, keine Welle, was soll da passieren?

Wir verlassen die Marina auf Gran Canaria und steuern die Passage zwischen Gran Canaria und Teneriffa an. Mit einem Mal fegt uns ein Wind um die Ohren, der das Wasser zu meterhohen Wellen anwachsen lässt. Wie auf Knopfdruck verwandelt sich die sanfte See in ein tosendes Meer. Das Dingi zerrt an seiner Leine, wir steigen steile Wellenhänge hinauf, um sie gleich darauf wieder hinabzufallen. Die Leine wird schlaff beim Hinaufsteigen und im nächsten Moment zum Zerbersten gespannt, wenn wir die Welle hinabsausen und das Dingi noch am Wellenkamm hängt.

Im Schiff klappert und klirrt alles, was wir nicht festgekeilt haben. Im Waschbecken stehen die Kaffeekanne, ein Topf und unsere Teller mit Besteck. Bei jeder ruckartigen Bewegung des Schiffes klirrt das Geschirr gegen die Seite des Beckens. Es klingt, als würde das unzerbrechliche Geschirr gerade in Stücke springen. Zwei Wasserflaschen rollen auf dem Fußboden herum, die Cornflakes sind aus dem Schapp auf Backbord herausgefallen und rutschen auf der Bank hin und her.

Wir hätten im Traum nicht mit so einem Umschwung gerechnet. In diesem Moment knallt es, und etwas peitscht und zischt an meinem Kopf vorüber. Die eine Hälfte des roten Seils, das unser Beiboot gehalten hat, schnellt nach vorn. Die andere Hälfte treibt plötzlich rückwärts von uns weg, mitsamt dem Dingi. Es ist

3,60 Meter lang und knallrot, man kann es sehr gut von Weitem erkennen. Wie ein Rettungsboot leuchtet es auf den dunklen Wellen.

Lutz wendet sofort. Unter Deck fliegt der Feuerlöscher quer durch den Raum. Er muss sich aus seiner Verankerung an der Wand unter dem Kartentisch gelöst haben. Es klirrt und scheppert überall.

»Den Bootshaken! Schnell!« Ich fliege förmlich nach vorn zum Bug und löse den Bootshaken aus dem Relingsnetz. Wenig später liegen wir parallel zum Dingi, und ich hake den langen Stock an einer Öse des Gummiboots ein. »Stopp!«, brülle ich zur Sicherheit, denn Lutz stoppt das Boot nicht auf. Mit voller Fahrt rauschen wir an unserem Dingi vorbei, und blitzschnell wird mir der Bootshaken mit aller Wucht aus den Händen gerissen. »Verdammt! Was ist los?«

Aber da höre ich schon viel schlimmere Flüche aus Lutz' Richtung kommen. Der Motor ist ausgegangen. Einfach so. Puff, aus. Wir treiben nun immer weiter von unserem unentbehrlichen Dingi und unserem einzigen Bootshaken weg. Für eine Sekunde sind wir sprachlos. Lutz fasst sich als Erster wieder: »Segel hoch!« Mach ich, klar, ist ja das einzig Sinnvolle in diesem Moment. Wir müssen die Kontrolle über das Boot zurückgewinnen und setzen so wenig Segel wie nötig, um manövrierfähig zu werden. Dann überlegen wir, was zu tun ist. Wir beschließen, dass ich das Dingi im Auge behalte und das Steuer übernehme, während Lutz versucht, den Motor wieder zum Laufen zu bekommen. Wie es aussieht, hat er beim heftigen Auf und Ab auf den Wellen wieder Luft geschluckt.

Lutz geht genauso vor wie damals auf der Biskaya, als Axel uns telefonisch erklärte, wie auch noch das allerletzte bisschen Luft aus dem Motor herauszubekommen ist. Es tut sich trotzdem nichts. Rein gar nichts. Vielleicht ist die Dieselpumpe hin, wer weiß. Es wird bald dunkel. Wie es aussieht, müssen wir unser Dingi abschreiben, ohne Motor und Bootshaken in diesen Bedingungen. Schweren Herzens lassen wir es zurück, und binnen fünf Minuten ist es in der rauen See nicht mehr auszumachen. Was wäre wohl bei einem Mann-über-Bord-Manöver passiert? Den Menschen im Wasser hätte man schon längst nicht mehr finden können. Im Gegensatz zu dem knallroten, über drei Meter langen Beiboot, guckt vom Menschen nur der winzige Kopf aus dem Wasser, der im Normalfall keine besonders auffällige Farbe hat. Der Gedanke, was passieren würde, wenn einer von uns bei solchen Bedingungen über Bord ginge, beunruhigt uns. Klar »picken« wir uns bei Arbeiten auf dem Vorschiff immer mit einer Sorgleine am Boot ein, und von Sonnenunter- bis Sonnenaufgang tragen wir selbst im Cockpit Schwimmwesten und haken uns ein. Routinemäßig eben, ohne groß darüber nachzudenken, wie beim Anschnallen im Auto.

Erst jetzt wird uns schlagartig bewusst, wie schwierig bis fast aussichtslos eine Rettung wäre, wenn einer von uns für nur wenige Minuten unbemerkt über Bord ginge; wie unberechenbar und unkalkulierbar das Meer wirklich sein kann. Ab sofort ändern wir zwar unsere Sicherheitsvorkehrungen nicht wesentlich – die sind ja gut –, aber wir schärfen unseren Blick. Außerdem sind wir ab jetzt immer darauf vorbereitet, dass das Wetter sich sehr, sehr plötzlich komplett ändern kann. Zusätzlich erweitern wir unsere Sicherheitsvorkehrungen um eine Aufräum- und Festzurrroutine.

Still segeln wir gen Süden in die Nacht hinein. Kaum sind wir aus der schmalen Passage zwischen den Inseln heraus, beruhigt sich der Wind, und die Wellen nehmen schnell an Höhe ab. Als Nächstes müssen wir uns überlegen, wo wir festmachen können. Unter Segeln in eine Marina einzulaufen, kommt nicht infrage. Wir suchen uns eine Ankerbucht nahe der Marina in San Sebastián auf La Gomera aus, wo wir im Morgengrauen den Anker werfen wollen. Von dort aus können wir dann mit dem Funkgerät die Marina kontaktieren, um jemanden zum Abschleppen zu rufen. So der Plan.

Wir segeln, so langsam es geht, und drehen mehrere große Kreise, um nicht vor dem ersten Morgenlicht dort zu sein. In der Nacht basteln wir weiter an unserem Motor herum, tauschen alle Filter, saugen sauberen Diesel direkt aus dem Kanister und pumpen ihn wieder und wieder mit dem winzigen Hebel am Motor in die Maschine. Aber wir bekommen ihn einfach nicht zum Laufen. Je näher wir der Insel La Gomera kommen, desto merkwürdiger sieht der Himmel aus. Er leuchtet hellorange. Da ist ein riesiges Feuer! Aber kein Lagerfeuer, nein, die Insel brennt! Wir trauen unseren Augen nicht. Je näher wir kommen, desto genauer können wir erkennen, dass einige Gebiete der Insel in Flammen stehen. Es sieht aus, als hätte ein Kind ein Papierbötchen angezündet und übers Meer geschickt: ein Flammenmeer über der dunklen See. Unsere auserkorene Ankerbucht scheint davon nicht betroffen, das Feuer wütet auf einem anderen Teil der Insel. Der Wind weht es auch in eine andere Richtung. Unser Glück, denn sonst könnten wir dort nicht ankern. Ohne Motor kämen wir im Notfall ja nicht wieder weg.

Gegen 3 Uhr morgens schlafe ich auf dem Dieseltank ein, während ich eigentlich den Schlauch und den Kanister halten sollte. Lutz resigniert mit mir als Helfer, und wir vertagen das Motorproblem auf den Morgen.

Als die Sonne endlich aufgeht, wagen wir uns vorsichtig in die Bucht hinein. Der erste Versuch, den Anker einzugraben, muss gelingen. Eine zweite Chance haben wir nicht, denn hier in der Bucht weht kein Wind, mit dessen Hilfe wir noch einmal eine Runde fahren könnten.

Ich schwitze am Steuer, während Lutz vorn den Anker hält. »Drei, zwei, eins, JETZT!« Der Anker fällt, und Lutz nimmt schnell das letzte Stück Segel weg. Wir treiben über den Anker hinüber, Lutz lässt mehr und mehr Kette heraus. Hier ist es knapp 14 Meter tief, wir lassen alles, was wir an Kette haben, heraus – 50 Meter – und hoffen, dass der Anker sich einigermaßen eingräbt. Mithilfe des Motors könnten wir ihn zum Schluss noch einmal ordentlich eingraben, aber das fällt ja aus.

Wir treiben in Richtung Strand. Immer weiter. Dann werden wir langsamer und stoppen schließlich komplett. Oberflächlich hält der Anker auf jeden Fall erst einmal. Lutz schnorchelt an der Kette entlang und schaut sich die Position des Ankers unter Wasser an. Er ist halb eingegraben. Das ist besser, als wir zu hoffen gewagt haben.

Die Bucht ist wunderschön und windgeschützt durch die hohen Berge rundherum. Als Erstes versuchen wir, die Marina anzufunken. Sie liegt gleich in der übernächsten Bucht, aber wir bekommen keine Funkverbindung zustande. Das Satellitentelefon ist nicht funktionstüchtig, da das Guthaben abgelaufen ist. Wie ärgerlich. Nicht mal mehr unsere Handys haben hier Netz! Es ist wie verhext. Wir müssen wohl oder übel an Land und auf den Berg klettern. Aber wie sollen wir ohne Dingi an Land kommen?

Wir verpacken die Handfunke, unsere Handys, T-Shirts, Hosen und Flip-Flops in unserer Tasche, die laut Hersteller absolut wasserdicht sein soll. Sicherheitshalber wickeln wir die Sachen vorher aber noch einmal in eine Plastiktüte ein. Dann schwimmen wir mit dem riesigen grünen Sack in Richtung Strand, der viel weiter weg ist, als es vom Boot aus scheint. Die Brandung ist auch sehr viel ungemütlicher, als sie vom Boot aus wirkt. Wie dem auch sei, wir werden an Land gespült und ziehen uns etwas entnervt an. Dann kraxeln wir auf Flip-Flops den Berg hinauf.

Auch der sah von Weitem nicht so unwegsam aus. Nach einer Viertelstunde erreichen wir einen kleinen Gipfel. Dahinter liegen aber gleich noch ein paar weitere Berge, die noch höher sind und sowohl die Handfunke als auch die Handys von allen Netzen abschirmen. Auf unseren Flip-Flops können wir nicht weiter in diesem Gestrüpp herumlaufen.

Wir treten den Rückzug an und haben keine Ahnung, wie es nun weitergehen soll. Unsere Beine und Füße sind zerkratzt, und das Meerwasser brennt auf den Wunden, als wir zum Boot zurückschwimmen. »Jetzt fehlt uns nur noch ein Hai zu unserem Glück«, orakelt Lutz, der etwas weiter vor mir schwimmt. Der grüne Sack treibt auf der Oberfläche hinter ihm her.

»Hör auf, sonst klammere ich mich an deinem Hals fest. Und dann können wir beide nicht mehr schwimmen.«

»Da! Da ist die Flosse!« Er kann es nicht lassen.

Ich falle wirklich darauf herein, springe Lutz an den Hals und klammere mich vor lauter Angst so fest an ihn, dass er untergeht. Samt wasserdichter Tasche. Er muss mich erst kneifen, bevor ich endlich loslasse und ihn wieder Luft holen lasse. Selbst schuld. So ein blöder Witz, und das ausgerechnet jetzt. Die Tasche ist dann auch nicht ganz so wasserdicht wie angekündigt – laut Hersteller darf man sie allerdings auch nicht ganz untertauchen. Die Plastiktüte hat das eingedrungene Wasser aber abgehalten. Unsere wichtigsten technischen Geräte sind glücklicherweise unversehrt geblieben.

Am frühen Nachmittag kommt die Rettung in Form eines winzigen Ausflugsboots, in dem eine fünfköpfige Familie sitzt, die am Strand picknicken will. Wir winken wie verrückt, und sie kommen herüber. Mit ein paar Brocken Spanisch können wir ihnen verständlich machen, dass Lutz gern mit zurück in die Marina kommen würde, ob sie ihn wohl mitnehmen könnten. Mit Lutz als zusätzlichem Passagier sieht das Boot aus, als würde es sinken.

In den Stunden, in denen Lutz weg ist, ist es mir unheimlich, so ganz allein an Bord – ohne Motor, ohne Dingi. Was passiert, wenn der Wind dreht und mit voller Wucht in die Bucht drückt? Ob der Anker das halten würde? Ich versuche, über andere Dinge nachzudenken, und lenke mich ab, indem ich den Salon aufräume und putze, nach den schmutzigen Reparaturversuchen der letzten Nacht.

Schließlich kommt Lutz zurück, mit einem etwas größeren Ausflugsboot als vorher. Ein netter Gomeraner bietet uns seine Hilfe für 100 US-$ an. Der Rettungskreuzer würde das Doppelte kosten. Also gut, unser Boot ist sehr leicht, das sollte schon irgendwie klappen. Nur hat der nette Spanier vorher noch nie ein Boot geschleppt, er macht die Leine viel zu kurz und gerät mit seinem Kopf beinahe unter unseren schaukelnden stählernen Bugkorb. In letzter Sekunde können wir ihn noch warnen, sein Boot abhalten und eine schwerwiegende Kopfverletzung seinerseits verhindern. Dafür gerät die Abschleppleine fast in den Propeller seines Außenborders, da er sie nicht seitlich, sondern mittig zwischen den Außenbordern befestigt hat. Aufregung pur!

Wir schaffen es aber noch vor Sonnenuntergang in die Marina und sind alle drei von Herzen erleichtert, dass niemand zu Schaden gekommen ist. Wir machen am Eingang zur Marina am Tankstellenponton fest, bis wir vom Marina-Büro einen Liegeplatz zugewiesen bekommen.

Mitten in der Nacht weckt uns ein Löschboot, das längsseits geht und die Schläuche der Tankstelle kurzerhand über unser Deck zieht, um zu tanken. Die gesamte Mannschaft des scharlachroten Feuerwehrschiffs steht irgendwann auf unserem Deck und hält um 1 Uhr nachts einen Plausch. Dabei erfahren wir mehr über die Brände auf der anderen Seite der Insel und wie gravierend die Ausmaße schon sind. Es gibt mehrere Löschflugzeuge, und die Mannschaften sind Tag und Nacht im Einsatz, um den Brand unter Kontrolle zu bekommen.

1 Ankern in der Lagune von Bora Bora.

2 Mit unserem Mentor Patrick starten wir am Ende des Winters von Kappeln aus.

3 Unser erster Etappensieg: Afrika! Fischer heißen uns vor Rabat in Marokko willkommen.

4 Unsere Crew für die Atlantiküberquerung: Michael, der alte Segel-Hase, Lutz, der Käpt'n mit wenig
  Erfahrung, und Michael, der Segel-Novize, vor ihrem Gruß auf der Kaimauer von La Gomera.

5 Motor kaputt, Dingi weg und dann ein waghalsiges Abschleppmanöver in den Hafen von
  San Sebastian auf La Gomera, Kanaren.

6

RESTAURANT- BAR
Red SNAPPER
Shrime STEW- PORK
Lobster Stew. BEEF
Fish
CRAb
BAR-B-que Chicken
We do dinner - Call
information
1758-520-0001

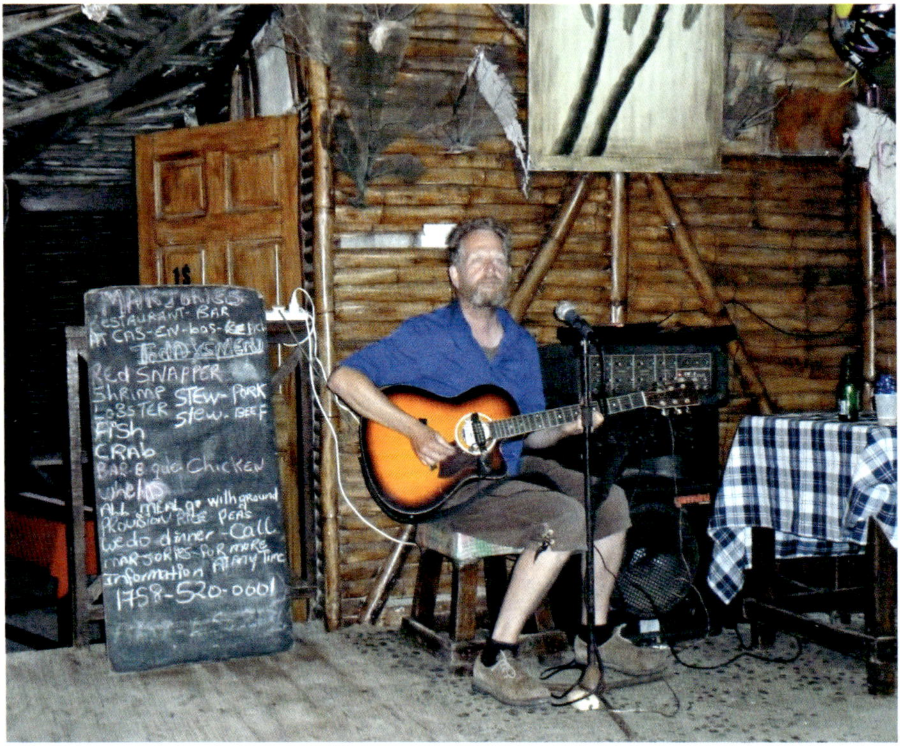

7

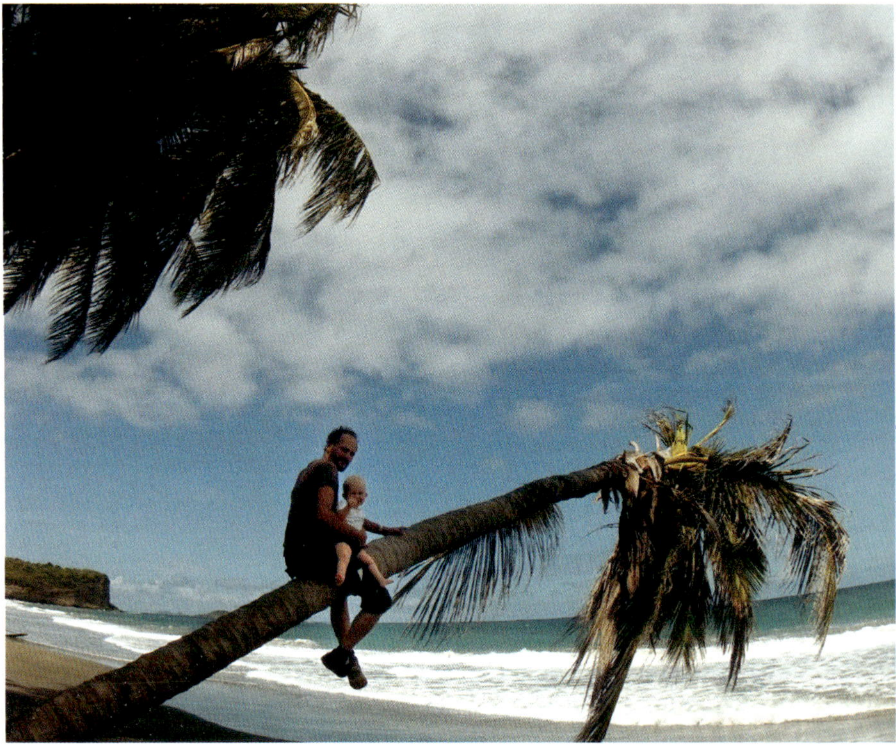

6 Plattdeutsche Lieder in der Karibik: Michael beeindruckt die karibischen Volkssänger mit einem Ständchen zu seinem 50. Geburtstag auf St. Lucia, Karibik.

7 Familienausflug auf Grenada, Karibik.

8 Nach 9 Monaten Arbeits-etappe in Deutschland holen wir unsere RUND 360° in Chaguaramas, Trinidad, das erste Mal wieder zur General-überholung an Land.

9 Himmlisches ScÚorcheln in den Tobago Keys mit unserer Freundin Clarissa.

8

9

10 Unsere erste Kokosnuss in der Karibik wird uns vom Obstverkäufer mit der Machete geöffnet.

11 Zollgebäude einmal anders: Einklarieren auf den Inseln von Los Roques, Venezuela.

10

11

12

12 Der Dschungel von
   Trinidad hat uns mit seinem
   Artenreichtum nachhaltig
   beeindruckt.

13 Wir genießen die spektaku-
   läre Postkartenidylle auf
   einer der vielen kleinen
   Inseln von Los Roques mit
   Johannas Schwester Julia.

14

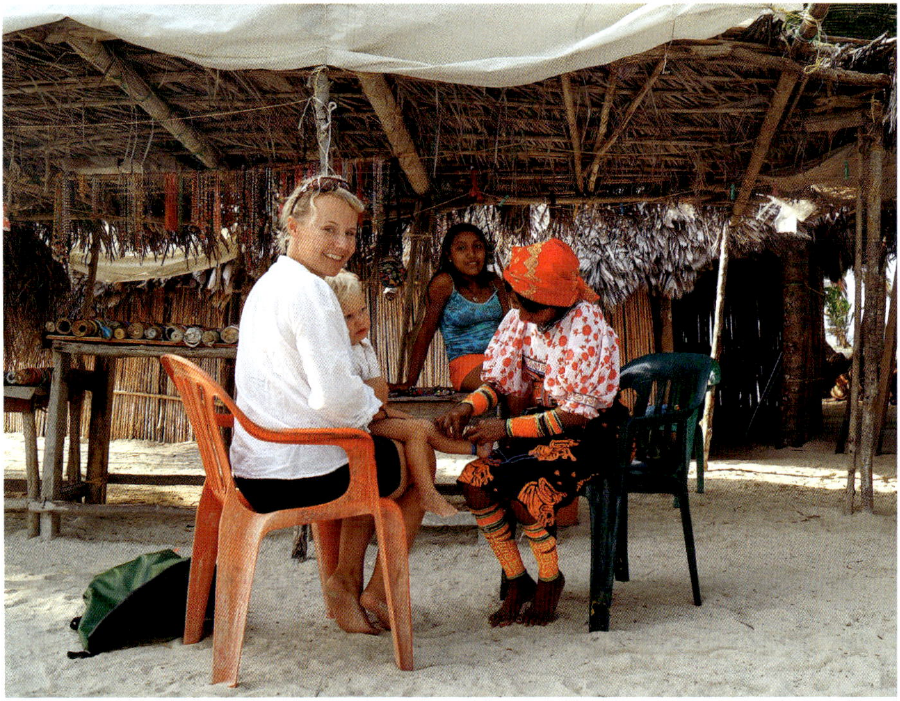

15

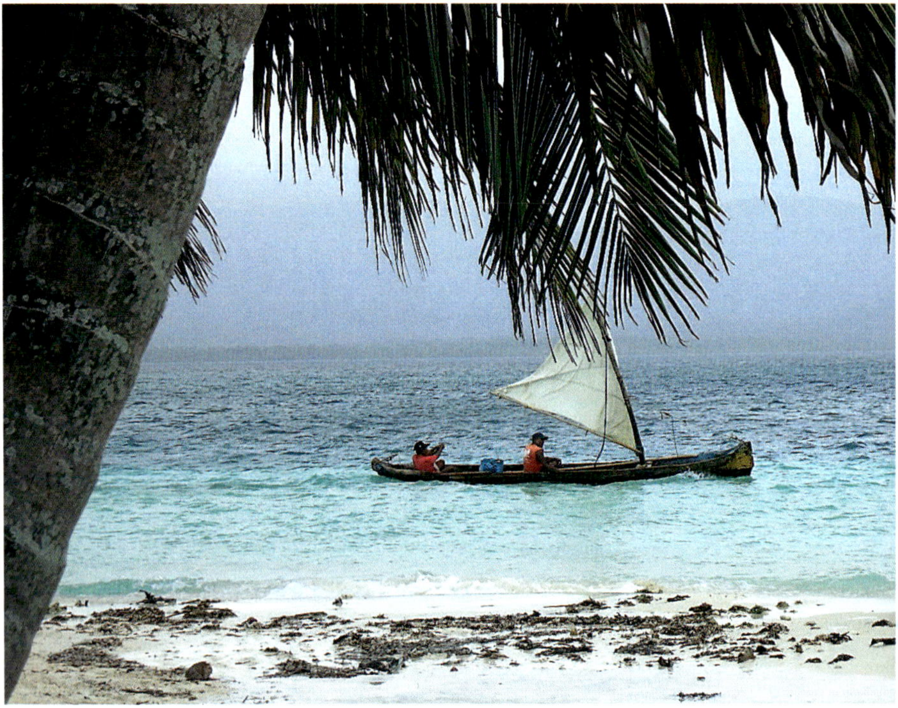

14 Levi wird zum Indianer: Er bekommt den Fußschmuck der Guna Yala angelegt.

15 Guna Yala Indianer ziehen lautlos mit ihrem Einbaum unter Segeln an uns vorbei (San Blas, Panama).

Unseren Motor bekommen wir mithilfe von Andy, einem deutschen Mechaniker vor Ort, wieder hin. Die Pumpe muss gewechselt werden.

Bevor unsere Etappe zu Ende geht, segeln wir noch einmal ans andere Ende der Insel, wo wir in einer geschützten Bucht ankern können. Was wir nicht geahnt haben, ist, dass die Löschflugzeuge in genau dieser Bucht ihr Löschwasser aufnehmen. In kurzen Abständen donnern die Flugzeuge haarscharf an uns ankernden Yachten vorbei, schliddern über die glatte Wasseroberfläche der Bucht, wobei sie ihre Tanks auffüllen, und steigen wieder lärmend in die Luft. Die Flugzeuge sind so nah, dass uns Angst und Bange wird, ob sie nicht doch irgendwann an unserem Mast hängen bleiben. Als wir die Bucht wieder verlassen wollen, müssen wir eine Lücke zwischen den Fliegern abpassen und geben Vollgas.

Wie wir später erfahren, war es Brandstiftung. Das Feuer wurde an mehreren Stellen vorsätzlich gelegt. Viele Dörfer wurden schwer beschädigt. Erst drei Monate später gilt das Feuer offiziell als gelöscht.

La Gomera bietet sich für uns als Ausgangspunkt für die Atlantiküberquerung an. Von hier aus können wir im Herbst gut starten, um die Karibik gegen Weihnachten zu erreichen. Schade, dass wir Gambia und den Senegal jetzt nicht mehr besuchen werden, aber wie man unter Seglern sagt: Pläne sind schließlich dafür da, geändert zu werden.

Der nächste Plan ist, zweieinhalb Monate zu Hause zu verbringen.

Wir vertäuen die RUND360° im gut gesicherten Hafen und fliegen für die nächste Heimatetappe nach Hause.

65

Zum Thema Sicherheit an Bord gibt es viel Literatur und noch mehr unterschiedliche Meinungen. Was wir hier beschreiben, gibt unsere persönliche Sicht wieder. Jeder Segler hat eine andere Wohlfühlzone, was seine Sicherheit angeht.

So ist es zum Beispiel unter Einhandseglern gängige Praxis, die Nacht auf Ozeanpassagen durchzuschlafen, anstatt regelmäßig einen Blick in die Runde zu werfen, um nach anderen Booten Ausschau zu halten. Wir würden uns damit schwertun. Auch wenn wir die Nachtwachen auf dem Pazifik ebenfalls etwas heruntergefahren haben, so haben wir uns mit einem Rundumblick alle zwei Stunden am wohlsten gefühlt.

Im Allgemeinen ist das Segeln heutzutage sehr viel sicherer geworden als noch vor wenigen Jahrzehnten. Mithilfe von GPS und digitalen Seekarten ist das Navigieren im Vergleich zu früher ein Kinderspiel geworden. Die Genauigkeit, mit der man seinen Standort auf der Seekarte bestimmen kann, ist enorm. Nur in Gebieten, wo die Seekarten ungenau bzw. nicht wirklich vorhanden sind, hilft das GPS wenig (dazu mehr im Kapitel »Navigation in der Südsee«).

Das AIS, automatic information system, das Signale zu Kurs, Geschwindigkeit und Größe von Schiff zu Schiff überträgt, trägt noch weiter dazu bei, dass das Segeln auf den Ozeanen sicherer geworden ist. Eine mögliche Kollision mit einem Tanker oder Ähnlichem wird von dem Gerät vorausberechnet.

Die EPIRB, ein Gerät, das Informationen zum eigenen Schiff und der Crew mit ihrem aktuellen Standort enthält, ist ein weiteres unverzichtbares Sicherheitsutensil. Im Notfall kann das Gerät ausgelöst werden und sendet unverzüglich eine Nachricht an die Seenotstelle in Bremen, die eine Rettung in die Wege leitet. Dass das Gerät auch tatsächlich funktioniert, haben Bekannte von uns bestätigen können. Sie haben mitten auf dem Atlantik ihren Mast verloren und wurden manövrierunfähig. Nach Auslösen der EPIRB wurden sie innerhalb weniger Stunden von einem Tanker, der von der Seenotrettungsstelle in Bremen benachrichtigt worden war, aufgelesen.

Wichtig für die Sicherheit an Bord ist auch der Empfang von Wettervorhersagen unterwegs. Dafür gibt es diverse Geräte, wir haben unser Iridium GO! für diesen Zweck genutzt. Das Iridium GO! ist im Prinzip ein Satellitentelefon, das als Hotspot eine Internetverbindung zu unserem Laptop herstellt. So konnten wir die Wetterdaten (winzige GRIB-Files) zuverlässig laden. Mit diesen heutzutage sehr guten Wetterprognosen lassen sich Schlechtwettergebiete vorzeitig umfahren.

Zusätzlich zu den technischen Errungenschaften für die Sicherheit an Bord, gibt es natürlich noch die Verhaltensregeln, um einen Notfall gar nicht erst eintreten zu lassen.

Wie schon im ersten Exkurs kurz erwähnt, hat mir John die Grundregeln der Sicherheit an Bord vermittelt. Einfache und unabdingbare Regeln sind uns in Fleisch und Blut übergegangen – wie das Tragen einer Rettungsweste von Sonnenunter- bis Sonnenaufgang im Cockpit, das Anleinen in der Dunkelheit, bei schwerer See und bei Manövern auf dem Vordeck oder am Mast.

Am Anfang empfanden wir das Anlegen der Rettungsweste nachts als äußerst lästig. Aber nach den Ereignissen auf den Kanaren – das nach nur wenigen Minuten schwer zu sichtende knallrote, drei Meter lange Gummiboot in den

Wellen – haben wir verstanden, dass das Anlegen der Westen nicht mehr infrage gestellt werden sollte.

Gefährliche Situationen treten unvermittelt auf, und wie wir gelernt haben, gibt es tatsächlich unglaubliche Verkettungen von Unglücken. Kommt einem der Film All is lost wegen der vielen Zufälle unglaubwürdig vor (Robert Redford in seiner Rolle als Einhandsegler rammt erst einen Container auf offener See, dann kommt Sturm auf, das Trinkwasser auf seiner Rettungsinsel ist verdorben, er wird daraufhin von einem unmittelbar vorbeifahrenden Schiff trotz Fackeln übersehen usw.) – wir sind nicht mehr abgeneigt, ihn für realistisch zu halten.

Die Vorkommnisse auf den Kanaren haben uns auch gelehrt, alle Systeme möglichst doppelt zu haben und auf das Unmögliche vorbereitet zu sein. Wir haben uns ein zweites Satellitentelefon zugelegt, hatten mehrere GPS-Empfänger an Bord, neben dem Kartenplotter noch die Möglichkeit, auf zwei Laptops zu navigieren und verschiedene Stromquellen für diese Geräte. Unser Dingi schleppen wir seitdem so gut wie gar nicht mehr hinterher.

Im Lauf der Zeit lernten wir, dass ein sehr großes Sicherheitsrisiko die Müdigkeit ist. Wer müde ist, macht Fehler – Situationen werden falsch eingeschätzt, die Navigation wird ungenau. Deshalb fingen wir an, unsere Wachschichten flexibel zu gestalten und von einem starren Drei-Stunden-Rhythmus abzuweichen. Fühlte sich jemand fit, hing er noch eine Stunde dran, um dem anderen eine längere Erholung zu gönnen. Ging gar nix mehr, wurde eine Schicht auch mal verkürzt.

Auf der viel befahrenen Nordsee haben wir auch gelernt, der Großschifffahrt mit Respekt zu begegnen und, wenn möglich, großen Abstand zu halten. Im schlechtesten Fall merkt ein Tanker nicht, wenn er ein vergleichsweise kleines Segelboot rammt. Obwohl wir uns in Brighton noch einen Radarreflektor besorgt haben, können wir nicht sicher sein, dass wir auf den Bildschirmen der großen Pötte wirklich auftauchen. Und selbst wenn, ist es nicht immer gegeben, dass dort jemand vor dem Bildschirm sitzt und das kontrolliert. Von daher beobachten wir die Kurse der Berufsschifffahrt auf unserem AIS-Empfänger ganz genau und versuchen, jede Kursänderung rechtzeitig zu entdecken.

ETAPPENPAUSE

Wie ein Blitz aus heiterem Himmel – zu Hause
bricht das Chaos aus

》W ir wollten uns nur kurz für drei Wochen abmelden. Nächste Woche segeln wir über den Atlantik, und da werden wir schlecht erreichbar sein.« Wir sitzen unserer Sachbearbeiterin von der Adoptionsvermittlungsstelle an einem kleinen runden Tisch gegenüber. Frau Baumgärtners Büro ist eher klein, hat aber neben einem modernen Schreibtisch auch Platz für diese kleine Gesprächsecke. Auf dem niedrigen Regal vor dem Fenster sitzen ein paar Teddybären und ein Plüsch-Elch. Neben ihrem Schreibtisch steht ein Korb mit Spielsachen auf dem blauen Teppich. »Also, wir sind zwar telefonisch über unser Satellitentelefon erreichbar, aber einen Rückflug könnten wir dann erst aus der Karibik nehmen. Umdrehen ist auf der Route eher schlecht.«

Adoptionsbewerber dürfen natürlich in den Urlaub fahren, sollten aber erreichbar sein und im Falle eines Falles innerhalb von ein, zwei Tagen wieder präsent sein.

Lutz klatscht in die Hände. Die letzte organisatorische Aufgabe auf unserer Liste ist abgehakt. Frau Baumgärtner ist informiert. Wir sind bereit für den großen Sprung von den Kanaren in die Karibik – eine Herausforderung, der wir entgegenfiebern. Vor Aufregung haben wir beide rote Wangen. Es ist Ende November – der perfekte Zeitpunkt für die Ozeanpassage. Für die knapp 5.000 Kilometer werden wir wahrscheinlich drei Wochen brauchen. Unsere Sachen sind gepackt: zwei riesige Taschen voller Ersatzteile, ein paar T-Shirts und unsere Badesachen. Und Untermieter haben wir auch gefunden, zwei Bayern, die auf dem Weihnachtsmarkt hier in Berlin-Mitte Nougat aus eigener Herstellung verkaufen wollen. Morgen Abend reisen sie an.

Lutz drückt meinen Arm, und wir stehen auf, um zu gehen. Nach einer kurzen Pause stellt Frau Baumgärtner uns noch diese letzte Frage: »Wann genau geht denn Ihr Flieger?« Euphorisiert von unserer bevorstehenden Reise, nehmen wir ihr Zögern nicht richtig wahr. Findet sie einen solchen Segeltörn generell indiskutabel – wie andere unserer Kritiker auch? (Obwohl die inzwischen alle verstummt sind und eher mitfahren wollen.) Wir wissen es nicht und denken auch nicht länger darüber nach. Wir verabschieden uns herzlich und sind binnen fünf Minuten gedanklich wieder bei unseren Reisevorbereitungen.

Clarissa, eine Freundin, mit der ich früher schon segeln war, kommt noch für eine letzte Besprechung vorbei. Sie wird uns auf der Atlantiküberquerung begleiten, und wir wollen uns nächste Woche auf La Gomera treffen. Bis dahin werden Lutz und ich das Schiff vorbereiten. Unser Flieger geht in zwei Tagen, Freitagmorgen um 8 Uhr.

Mein Handy klingelt, und ich stolpere über den halb gepackten Umzugskarton mit unseren Wintersachen. Die sollen gleich noch in den Keller geräumt werden. In der Karibik brauchen wir die erst mal nicht. Es ist Donnerstag, 15:30 Uhr, und wir haben noch den ganzen Nachmittag, um die Wohnung für die neuen Untermieter aufzuräumen. Ich finde mein Telefon unter einem Stapel Skihandschuhe. Ich stolpere, und mein gestreifter Lieblings-Pareo rutscht mir über die Hüfte bis in die Knie. Er hat sonnengelbe und aquablaue Streifen, die noch nicht so recht zu meiner winterlichen Blässe passen wollen.

»Hallo Frau Klostermann, gut, dass Sie gestern bei mir waren.« Frau Baumgärtner ist am Apparat. »Das hier ist ein inoffizieller Anruf. Aber bevor Sie morgen früh in den Flieger steigen und am Montag gleich wieder den Rückflug buchen müssen, rufe ich Sie lieber jetzt schon an.« Mir bleibt der Mund offen stehen. Ich beginne zu begreifen. Ihr Zögern, das wir nicht richtig deuten konnten, ihre Frage nach den Daten unseres Fluges und ihr lächelndes »Bis bald«. Ich muss aussehen wie ein Geist. Lutz erkennt sofort, dass etwas passiert ist, und kommt zu mir in den Flur.

Unsere Sachbearbeiterin am anderen Ende der Leitung drückt sich jetzt noch klarer aus: Am Montag werden sie und ihre Kollegen neue Eltern für einen kleinen, sieben Monate alten Jungen aussuchen, und Frau Baumgärtner wird uns als geeignete Bewerber vorschlagen. Am Montag werde sie uns dann auch gleich offiziell davon in Kenntnis setzen, dass wir ihn bei uns aufnehmen dürften. Sofort, also dann gleich am Dienstag. Ob wir noch Fragen hätten. Fragen? Ich habe 1.000 Fragen. Das Telefonat ist viel zu kurz, und Lutz starrt mich an. Ich bin wohl noch etwas blasser geworden und muss Lutz nicht viel erzählen, er hat auch so erraten, worum es geht.

Wir setzen uns auf unsere Umzugskartons und versuchen zu begreifen, dass wir in wenigen Tagen nicht über den Atlantik segeln – sondern Eltern werden ...

Clarissa schlurft auf ihren High Heels kichernd hinaus in den Hausflur und muss sich dabei an der Wand festhalten. Ihre rote Handtasche schleift sie hinter sich her. Die Tasche wiegt mindestens vier Kilo und ist halb so groß wie unsere Freundin. Wir lauschen dem wackligen Geklacker ihrer Absätze noch bis auf die Straße und hoffen, dass sie ihr Fahrrad stehen lässt.

Mitternacht ist schon vorbei, und Lutz und ich setzen uns wieder an unseren Küchentisch. In der kleinen Whiskeyflasche, die vor uns auf dem Tisch steht, ist nur noch eine Pfütze übrig. Lutz verteilt den Rest auf unsere beiden Gläser. Die anderen schiebt er beiseite.

Durch die großen Glastüren können wir die hohen Bäume im nächtlichen Garten erkennen und dahinter die Kapelle der Versöhnung. Die Kirche, die sich früher dort befand – die Versöhnungskirche –, wurde noch 1985 in die Luft gesprengt. Sie stand auf dem Todesstreifen und war dem DDR-Regime ein Dorn im Auge. Die alte Kirchturmspitze liegt jetzt mitten in einem Roggenfeld. Genau an der Stelle, wo sie hinstürzte, als die Kirche zerstört wurde. Das Kornfeld ist ein Kunstprojekt, das unser Freund und Nachbar Michael mit ins Leben gerufen hat. Von einem Teil der Ernte brennt er Whiskey, den sogenannten Fine Berlin Wall Whiskey. Eine Flasche davon steht jetzt leer vor uns auf dem Tisch. Sie war ein Abschiedsgeschenk von Michael. Wir sollten sie auf der anderen Seite des Atlantiks leeren.

»Puh, was für ein Tag!«, sagt Lutz, während er das Glas in seinen Händen dreht.

»Immerhin haben wir Clarissa beruhigt, den Flug storniert und unseren Untermietern versprochen, ihnen gleich morgen eine andere Bleibe zu organisieren.«

Die Fluggesellschaft ist uns entgegengekommen und hat uns die Flugkosten vollständig erstattet, noch bevor wir danach gefragt hatten. Sie wünschen uns alles Gute. Unsere Untermieter waren nicht ganz so begeistert. Verständlich. Clarissa hat eine Weile und einen kräftigen Schluck von Michaels Selbstgebranntem gebraucht, um die Neuigkeit zu verdauen, dass sie nächste Woche nicht über den Atlantik segelt, sondern Patentante wird.

Lutz schiebt seinen kippeligen alten Thonet-Stuhl zu mir heran und nimmt mich in den Arm. Wir bleiben noch eine Weile sitzen und stellen uns vor, wie der Kleine wohl aussieht. Braune Augen auf jeden Fall, dunkle Haare, vielleicht Locken? Wie groß er wohl ist. Ob er auch so viel Babyspeck hat wie meine Nichte in dem Alter? Sie sah aus wie ein Sumoringer. Ob er uns wohl als seine neuen Eltern akzeptieren und auf Anhieb mögen wird? Immerhin bekommt der Kleine von heute auf morgen eine neue Mutter und einen neuen Vater vorgesetzt.

Am Montag warten wir auf Frau Baumgärtners Anruf und fahren gleich morgens einkaufen, um uns abzulenken. Als wir in unserem Lieblings-Supermarkt mit einer Tube Tomatenmark und einem Viertelliter fettarmer Milch an der Kasse stehen, klingelt das Telefon. Es ist auf laut gestellt. So laut, dass es alle im Supermarkt hören können. Wir wollen den Anruf ja auf keinen Fall verpassen. Frau Baumgärtner ist am Telefon, und Lutz geht ran. Ich zahle den Einkauf und eile hinter ihm her auf die Straße.

Der kleine Junge, den wir bei uns aufnehmen dürfen, ist momentan bei einer Pflegefamilie untergebracht, wo wir ihn auch kennenlernen können. Aber anders als bei der Vermittlung eines Neugeborenen, sollen wir ihn dann nicht gleich mitnehmen, sondern erst ein bis zwei Wochen lang jeden Tag besuchen. Er hat schon eine Bindung an die Pflegefamilie aufgebaut, die wir nicht abrupt beenden sollen.

Mittags sitzen wir wieder an dem kleinen runden Tisch in Frau Baumgärtners Büro. Sie erzählt uns alles, was sie zu diesem Zeitpunkt weiß beziehungsweise was sie uns mitteilen darf. Über Levis leibliche Eltern, die Gründen für die Adoption und den weiteren Ablauf.

Der Hausflur ist dunkel und nur von einer Deckenlampe vor dem Fahrstuhl beleuchtet. Es gibt keine Fenster, die mehr Licht hereinlassen könnten. Wir befinden uns im neunten Stock eines Gebäudes in einem Stadtteil von Berlin, den wir noch nicht kennen. Ein kleines Mädchen mit blonden Haaren und rosa Schleifen im Haar öffnet uns die Tür und tritt schüchtern in den Wohnungsflur zurück. Frau Sonntag kommt mit großen Schritten auf uns zu, begrüßt uns kurz und bittet uns ins Wohnzimmer.

Im Lauf der Zeit, die wir ab jetzt bei ihr verbringen, taut Frau Sonntag aber auf, und es wird ein sehr freundschaftliches Miteinander. Es ist auch ihre erste Adoption, sonst betreut sie nur Pflegekinder, die entweder zurück zu ihren leiblichen Eltern gehen oder dauerhaft bei ihr leben. Ihr Misstrauen gegenüber uns Adoptivbewerbern muss sie erst langsam abbauen. Als sie mich Wochen später mit einer Zigarette in der Hand im Garten sieht, ruft sie erfreut aus: »Ach, ihr seid ja doch nicht so perfekt, du rauchst ja auch!« Lutz und ich ringen um eine Antwort, aber es fällt uns keine ein. Hätte ich nicht gerade die Zigarette unter meinem Schuh ausgedrückt, wäre sie mir wahrscheinlich jetzt aus der Hand gefallen.

Als wir aus dem kurzen Flur ins Wohnzimmer treten, sind wir für einen Augenblick geblendet. Das Wohnzimmer mit der angrenzenden offenen Küche ist lichtdurchflutet. Die Fenster reichen bis auf den Boden und geben den Blick auf den sonnenbeschienenen Stadtteil frei. Wir setzen uns auf das braune Sofa, das den gesamten Raum dominiert.

Levi schläft jetzt und muss für unser Kennenlernen erst von Frau Sonntag geweckt werden. Als sie wiederkommt, trägt sie einen winzigen Jungen auf dem Arm. Schnurstracks geht sie auf mich zu und legt mir Levi in die Arme. Wir gucken uns beide ungläubig an. Levi hat hellblonde Haare, blaue Augen und Ähnlichkeit mit den Kindern meiner Schwester. Das kleine Bündel in meinen Armen taxiert Lutz und mich aus wachen Augen und greift dabei nach meinem Zeigefinger. Meine Nackenhaare stehen zu Berge. Lutz vergisst seine üblichen Späße zur Auflockerung der Atmosphäre. Er vergisst auch zu blinzeln und starrt Levi genauso an wie ich. Lutz umfasst mit seiner Hand Levis Fäustchen, das meinen Zeigefinger umklammert.

Wir verlieben uns auf Anhieb in diesen Knirps, der unser Leben vollständig auf den Kopf stellen wird. Alles, was wir bis hierhin an Abenteuern erlebt haben, alles, was uns bis jetzt aufregend vorkam, alles wird von nun an von diesem kleinen Wesen in den Schatten gestellt werden.

Frau Baumgärtner steht von ihrem Platz auf dem braunen Sofa auf und kommt zu uns herüber. Sie schaut zuerst in Levis Augen und dann auf seine kleine Faust, die in Lutz' Hand ruht und meinen Finger umklammert. Ein kurzes Lächeln umspielt ihren Mund, und wir wissen, dass die Adoption für sie beschlossene Sache ist. Für diesen bildhübschen Jungen, dem wir gerade das erste Mal begegnet sind, tragen wir ab jetzt die volle Verantwortung. Dieser Blondschopf ist ab jetzt unser Sohn.

Am nächsten Tag drückt uns Frau Sonntag alle Unterlagen, die sie von Levi hat, in die Hand: auch seinen Reisepass.

Wir besuchen Levi jeden Tag und unternehmen frostige Spaziergänge im verschneiten Park nebenan. In einer Bauchtrage unter unseren Winterjacken, aus der dann nur sein Köpfchen rausguckt, gewöhnen wir Levi an uns. Nach ein paar Tagen kommt er zu Besuch mit zu uns nach Hause. Draußen herrscht Schneegestöber, und die Straßen werden so glatt, dass Frau Sonntag es für besser hält, wenn er bei uns bleibt. Ab diesem Tag lebt Levi bei uns.

Während der Neuzugang friedlich in unserem Bett schlummert – Levi ist überhaupt ein sehr ruhiges und aufmerksames Kind – und wir ihm fasziniert dabei zusehen, sprechen wir das Unausweichliche an.

»Sag mal, meinst du, Levi mag das Meer?«, frage ich.

ETAPPE III

Getrennt über den Atlantik und ein kurzer
Testtörn in der Karibik

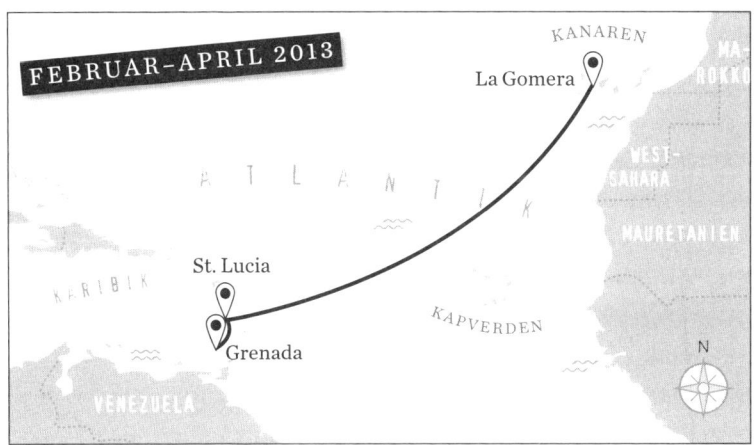

W ind 30 Knoten, gleiche Richtung, die Wellen sollten
jetzt auf zwei Meter runtergehen. Außerdem ist Frau
Merkel zurückgetreten.« Dass es in Wirklichkeit der
Papst ist, der im Februar 2013 zurückgetreten ist, und nicht die
Bundeskanzlerin, ist klar. Nur wissen das die drei Segler mitten
auf dem Atlantik nicht. Täglich schicke ich ihnen eine Wetter-
SMS aufs Satellitentelefon und spicke die Nachricht mit anderen tagesaktuellen Neuigkeiten. Manchmal lasse ich mich dazu
hinreißen, den dreien einen Bären aufzubinden.

Im Nordatlantik herrschen Winterstürme mit bis zu zwölf
Meter hohen Wellenbergen. Die Ausläufer mit bis zu fünf Meter

hohen Wellen haben Lutz und seine Besatzung auf unserer RUND360° bereits abbekommen. Um die letzte Chance zu nutzen, das Boot doch noch in dieser Saison in die Karibik zu segeln, hat Lutz sich Unterstützung für die Passage geholt. Im Februar ist er zusammen mit unserem Freund und Nachbarn Michael und Michael Teichmann aus Kappeln von La Gomera aus in Richtung Karibik gestartet. Der Segelnovize mit 5.000 Seemeilen im Kielwasser, der Künstler und der erfahrene Segler.

Levi und ich verbringen den kalten Februar allein zu Hause. Wir gehen zum Babyschwimmen und in die Pikler-Babygruppe und verfolgen Lutz' Fortschritte auf Google Maps. Levi ist jetzt seit drei Monaten bei uns. Er ist gewaltig gewachsen und hat sich ordentlich Babyspeck angefuttert.

»Guck mal, heute ist Papa hier!« Ich zeige Levi den Punkt auf dem Bildschirm. »N 20°20′ und W 36°03′. Ein Etmal von 112 Seemeilen. Sie kommen voran!« Levi zeigt sich unbeeindruckt von den 112 Meilen, die die Mannschaft in den letzten 24 Stunden zurückgelegt hat. Er möchte lieber wieder zurück zu unserem Nachmittagsprogramm vor der Waschmaschine: 40 °C Buntwäsche mit extra Spülen. Fasziniert beobachtet er dann die sich drehende Trommel, während er meine Hand hält, am liebsten sitzt er dabei auf meinem Schoß.

Da weder Levi noch ich bei der Ozeanüberquerung dabei sind, kommt Lutz an dieser Stelle selbst zu Wort. Sein Bericht von der Atlantikpassage sieht so aus:

Unsere Entscheidung ist gefallen. Ich werde das Boot von La Gomera aus allein in die Karibik segeln, und Johanna wird mit Levi in die Karibik fliegen. Dazu brauche ich natürlich eine Crew. Allein traue ich mir die Überquerung nicht zu, und es wäre mir auch viel zu einsam und zu anstrengend. Wie soll die ideale Hilfe für die mindestens 20 Tage auf See aussehen?

Da ich mich noch als Segelanfänger sehe, sollte ein Crewmitglied auf jeden Fall viel Segelerfahrung haben, am besten im Blauwassersegeln. Außerdem sollten wir mindestens zu dritt sein, damit die Nachtwachen nicht so anstrengend werden. Ideal wäre es, wenn wir zu viert wären. Andererseits geht man sich mit mehr Leuten schneller auf den Geist. In meinem Job als Unternehmensberater würde man ein Anforderungsprofil für die Kandidaten der zu besetzenden Stellen anfertigen. Es würde ungefähr so aussehen:

»Der Kandidat sollte mindestens zehn Jahre Segel- oder Kocherfahrung mitbringen. Ideal, aber kein Must, wäre eine Kombination aus beidem. Die sozialen Skills sollten sehr ausgeprägt sein. Die Fähigkeit, sich in Gruppen einzugliedern, ist unabdingbar. Gehorsam gegenüber dem Kapitän wird als Selbstverständlichkeit angesehen.

Kandidaten mit Erfahrung in der Reparatur von Dieselmotoren und Segeln beziehungsweise im Bootsbau werden bevorzugt behandelt.«

Da wir uns aber in der realen Welt befinden, kann ich die Suche kaum so gestalten wie im Job. Ich versuche es also subtiler, am besten mit Alkohol. So lenke ich bei einem bierseligen Abend mit unserem Nachbarn Michael, von dem wir den guten Whiskey bekommen, das Gespräch auf unsere Pläne. Schließlich kocht er leidenschaftlich gern. Es stellt sich heraus, dass es ein Traum von ihm ist, seinen 50. Geburtstag in der Karibik zu feiern. Das Datum passt auch. Er war zwar noch nie auf einem Segelboot, aber das stört ihn nicht. Er scheint mir auch nicht der Kandidat für eine Meuterei zu sein. Das erste Crewmitglied ist gefunden.

Auch bis nach Kappeln, Johannas Heimat, hat sich unsere Suche herumgesprochen. Mein Handy klingelt, und Bo Teich-

mann ruft an. Bo arbeitet bei Henning auf der Werft und hat uns beim Umbau des Bootes geholfen.

»Ich habe gehört, dass du jemanden für die Atlantiküberquerung suchst. Für meinen Vater wäre das genau der richtige Start in den Ruhestand.«

»Bist du dir sicher, dass er sich das antun möchte?«

»Ganz sicher, man muss ihn manchmal zu seinem Glück zwingen. Und Richtung Karibik ist das doch Kaffeesegeln. Ruf ihn an, ich bereite ihn vor.«

Bo ist ein erfahrener Profisegler. Dass die Fahrt in die Karibik Kaffeesegeln sein soll, war mir vorher nicht klar. Was soll das überhaupt sein? Ich stelle mir dabei vor, wie wir mit blümchenverzierten Porzellankaffeetassen und Schwarzwälder Kirschtorte im Cockpit sitzen und gemütlich der Karibik entgegengondeln.

Ein paar Tage später rufe ich den von Bo vorbereiteten Michael an. Er hat großes Interesse an der Erholungsfahrt, und wir machen ein Treffen in Kappeln aus.

Dort sitzen wir dann bei Teichmanns in der Küche, der Hund liegt entspannt in der Ecke und gleich gibt es ein Bier. Da kommt keine Hektik auf.

»Ich rede eigentlich nicht viel«, erklärt Michael mir als Erstes und erzählt von seiner Segelerfahrung auf der Ostsee und seinem großen Wunsch, einmal über den Atlantik zu segeln. Ideal! Er wird sicher nicht gegen die Regeln des total unerfahrenen Kapitäns rebellieren und sich lieber ums Segeln kümmern. Wir verstehen uns auf Anhieb prima und sind uns schnell einig. Passt!

Meine Crew ist komplett. Zwei Michaels, das hört sich richtig an. Einen dritten Michael finde ich bestimmt nicht.

Der Flug nach La Gomera rückt näher, und es gibt viel zu organisieren. Vor der Abfahrt wollen wir neue Segel und eine

Rollreffanlage installieren. Die Sachen sollen direkt dorthin geschickt werden. Ja, eine Rollreffanlage! Im Geiste taufe ich sie »Patrik«. Er wäre sicher begeistert!

Wir werden langsam doch bequemer und haben keine Lust mehr, die Vorsegel zu wechseln. Man nennt so eine Rollanlage auch »Rentnerrolle«. Wir sparen so aber auch ordentlich Platz an Bord ein, da wir keine Wechselsegel mehr verstauen müssen.

Mit Bergen von Gepäck fliege ich mit meinem Nachbarn Michael nach Teneriffa, wo wir Michael aus Kappeln treffen. Jetzt sollten dort eigentlich schon die Segel und die Rollanlage bei der Spedition am Flughafen bereitliegen. Die Spedition weiß aber von nichts, sodass wir mit leeren Händen nach La Gomera fahren.

Bei der Vorbereitung des Bootes gibt es einige Hürden zu nehmen. Eingeplant hatten wir zehn Tage für alle Arbeiten. Und da war schon ordentlich Puffer drin.

Der Import der Segel zieht sich über fast eine Woche hin. Bei einem Routinecheck stellen wir fest, dass das Vorstag angeknackst ist. So werden aus den geplanten zehn Tagen zwei Wochen, und es stehen etliche Fahrten nach Teneriffa an. Die beiden Michaels sind dabei eine Riesenhilfe. Sie packen sofort mit an, und jeder findet seine Rolle.

Zusätzlich hat die Verzögerung auch einen Vorteil für die mindestens dreiwöchige Fahrt in die Karibik: Wir lernen uns alle sehr gut kennen. Die gemeinsamen Abende, die wir bei Wirt Manolo in der Sailors Bar verbringen, formen die Crew zu einer Einheit. Kneipenabende sind einfach das beste Teambuilding, diese Erfahrung habe ich auch in meinem Job gemacht. Ich habe schon so viele Veranstaltungen erlebt, die eine neue Abteilung in ein Team verwandeln sollten, aber es geht einfach nichts über einen ordentlichen Kneipenabend. Hier ließe sich Budget einsparen. Trotzdem verwerfe ich den Gedanken, das Konzept des kollektiven Besäufnisses als Einsparmaßnahme in mein offizielles Berater-Portfolio aufzunehmen.

»Ihr könnt mich jetzt Teichi nennen, denn meine Freunde nennen mich so!«, verkündet Michael aus Kappeln feierlich. Unser Team ist geformt!

Aufgrund der zeitlichen Verzögerungen lassen wir unser geplantes Probesegeln weg und stechen ohne Test der neuen Segel und der Rollanlage in Richtung Karibik in See.

Nicht nur deswegen ist mir etwas mulmig zumute. Auf einmal bin ich Kapitän einer Altantiküberquerung, auf die sich andere Jahre vorbereiten. Ich hänge noch so meinen Gedanken nach, da legt ein neues Schiff 30 Minuten vor unserer Abfahrt an.

»Schau mal Lutz, der kommt aus Berlin«, sagt Teichi. Ich traue meinen Augen nicht. Es ist das Schulschiff der Segelschule Hering. Bei dieser Segelschule habe ich ein paar Unterrichtsstunden auf dem Wannsee mit einer Jolle genommen – meine einzige Segelerfahrung vor der Abfahrt. Ist dies ein Zeichen für die anstehende Reise? Ich bin verwirrt. Abergläubisch bin ich nicht, aber ein solcher Zufall? Soll mir das sagen, dass ich zu unvorbereitet bin? Den Gedanken wische ich schnell beiseite.

Wir legen ab, begleitet vom Tuten der Boote in der Marina, die von unserem Vorhaben wissen. Die für die Abfahrt gehisste Fahne des FC St. Pauli weht am Mast, La Gomera wird schnell kleiner. Es fühlt sich nach Abenteuer an.

Als wir aus der Abdeckung der Insel kommen, rollt die Atlantikdünung heran, und uns allen wird etwas mulmig zumute. Was für Wellenberge da bei so wenig Wind schon heranrollen. Meinem Nachbarn Michael wird es so unwohl, dass er gleich schwer seekrank wird, eine Stunde nach Abfahrt. Er war noch nie auf einem Segelboot und dann das. Ein schlechter Start einer *neuen Beziehung. Seine Seekrankheit hält fünf Tage an, und wir machen uns große Sorgen.*

Auch die für lange Seekrankheit typische Depression bekommt Michael: »*Wenn ich jetzt über Bord gehe, ist es auch nicht schlimm.*« *Scherze wie* »*Wir können dich ins Beiboot setzen, dann treibst du vielleicht noch zu den Kapverden.*« *werden nicht mehr als Scherz gedeutet und von ihm ernsthaft in Erwägung gezogen. So entscheiden wir uns dafür, ihn im Cockpit auf der Bank festzuschnallen, um ihm frische Luft bei absoluter Sicherheit zu ermöglichen.*

Zu allem Überfluss fällt auch noch unser Dauersorgenkind, der Autopilot, nach wenigen Tagen komplett aus. Wir steuern 18 der 20 Tage mit der Hand und viele Tage nur mit zwei Personen – eine extrem anstrengende Angelegenheit. Trotzdem gelingt es uns, die gute Stimmung aufrechtzuhalten. Ich komme mir vor wie in einem Projekt beim Kunden.

Als Michael die Seekrankheit überstanden hat, stellt sich Bordroutine ein, und sein gutes Essen tut das Übrige.

Besonders beliebt ist das Wetten auf alles Mögliche und Unmögliche. Welcher Verein ist auf dem fünften Tabellenplatz, wenn wir in der Karibik ankommen? Um wie viel Uhr beißt der nächste Fisch an? Wie viele Meilen hat das nächste Etmal? Und andere Wetten, die in kein Buch gehören.

Wir erzählen uns viele Geschichten. Die angekündigte Verschwiegenheit von Teichi bewahrheitet sich nicht. Im Gegenteil, er hat eine Menge Anekdoten zu bieten.

Natürlich funktioniert eine solche Reise nur mit Regeln. Neben den Wachschichten sind dies besonders Anweisungen zum Sparen des kostbaren Süßwassers. Die unterschwellige Rebellion von Michael, dem Künstler, gegen das Abwaschen mit Salzwasser wandelt sich immer mehr in offenes Unverständnis. Zum Glück kommt es nicht zur Meuterei, sondern er findet ein anderes Ventil für seinen Frust. Michael schreibt sich seinen Ärger von der Seele und verpackt ihn in eine interessante Kurzgeschichte:

»Wasserverbrauch
Der Wasserverbrauch an Bord eines kleinen Segelschiffs ist immer gut hörbar. Nicht etwa durch das Plätschern eines Wasserstrahls, sondern durch eine Pumpe, die durch sonores Knattern von ihrem Pumpwerk berichtet. Dieses Geräusch hört der Käpt'n gar nicht gern. Es erinnert ihn an den stetig leerer werdenden Wassertank.

Ein richtig leerer Wassertank kann mitten auf dem Atlantik unangenehme Konsequenzen haben. Nicht weit entfernt von dem Ort, wo wir gerade segeln, befinden sich die sogenannten Rossbreiten. Aus alten Seefahrergeschichten wissen wir, dass hier durstige Pferde von ebenso durstigen Seeleuten über Bord geworfen wurden. Es steht zu vermuten, dass jene Matrosen wirklich sehr, sehr durstig waren, denn sonst hätten sie die Pferde, statt sie einfach so über die Bordkante zu werfen, lecker zubereitet und verspeist. Nein, der Hunger wird nicht das Problem gewesen sein.

Nun bin ich an Bord des kleinen Schiffes, mit dem wir unterwegs sind, der Koch, der Smutje. Als solcher sehe ich mich verpflichtet, gewisse hygienische Grundstandards einzuhalten. Dazu gehört z. B., dass ich mir nach jedem Toilettenbesuch und vor Zubereitung der Speisen gern die Hände wasche. Dann schüttelt der Käpt'n wieder voller Besorgnis den Kopf und deutet auf die Wasserstandsanzeige.

Laut dieser ist der Tank noch drei viertel voll, und wir haben doch schon über die Hälfte der Reise hinter uns. Der Käpt'n blickt finster, sein Gesicht ist von tiefen Sorgenfalten zerfurcht. Die Anzeige ist bestimmt kaputt. Oje, ein Messinstrument, das uns die Ordnung nur vorgaukelt. Machen das die anderen Messinstrumente auch?, frage ich mich.

Gibt der Kartenplotter an den Haaren herbeigezogene Kurse vor? Spuckt das GPS-Gerät Standorte aus, die erwürfelt sind? Meine Sorgen wachsen. Und was geschähe mit dem verschwendungssüchtigen Koch, wenn die Leitung plötzlich trocken bliebe und die Pumpe mit einem letzten Rülpser ihren Dienst einstellen würde? ›Der Koch wird als Letztes gegessen‹, lautet ein altes Sprichwort, mit dem ich mich noch vor Beginn der Reise über den Atlantik beruhigt hatte. Aber was ist mit Trinken? Die einzigen Wesen, von denen ich gehört habe, dass sie sich von menschlichen Flüssigkeiten ernähren, sind Vampire. Es steht jedoch zu vermuten, dass der durstlöschende Effekt dabei nie eintritt, sondern, im Gegenteil, der Durst sich eher noch verstärkt. Das wirft ein völlig neues Licht auf die Qualen von Vampiren, die man sich als völlig dehydrierte Wesen vorstellen muss. Vermutlich wird man den Smutje also, ähnlich wie seinerzeit die Rösser, über die Reling schubsen.«

Ein besonders schöner Zeitvertreib ist das Angeln, und wir haben viel Zeit, um alle möglichen Techniken für den besten Fangerfolg zu testen: verschiedene Köder, unterschiedliche Leinenlängen und ein selbst gebauter Ruckdämpfer werden ausprobiert. Der Erfolg lässt nicht lange auf sich warten, und wir bereichern den Speiseplan mit Goldmakrelen und Thunfischen. Das klappt so gut, dass mir vom Koch Fangquoten auferlegt werden. »*Nach 16 Uhr darf nicht mehr geangelt werden, das bringt sonst den ganzen Speiseplan durcheinander!*«*, wird mir verkündet. Keine Chance für mich, Regel ist Regel. Mit den eigenen Waffen geschlagen, nennt man das wohl. Das Wetter meint es sehr gut mit uns. Nach wenigen Tagen auf See finden wir den Passatwind, der uns bis kurz vor St. Lucia begleiten wird. Bisher kannte ich den Passat nur aus Büchern. Und alles, was ich gelesen hatte, stimmt. Immer aus der gleichen*

Richtung kommend und mit wenig Böen bläst er uns angenehm in Richtung Karibik. Nach etwas Probieren haben wir auch die optimale Segelstellung gefunden. Das ausgebaumte Vorsegel ist einfach am besten und durch relativ starke Winde auch schnell genug.

Unsere einzige Verbindung zum Rest der Welt ist das Satellitentelefon, mit dem wir per SMS Kontakt halten. Auf der ganzen Fahrt begegnen wir nur einem einzigen Segler in weiter Entfernung, mit dem wir kurz funken. Das war's!

Johanna versorgt uns per Kurznachrichten mit beängstigend genauen Wetterdaten. Das geht so weit, dass ihre Wellenvorhersage fast auf die Stunde exakt ist. »*Heute Abend soll die Welle endlich weniger werden*«, *verkünde ich meinen Mitstreitern. Ungläubig staunen wir, als pünktlich um 19 Uhr die Schiffsbewegungen deutlich nachlassen.*

Außerdem erhalten wir weitere Neuigkeiten per Textnachricht. »*Angela Merkel ist wegen einer Plagiatsaffäre zurückgetreten*«, *berichte ich meiner Crew. Nein, das können wir nicht glauben. Wir antworten mit Berichten von Vögeln, die Antennen am Mast abschrauben. Bei der SMS-Kommunikation schweifen meine Gedanken immer wieder nach Hause. Ich vermisse Johanna und meine neue kleine Familie schrecklich. Levi ist gefühlt schon immer bei uns gewesen, und es fällt mir schwer, ihn nicht um mich zu haben. Wie anders es früher war, ohne Kind. Man hat einander auch vermisst, aber es hat sich anders angefühlt. Die gemeinsame Verantwortung für das kleine Wesen ist doch eine ganz neue Qualität. Beziehung 2.0, denke ich mir.*

St. Lucia ist nur noch drei Tage entfernt. Wenn der Wind so bleibt. Ein Lagerkoller hat sich noch nicht eingestellt, aber die Sehnsucht nach einem Bier an Land wächst. Dann schläft unser »*Naturmotor*« *ein, und wir dümpeln in der Flaute dahin, hin und her geworfen vom Schwell des Atlantiks. So kurz vorm Ziel! Wir haben noch Diesel für vier Tage, Teichi und ich sind uns einig: Motor an, wir wollen ankommen! Michael will uns vom Motoren abhalten: »Das Ereignis Flaute gehört doch auch dazu.« Nein, da ist er allein mit seinem Bedürfnis. Wir einigen uns darauf, den Motor unter 2 Knoten einzusetzen. Wir motoren fast zwei Tage lang durch, bis wir wieder langsam, mit etwa 3 Knoten, segeln können.*

In der Nacht vor unserer Ankunft landet ein Vogel auf unserer Dehler. Das Land ist nah! Wir sind euphorisch und malen uns aus, wie das erste Bier, der erste Cocktail schmecken wird. Jetzt wird erst mal ausgiebig mit Süßwasser geduscht, das Wasser wird ja nun reichen!

Und dann ist es so weit: Teichi hisst die gelbe Einklarierungsfahne und wir laufen in die Marina in St. Lucia ein. Es ist ein unbeschreibliches Gefühl. Wir springen vom Steg, die Einreiseformalitäten erledigen wir in Rekordgeschwindigkeit. Die Sektflasche, die wir in La Gomera von Freunden geschenkt bekommen haben, wird entkorkt. Herrlich! Wir sind froh, Land unter den Füßen zu spüren und erst mal nicht segeln zu müssen.

Während der nächsten Tage beschäftigen wir uns damit, das Boot in Ordnung zu bringen und einfach das Leben ohne Steuern und Wachdienste zu genießen. Dann kommt endlich Johanna mit Levi an!

Zwei Tage später feiern wir Michaels 50. Geburtstag. Er hat auf der windzugewandten Seite der Insel, wo die Strände rauer und die Touristen rar sind, eine kleine gemütliche Strandbar gefunden, die für uns alle ein Geburtstagsmenü zusammengestellt hat. Später am Abend spielt ein Musikant karibische Klänge, und Michael lässt es sich nicht nehmen, mit der Gitarre ein paar professionell vorgetragene plattdeutsche Lieder beizutragen. Dann löst sich das Dreierteam auf: Michael, der Künstler, und Teichi aus Kappeln fliegen zurück in die Heimat.

In den nächsten drei Wochen wollen wir das Familiensegeln testen und von St. Lucia über Bequia, die Tobago Cays und Union Island in Richtung Süden nach Grenada segeln.

Alles ist anders! Nicht nur, dass einer von uns jetzt unentwegt ein Auge auf den Kleinen haben muss. Auch der Törn muss so geplant sein, dass man die Babymahlzeiten einhalten kann. Wir müssen noch besser als zuvor verproviantieren, brauchen genügend Windeln und Gläschen, die es nicht überall zu kaufen gibt. Der Qualitätsstandard der Babynahrung ist außerhalb Deutschlands deutlich niedriger. Schließlich will man sein Baby ja nicht mit Brei füttern, der Zucker enthält. Die teuren Pampers-Windeln duften hier auch verräterisch nach Parfum. Vielleicht sollten wir nächstes Mal doch lieber die Babynahrung selbst zubereiten und die modernen Stoffwindeln aus dem Ökoladen im Prenzlauer Berg mitbringen.

Für Levis Sicherheit an Bord montieren wir einen Kinderautositz im Cockpit. Bei Manövern oder viel Welle schnallen wir Levi dort an. Dann ist er in unserer Nähe und gut gesichert. Wir kaufen einen Klettergurt, mit dem wir ihn anleinen können, und natürlich die obligatorische Schwimmweste.

Wir stellen fest, dass es auf jeden Fall sehr viel anstrengender ist, mit einem kleinen Kind zu segeln. So viel muss bedacht werden. Und eigentlich fällt ab jetzt einer von uns beiden fürs Segeln die meiste Zeit aus! Denn wenn Levi nicht gerade gefüttert, gewickelt oder bespaßt werden möchte, braucht man auch mal ein paar Minuten Schlaf.

Trotzdem fühlen wir uns mit dem Kleinen an Bord wohl! Es fühlt sich richtig an, so viel Zeit gemeinsam als Familie zu verbringen. Levi scheint es hier gut zu gefallen. Das Klima ist natürlich auch für Kinder ein Traum. Keine lästigen Schneeanzüge, dicke Mützen, Stiefel und Handschuhe. Stattdessen sitzt Levi am Strand, und wenn wir für eine Sekunde nicht hingucken, stopft er sich eine Handvoll Sand nach der anderen in den Mund. Der Sand schmeckt ihm so gut, dass wir immer wieder Reste davon in seinen Windeln finden.

Als Familie zu segeln ist für uns zwar eine kleine Herausforderung, aber im Großen und Ganzen fühlen wir uns alle wohl damit.

Unseren Segeltörn durch die sogenannten »Windwards« der Karibik – also die Inseln, die dem Passatwind zugewandt sind – hat unsere Freundin Clarissa wunderbar in ihrem Tagebuch zusammengefasst:

Tausche Hummer gegen Aldiwein

Nach einer entspannten Woche auf St. Lucia, in der Lutz sich ein wenig von den Strapazen der Atlantiküberquerung erholen konnte, starten wir unsere erste große Karibik-Segeletappe.

Wir, das sind, nach einem Crew-Wechsel, die Familie Klostermann und ich, Clarissa, seit Jahren mit Johanna und Lutz befreundet. Die Etappe soll uns nun aus der Rodney Bay in St. Lucia in die Admiralty Bay auf Bequia führen. Sie ist ungefähr 26 Seemeilen lang, und man segelt sie am besten über Nacht. Das bedeutet, dass wir abwechselnd je drei Stunden Nachtwache halten müssen.

Kein Problem, denke ich mir, was soll da schon groß passieren? Der Wind bläst nicht sehr stark, nur ungefähr 6 Knoten, und Johanna liegt als »Standby« im Salon. Alle Viertelstunde mal nach Lichtern suchen, das bekomme ich hin. Immerhin ist Lutz auf der Atlantiküberquerung nur ein einziges Boot begegnet. Frohen Mutes starte ich meine erste Nachtwache um 20 Uhr und genieße es, mir den Wind um die Nase wehen zu lassen. Doch schon bald taucht am Horizont das erste Licht auf (in der Karibik wird es um 18 Uhr dunkel). So, wie war das noch mal? Bei grünem Licht sieht man die rechte Seite des Bootes, bei rotem die linke. Das

Licht sieht aber weiß aus. Ich gehe mal Johanna holen. Sie erklärt mir, dass man ein wenig warten muss, bis man die Farbe erkennen kann. Das weiße Licht sieht man immer zusätzlich. Na gut. Also warten wir mal ab. »Hast du übrigens die Lichter hinter uns gesehen?«, fragt Johanna. Wie, hinter uns? Ups, die sind mir glatt entgangen, aber hier gibt es ja auch keinen Rückspiegel. Mithilfe des AIS (Automatic Identification System), einem Erkennungssystem für Schiffe, finden wir heraus, dass es sich zum einen um einen Öltanker – MICHAEL J – und zum anderen um ein Frachtschiff mit unbekanntem Namen handelt. Bei MICHAEL J sehen wir rotes, beim Frachtschiff grünes Licht, sodass wir mit keinem der beiden kollidieren (dann würden wir beide Lichter gleichzeitig sehen, da sie auf uns zukommen). Vermutlich stoßen aber die beiden zusammen. Sie sind allerdings so weit hinter uns, dass uns das nicht weiter interessiert. Munter segeln wir weiter, bis wir etwa 30 Minuten später erschrocken feststellen, dass MICHAEL J nicht mit dem Frachter zusammengestoßen ist, sondern den Kurs geändert hat und volle Kraft voraus auf uns zuhält. Eigentlich haben wir Vorfahrt, da wir erstens segeln und er zweitens überholt. Es sieht jedoch überhaupt nicht danach aus, dass er uns gesehen hat, und er kommt immer näher! Verzweifelt stellen wir alle Lichter an und ändern den Kurs um 30 Grad. Das hilft immer noch nicht, wir fallen weitere 20 Grad ab. Mittlerweile können wir schon die Brücke des Schiffes erkennen und sehen auf dem AIS, dass er nur wenige Meter neben uns überholen wird. Dieses große Schiff so nah im Dunkeln an uns vorbeiziehen zu sehen, ist wirklich gespenstisch! Aber zum Glück geht alles gut, und wir können auf unserem alten Kurs weitersegeln. Die restliche Nacht verläuft ruhig, es ist toller Wind, wir sehen beeindruckendes Meeresleuchten, einen wunderschönen Sternenhimmel, und in meiner Frühschicht werde ich von einem Delfin überrascht.

Wir genießen es, zwei Tage in Bequia vor Anker zu liegen, dann zieht es uns weiter zu den Tobago Cays. Hier sieht es aus wie auf einer Postkarte! Traumhafte kleine, unbewohnte Inseln in türkisfarbenem Wasser mit Palmen und Sandstrand, dazu ein Riff zum Schnorcheln und Schildkröten, die um unser Boot herumschwimmen. Wir machen uns sofort mit dem Dingi auf zum Schnorcheln. Es ist fantastisch! Bunte Fischschwärme, Rochen und richtig große Fische. Für meinen Geschmack allerdings etwas zu große Fische ... der war bestimmt 1,50 Meter lang. Ich schwimme etwas hektisch zurück zum Schlauchboot und frage, ob es hier wohl Haie gebe. »Na klar«, sind sich Klostermanns einig. Ein Riff mit direktem Zugang zum Ozean – das sind geradezu ideale Bedingungen für die Dreiecksflosser mit den spitzen Zähnen. O.K., mein Bedarf an Schnorcheln ist erst einmal gedeckt. Zu allem Überfluss macht auf der Rückfahrt zum Schiff der Dingimotor schlapp, und wir müssen das Boot zurück rudern, beziehungsweise ziehen. Wir, das sind in diesem Fall Lutz und ich, da Johanna auf den kleinen Levi aufpasst und uns freudig filmt. Abends genießen wir den frischen Thunfisch, den wir auf der Fahrt nebenbei noch gefangen haben. So lässt es sich leben!

Nach einigen Tagen machen wir uns auf den Weg nach Union Island, wo wir ausklarieren müssen. Das bedeutet auf Nichtseglerisch: ausreisen. Das ist jedes Mal ein Erlebnis, da die Beamten die Crewlisten und Personalausweise ganz genau unter die Lupe nehmen. Dafür entschädigt uns Union Island mit einem bezaubernden kleinen Ort und einem tollen Einheimischen, der den Dingimotor repariert. Außerdem können wir – da wir kein Bargeld mehr haben – eine Flasche Weißwein aus unseren Beständen gegen Erwin eintauschen (unseren Hummer, den wir genüsslich zum Mittagessen verspeisen): mit Sicherheit das beste Geschäft, das wir bis jetzt getätigt haben, und das leckerste noch dazu.

Auf Grenada angekommen, sind wir ganz begeistert von dieser noch untouristischen Insel mit den netten Einheimischen und den tollen Minibussen, die einen für 30 Cent über die gesamte Insel chauffieren. Man winkt am Straßenrand einfach einen heran (eigentlich hupen die einen im Vorbeifahren an, was so viel bedeutet wie: »Wollt ihr mitfahren?«) und fährt so weit wie man möchte mit. Schade, dass es morgen für mich schon zurück geht. Es war eine wirklich tolle Zeit!

Auf den Tobago Cays verlieren wir einen Großteil unseres Bestecks. Um Frischwasser zu sparen, wasche ich in einer Schüssel im Cockpit mit Meerwasser ab und spüle hinterher nur mit ein paar Tropfen Süßwasser nach. Als Lutz Clarissa das Tauchen beibringt und die beiden unter unserem Boot mit Sauerstoffflaschen spazierengehen, leere ich die Schüssel aus und bemerke das Besteck nicht, das noch in der Brühe schwimmt. Gabeln, Messer und Löffel rieseln hinab auf den Meeresgrund, vorbei an zwei staunenden Tauchern. Die beiden versuchen das Besteck gleich aufzusammeln, aber der Sand bedeckt das Silber sofort, und sie finden nicht alles wieder. Obwohl es direkt vor ihre Flossen gefallen ist.

Nachdem wir Clarissa zu ihrem Flieger gebracht haben, mit dem sie zurück nach Berlin reist, vertäuen wir das Boot im Segelclub von Grenada, räumen ordentlich auf, putzen ein wenig und fliegen dann eine Woche später ebenfalls zurück nach Hause.

Mit im Gepäck befindet sich der unbenutzte Warmwasserboiler, den wir nun endgültig wieder ausgebaut haben. Da wir jetzt ganz eindeutig tropische Gegenden erreicht haben, können wir auch weiterhin gut auf warmes Wasser verzichten. Durch den Ausbau gewinnen wir im Schrank unter der Spüle ordentlich Platz für Töpfe und dergleichen. Den Boiler werde ich zu Hause verkaufen, hier auf Grenada ist die Nachfrage eher gering.

»Mr and Mrs Klostermann! Mr and Mrs Klostermann, please come to the information desk!« Am Flughafen in Grenada werden wir fünf Minuten vor Abflug ausgerufen und zum Flugfeld geführt, wo eine unserer Taschen geöffnet auf dem Boden steht. »Was ist das?« Der Zollbeamte zeigt auf den Inhalt von Lutz' Reisetasche und klopft auf den rechteckigen Edelstahlcontainer. »Ein Warmwasserboiler, hier ist die Anleitung«, erwidert Lutz. Leider gibt es nur eine deutsche Gebrauchsanweisung, und so bleibt der Beamte skeptisch. Aber wir haben ein paar Bilder und Skizzen, die auch ohne Worte funktionieren. Er zieht noch eine Kollegin zu Rate und lässt uns dann, immer noch ein wenig skeptisch, ins Flugzeug einsteigen. Die Tasche bringt er zum Gepäckraum.

Die Fliegerei scheint unserem Sohn nichts auszumachen. Im Gegenteil: Er genießt die Aufmerksamkeit der Mitreisenden. Bald zieht er sich an mir hoch, sodass er über die Rückenlehne des Sitzes nach hinten schauen kann und flirtet, was das Zeug hält, mit den Damen in der Reihe hinter uns. Beflügelt von seinem Erfolg, bezirzt er auch gleich noch unsere Sitznachbarn zur Linken und zur Rechten.

Insgesamt sind es vier Flüge bis nach Berlin. Zuerst von Grenada nach Trinidad, dann nach Tobago, dann nach Frankfurt und schließlich noch der letzte Flug nach Berlin. Levi zuckt nicht einmal mit der Wimper. Wenn er nicht gerade mit anderen Reisenden flirtet, schlummert er zufrieden in unseren Armen. Wir haben großes Glück mit ihm: Auf dem langen Nachtflug nach Frankfurt sitzt zehn Reihen vor uns ebenfalls ein kleiner Junge auf dem Schoß seiner Eltern und hört geschlagene vier Stunden nicht auf zu brüllen!

»CHEMIE« DER CREW AN BORD

In Seglerkreisen heißt es, dass man, wenn man als Paar gemeinsam einen Ozean überquert und sich danach nicht scheiden lässt, für immer zusammenbleibt. Wir haben uns bis heute nicht scheiden lassen.

Zusammen auf vergleichsweise kleinem Raum zu wohnen, unter manchmal extremen Bedingungen, stellt hohe Anforderungen an alle Crewmitglieder an Bord. Die geringe und manchmal nicht existierende Privatsphäre ist nicht jedermanns Sache. Zermürbend kann auf Dauer auch starkes Schaukeln auf ungünstigen Kursen sein. Müdigkeit, ungewollte Planänderungen, schlechtes Wetter und Bootspannen tun ihr Übriges.

Von daher ist es außerordentlich wichtig, dass sich die Crew versteht – und das nicht nur bei schönem Wetter. Da Lutz und ich schon vor unserem Segelabenteuer in Afrika und Indien zusammen gereist sind, wussten wir, dass wir unvorhergesehene Schwierigkeiten auch unter weniger bequemen Umständen gemeinsam gut meistern können.

Wie man immer wieder liest, sind Familiencrews die erfolgreichsten, wahrscheinlich, weil man es schon gewohnt ist, den Alltag mit all seinen Höhen und Tiefen gemeinsam zu bewältigen. Das trifft auf Fremde natürlich nicht zu, und mit Freunden hat man im Normalfall auch noch nie auf so engem Raum zusammengelebt. Von daher es ist ganz klar ein Vorteil, wenn man sich seine Crew sorgfältig aussucht, aber eine Garantie, dass die »Chemie« auch an Bord stimmt, gibt es natürlich nie.

Nicht jedes Crewmitglied muss alles können, schön ist es aber, wenn sich die Interessen ergänzen. So hat zum Beispiel einer eine Vorliebe fürs Kochen, der andere fürs Angeln oder das Reparieren von Bootsmotoren. Und wieder ein anderer liebt das Navigieren oder Organisieren. So findet jeder seine Nische, und der Ablauf funktioniert oft besser.

Wenn man mit anderen Crewmitgliedern unterwegs ist, ist es auch außerordentlich wichtig, dass sich diese mit der Hierarchie an Bord anfreunden können. Dass der Kapitän oder die Kapitänin das letzte Wort hat, muss ohne Diskussion akzeptiert werden können. Das liegt nicht jedem. Je klarer man diese Hierarchie im Vorfeld kommuniziert, desto besser ist es.

Als Familie treffen wir die Entscheidungen gemeinsam. Uns ist die Meinung des anderen wichtig. Auch in Extremsituationen stimmen wir uns ab. Das funktioniert für uns sehr gut.

Bei der Suche nach einer Crew ist es von Vorteil, wenn das neue Crewmitglied entweder schon sehr viel Segelerfahrung hat und genau weiß, worauf es sich einlässt, oder es ein guter Freund oder ein Familienmitglied ist, also jemand, den man sowieso schon ganz gut zu kennen glaubt.

Auf der Atlantiküberquerung ist Lutz mit fremder Crew gesegelt. Der größte Unterschied zur Familiencrew war die Aufteilung der Hierarchie. Es gab ganz klar einen Kapitän, der alles verantwortete. Das fing bei den vorbereitenden Bootsarbeiten an und zog sich über das Verproviantieren für die 20 Tage bis hin zu allen Entscheidungen und Abläufen auf See. Da die drei eine ganze Woche vor Abfahrt das Boot gemeinsam vorbereitet haben, konnte die Teamfähigkeit vorab getestet werden, und die »Chemie« der Crew stimmte.

Als Levi dazustieß und wir plötzlich als Familie und nicht mehr nur als Paar unterwegs waren, hat sich an Bord so gut wie alles geändert. Weitere Aufgaben wie Füttern, Windelnwechseln und noch besseres Verproviantieren, um nur einige zu nennen, kamen dazu.

Das Segeln, das wir vorher gern auch sportlich betrieben hatten, rückte in den Hintergrund, wir änderten Kurse, Pläne und die Kabinenaufteilung. Unsere heiß geliebten Fahrräder und der Tauchkompressor mussten einem Kinderwagen und einer kleinen Spielecke weichen. Von einem Tag auf den anderen war unsere einst sportliche Dehler ein schwimmendes Kinderhaus geworden.

Aber es fühlte sich richtig an – Levi mit auf unser segelndes Zuhause zu nehmen, passte. Unserem Kleinen gefiel es, das Schaukeln, die Wärme, die kuscheligen kleinen Kojen und die überschaubare Größe seines neuen Zuhauses. Als Familie stimmte auch hier die »Chemie« an Bord weiterhin, wir haben alle Aufgaben nach wie vor gerecht und gleichmäßig verteilen können, keiner von uns beiden hatte jetzt das Gefühl, beim Segeln weniger »dabei« zu sein.

Mit Levi an Bord hat sich auch bei der Sicherheit an Bord vieles geändert. Wir haben das obligatorische Relingsnetz befestigt und aus dem Bergsportbereich für Kleinkinder ein Klettergeschirr gekauft, um Levi auch ohne Schwimmweste anleinen zu können. Auf Dingifahrten und später, als er größer wurde, auch an Bord, hat er eine Feststoffweste getragen, an der wir eine Sorgleine befestigen konnten.

Wir haben einen Autokindersitz auf dem Boden des Cockpits befestigt, in dem er bei starkem Wellengang oder Manövern, die uns beide beschäftigt haben, sicher angeschnallt sitzen konnte. So konnten wir uns ganz dem Boot widmen, ohne konstant ein Auge auf den Kleinen werfen zu müssen.

Ein sicherer Schlafplatz zu seinen Babyzeiten war auf unserer Bank im Salon, die mit einem Leesegel ausgestattet war, um nicht herunterzurollen.

Was wir ebenfalls zur Sicherheit an Bord zählen, ist die Anpassung der Segelrouten zu leichteren, gefälligeren Vor-wind-Kursen, die uns alle nicht so gefordert haben und Raum für Entspannung und mehr Schlaf ließen. Die Müdig-keit, die sich zwangsläufig einstellt, wenn ein Baby in die Familie kommt, ist nicht zu unterschätzen und durchaus ein Sicherheitsrisiko. Bei Müdigkeit werden Situationen gern falsch eingeschätzt. Wir haben also noch vorausschauender geplant und auch mal ein vermeintlich gutes Wetterfenster verstreichen lassen, wenn uns der vorhergesagte Wellengang zu ungemütlich erschien.

ETAPPENPAUSE

Leben unter Beobachtung, Levis erster Geburtstag und Frau Schweiger

Nachdem unser Testtörn als Familie ausgesprochen positiv ausgefallen ist, überlegen wir, wie wir die Etappen so anpassen können, dass möglichst wenig Hin und Her für Levi entsteht. Ein halbjährlicher Rhythmus erscheint uns am besten. So planen wir, im kommenden Winter wieder loszusegeln.

Bis dahin könnte auch das sogenannte Adoptionspflegejahr vorüber sein. Das erste Jahr, in dem Levi bei uns lebt, wird als eine Art Probezeit angesehen, in der sich eine Eltern-Kind-Bindung aufbauen soll. Wenn das geschieht und auch alle anderen Unterlagen (wie z. B. die Erklärung der abgebenden Eltern) vorliegen, kann die Adoption durch einen richterlichen Beschluss rechtskräftig werden. Damit erlöschen alle rechtlichen Beziehungen zu Levis Herkunftsfamilie, und er wird auch offiziell unser Sohn. Bis zu diesem Gerichtstermin bekommt Levi einen Vormund, der alle paar Wochen nach dem Rechten schauen soll.

Auch wenn wir Urlaub nehmen oder Berlin beziehungsweise das Land verlassen wollen, brauchen wir die Genehmigung des Vormunds. Für die Grenzkontrollen brauchen wir einen entsprechenden Nachweis, da Levi noch nicht unseren Familiennamen trägt.

Unseren Vormund, Frau Schweiger, bekommen wir nur zweimal zu Gesicht. Einmal, als sie sich uns vorstellt, da ist Levi gerade zu uns gekommen, und dann eineinhalb Jahre später beim Gerichtstermin. Das ist schade, da wir viele Fragen haben. Fragen organisatorischer Art genauso wie Fragen bezüglich Levis Entwicklung.

Als Adoptiveltern haben wir keine Betreuung durch eine Hebamme, wie sie anderen Eltern nach der Geburt zusteht, und um sicherzugehen, dass es Levi körperlich gut geht, vereinbaren wir einen Termin bei einer Kinderärztin. Die Kinderarztpraxen hier in der Stadt sind so überlaufen, dass viele einen Aufnahmestopp haben. Wir schaffen es aber zum Glück, bei einer Ärztin, die gerade eine neue Praxis eröffnet hat, einen Termin zu bekommen. Wir erzählen ihr alles, was wir wissen. Sie stellt ein paar Defizite fest, die wir aber durch Physiotherapie und orthopädische Hilfestellung in den Griff bekommen können.

Die Kinderärztin schreibt uns die nötigen Rezepte auf, und wir machen Termine bei den entsprechenden Ärzten.

Die Physiotherapeutin, zu der wir von nun an zweimal wöchentlich gehen, ist sehr hilfreich. Sie erklärt uns, wie sie mit einer bestimmten Technik versuche, Levi das Drehen auf den Bauch beizubringen. Nach nur zwei Therapiestunden klappt es, und dies scheint unseren Kleinen so zu beflügeln, dass er auch sonst aktiver wird. Kaum hat Levi sich vom Rücken auf den Bauch gedreht, strahlt er übers ganze Gesicht über seine Fortschritte! Als hätte er nur darauf gewartet.

Langsam, aber sicher kämpfen wir uns durch das Dickicht an Behandlungen und Bürokratie hindurch. Eine Weltumseglung erscheint uns momentan definitiv einfacher zu bewerkstelligen als eine Adoption!

Zum Glück hatte uns Frau Sonntag, die Pflegemutter, eine Art »Anleitung« mit auf den Weg gegeben, was uns anfangs eine große Hilfe war. Auf einem DIN-A5-Zettel hatte sie die Schlafzeiten von Levi notiert und wann er was zu essen und zu trinken bekommen soll. Um den Übergang für ihn so sanft wie möglich zu gestalten, haben wir uns anfangs strikt daran gehalten. Wir haben die gleiche Milch und die gleiche Babynahrung gekauft, auch wenn diese unglücklicherweise mit Aromastoffen und Zucker zubereitet war, und erst nach und nach auf gesündere Kost umgestellt.

Im Frühjahr feiern wir Levis ersten Geburtstag. Lutz' Eltern, zwei meiner drei Schwestern und deren drei Kinder kommen zu Besuch. Bei so viel Aufmerksamkeit strahlt Levi übers ganze Gesicht. Zur Feier des Tages beschließt er, zum allerersten Mal in seinem Leben nach vorn zu robben. Das gelingt ihm äußerst gut, und er ist genauso begeistert wie wir. Inzwischen ist er kräftiger geworden und hat in kurzer Zeit ein paar Kilo zugenommen. Sein Gesicht ist kaum wiederzuerkennen, so rund ist es jetzt.

Zwei Monate später fängt er an zu krabbeln, und im Alter von 18 Monaten übt er das Laufen mit unserem schiebbaren Ikea-Hocker. Bis er das ganz sicher kann, vergeht noch einige Zeit, aber wir sind so glücklich, als befände er sich gerade auf einer Mission zum Mond.

Die Physiotherapeutin freut sich mit uns über Levis Fortschritte.

Über die Monate spüren wir, dass Levi mehr und mehr bei uns ankommt. Eine innige Bindung baut sich zwischen uns auf. Die Liebe, die wir mittlerweile für ihn empfinden, überstrahlt alles, was wir bisher zu kennen glaubten. Später fragt uns eine Freundin, die eine adoptierte Schwester hat, ob unsere Liebe zu Levi so intensiv sei wie die Mutterliebe zu einem leiblichen Kind. Darüber müssen wir nicht eine Sekunde lang nachdenken. Wenn die Liebe zu unserem Sohn anders wäre – den Vergleich können wir ja nicht ziehen –, dann höchstens noch stärker.

Im September ist Levi schon über eineinhalb Jahre alt, und wir bekommen einen der heiß begehrten Krippe-Plätze in einer Einrichtung gleich um die Ecke. Da die meisten Kinder schon mit einem Jahr in den Kitas eingewöhnt werden, glauben wir, dass er jetzt im richtigen Alter ist, mit anderen Kindern in Kontakt zu kommen. Wir haben nicht vor, ihn lange dort zu lassen, aber wir sind der Meinung, dass ihm ein paar Stunden am Vormittag bestimmt Spaß machen würden.

Nach einer Weile merken wir, dass diese große Umstellung etwas zu früh für unseren Kleinen kommt und beschließen, dass Levi lieber doch eine ganze Weile bei uns zu Hause bleiben soll. Vielleicht ist das Segeln als Familie genau das Richtige für ihn.

ETAPPE IV

Zweifel auf Trinidad und eine traumhafte
Passage nach Panama

NOVEMBER 2013–APRIL 2014

KARIBIK

Curaçao Bonaire
Guna Yala/
San-Blas-Inseln
Colón
Los Roques Grenada
Trinidad/
Tobago

PANAMA VENEZUELA

KOLUMBIEN

»Take nothing but pictures,
kill nothing but time,
leave nothing but footprints.«
(John Kay, »Nothing but«)

E in halbes Jahr nachdem wir unser Boot im Segelclub vertäut
hatten, sind wir zurück in der Sonne, der Wärme und zurück
auf unserer RUND360°. Es ist Ende November und genau der
richtige Zeitpunkt, um der Kälte und der Dunkelheit zu Hause zu
entkommen. Wir bleiben zwei Wochen auf Grenada, um das Boot
wieder herzurichten, die Insel zu erkunden und uns an das warme
Klima zu gewöhnen.

Frau Schweiger hat uns die mehrmonatige Reise genehmigt, das Pflegejahr ist noch nicht vorbei, und der Gerichtstermin konnte nicht vor unserer Abfahrt anberaumt werden. Das stört uns nicht, außer dass wir sie um einen Nachweis auf Englisch bitten mussten, in dem bestätigt wird, dass Levi mit uns auf Reisen gehen darf.

Wir haben wieder etliche Ersatzteile im Gepäck: vom Laderegler über Schäkel und Kettenstopper bis hin zur Lichtmaschine für unseren alten, aber im Großen und Ganzen zuverlässigen Volvo Motor. Und weil man von dem Dichtungsmittel Pantera nie genug haben kann, haben wir auch noch eine Kartusche dieses wunderbaren Allesklebers mit dabei.

Damit wir beim Zoll auf Grenada nicht noch einmal Steuern auf die Teile zahlen müssen, haben wir alle neuen Gegenstände aus ihren Verpackungen herausgenommen und alles entfernt, was verräterisch neu aussehen könnte. Als wir auf Grenada ankommen, fehlt Lutz' Wanderrucksack. Er wurde wohl schon in Frankfurt konfisziert und geöffnet. Deswegen hat er den Anschlussflug verpasst und soll erst eine Woche später auf Grenada ankommen. Dummerweise befinden sich darin die meisten Ersatzteile.

Als wir im Segelclub den Steg herunterkommen und auf unsere RUND360° zulaufen, schlagen unsere Herzen höher. Sie sieht grandios aus: Der Edelstahl ist glänzend poliert, das Deck geschrubbt, innen drin sogar Staub gewischt und gut gelüftet! Mikey hat ganze Arbeit geleistet. In so einem guten Zustand war unser Boot selten.

Wir hatten Mikey engagiert, sich um unser Schiff zu kümmern. Er hatte eine Empfehlung vom Yachtclub, und wir waren davon ausgegangen, dass er regelmäßig zum Lüften und zur Wartung des Motors vorbeikommen und bei Sturm nach dem Rechten sehen würde. Dass er aber so gründlich geputzt hat, bevor wir zurückkommen, ist wirklich rührend. Mikey steht auf dem Steg vor unserem Boot und strahlt uns voller Stolz an. Groß ist er, kräftig, schon Großvater von mehreren Kleinkindern, sein faszinierendes kaffeebraunes Gesicht ist über und über mit Lachfalten durchzogen und wird von kurzen, grauen, krausen Haaren gerahmt. Er hat auch schon einen Taucher bereitstehen, der gleich für uns den Rumpf vom gröbsten Bewuchs befreit, und einen jungen Mann, der das Gelcoat poliert.

Im Gegenzug verkaufen wir ihm unseren 5-PS-Außenborder zu einem guten Preis. Für mich ist der Viertakter zu schwer, um ihn allein zu heben, deshalb kaufen wir auf Trinidad einen kleineren Außenborder. Mikey freut sich riesig über den Deal. Den Außenborder müssen wir leider von seinem Thron auf der Reling abflexen, da sich die Schrauben in den letzten acht Monaten so stark festgesetzt haben, dass Caramba und Co. auf die Schnelle nicht helfen.

Als wir eine Woche später den Rucksack am Flughafen in Empfang nehmen wollen, wird jedes Stück einzeln aus der Tasche herausgenommen. Alles müssen wir benennen und erklären. Wir hatten uns darauf eingestellt, ein paar Steuern darauf entrichten zu müssen, aber die Beamten lassen uns ohne Geld zu fordern wieder gehen. Sie waren einfach nur neugierig. Wer hat auch schon eine Lichtmaschine, einen Stirling-Laderegler und dicke Stromkabel im Reisegepäck? Eines jedoch ist merkwürdig: Die Tube mit dem teuren Pantera-Kleber fehlt, aber wohl schon seit Frankfurt.

Am Steg des Segelclubs ist es ziemlich heiß. Wir flüchten, wann immer es geht, hoch ins Restaurant des Clubs. Von dort oben hat man einen wunderschönen Blick über die Bucht, und es weht eine leichte Brise. Hier lernt Levi auch endgültig das Laufen. Er hält beide Ärmchen hoch in die Luft und wackelt auf seinen dünnen Beinchen durchs Restaurant – unter Tischen hindurch, der korpulenten Putzfrau hinterher, um Barhocker und immer wieder den

Weihnachtsbaum herum, der hier etwas fehl am Platze wirkt, da es so heiß ist.

Weihnachten steht vor der Tür, und Levi ist jetzt schon 20 Monate alt und seit einem Jahr bei uns. Er gackert vor Lachen bei seinen Runden durch das Restaurant, und jedes Mal, wenn er auf den Hosenboden plumpst, grinst er zufrieden, zeigt seine strahlend weißen Zähnchen und klatscht in die Hände. Wir kühlen uns mit Saftschorle und Eiswürfeln an der Bar ab, während wir gerührt unserem aufblühenden Sohn zuschauen.

Eine der Kellnerinnen des Restaurants hat Levi ins Herz geschlossen. Wann immer er eine Pause vom Laufen akzeptiert, darf sie ihn auf den Arm nehmen und eine Weile knuddeln. Die beiden geben ein bildhübsches Paar ab: die junge Frau mit ihrer an Zartbitterschokolade erinnernden Haut und krausen schwarzen Haaren – und in ihren Armen Levi mit seinen weißblonden Haaren und vor Anstrengung rosarot gefärbten Wangen.

Am 12. Dezember feiern wir Levis ersten Ankunftstag, ein Fest, das wir jedes Jahr zusätzlich zu seinem Geburtstag begehen werden. Der Anstoß dafür kam von Frau Baumgärtner, die uns ein paar Dinge für die Erziehung von Adoptivkindern ans Herz gelegt hat. Zum einen hat sie die Wichtigkeit von Ritualen und Traditionen betont, zum anderen eine liebevolle und konsequente Erziehung (ob wir das so gut bewerkstelligen, weiß ich nicht) und Offenheit dem Kind gegenüber im Umgang mit der Adoption.

Am ersten Ankunftstag backen wir gemeinsam einen Kuchen und stecken eine kleine Kerze in die Mitte. Wir gestalten diesen Tag in etwa so wie einen Geburtstag, der einzige Unterschied ist, dass wir ihn innerhalb der Familie feiern und gemeinsam etwas Schönes unternehmen. In diesem Fall mieten wir uns einen Wagen und fahren die Ostküste entlang zu einer der ältesten Destillerien der Karibik. Wir übernachten auf einer Kakaoplantage und halten zwischendurch immer wieder zum Baden an einem Strand.

Nach zwei Wochen nehmen wir Abschied von Mikey und Grenada und machen uns auf den Weg in Richtung Süden nach Trinidad, wo wir das Boot kranen wollen, um neues Antifouling aufzutragen. Auf Trinidad sollen wir auch Besuch von Silvia bekommen, einer Freundin von Lutz aus Berlin. Zusammen planen wir, nach Guyana in Lateinamerika zu segeln.

Mit halbem Wind und einer moderaten Welle benötigen wir für die Strecke nur einen Tag und eine Nacht. Eigentlich ist das alles im Rahmen, aber uns fehlen schon wieder die Seebeine, und Levi wird innerhalb von einer Stunde seekrank. Er übergibt sich über Lutz' Schulter, was dazu führt, dass Lutz gleich mit spuckt. Bald darauf verziehen sich die beiden zum Schlafen in die Kabine.

Es ist inzwischen dunkel geworden, und ich halte allein die Stellung. Abwechselnd verfolge ich unseren Kurs auf dem Kartenplotter, den wir unten am Kartentisch angebracht haben, und dann überprüfe ich wieder die Segelstellung, trimme hier und dort ein wenig, um so schnell wie möglich nach Trinidad zu kommen und Levis und Lutz' Leiden zu verkürzen.

Der Autopilot verabschiedet sich kurz darauf wieder mit seinem unscheinbaren »Piep«. Dieses dezente, leise Geräusch steht so ganz im Gegensatz zu den ungeheuren Strapazen, die es nach sich zieht. Ich springe zum Steuer und bleibe die ganze Nacht dort stehen. Lutz betreut den Kleinen und in diesem Fall auch sich selbst. An Schlaf ist für mich also nicht zu denken. Eine funktionierende Selbststeueranlage war bisher wichtig, nun, als Familie, ist sie unerlässlich.

Ich steuere die ganze Nacht hindurch, mal im Stehen, dann wieder im Sitzen, um mich wach zu halten. Dabei trinke ich literweise Wasser, einfach um mich abzulenken. Die Wellen schlagen vorn links heftig gegen unseren Bug. Die Gischt spritzt übers Vorschiff, erreicht mich hier hinten aber nicht. Unsere RUND360° reitet vorbildlich über die Wellen, trotzdem werden wir aufs Äußerste gerüttelt und geschüttelt.

Irgendwann rächen sich die Unmengen an Wasser, die ich getrunken habe, und ich muss dringend auf die Toilette. Ich rufe Lutz, damit er mich kurz ablöst. Das Steuer möchte ich auf diesem Kurs auf keinen Fall auch nur eine Minute unserem unzuverlässigen Autopiloten überlassen. Aber Lutz hört mich nicht. Auch mein Klopfen an die Außenwand unserer Kabine wird vom Lärm der schlagenden Wellen übertönt.

Ich rutsche auf der hinteren Backskiste hin und her und lenke mich mit Rauchen ab. Das funktioniert aber nur eine Stunde lang, und ich verbrauche alle Streichhölzer, die noch in der Schachtel sind. Für den Wind hier draußen bräuchte ich eigentlich ein Sturmfeuerzeug.

Dann muss ich so dringend, dass ich mir den schwarzen Gummieimer zu angeln versuche, der an der Reling festgeknotet ist. Mit dem Fuß kann ich zwar die Leine erreichen, aber ich bekomme ihn nicht näher herangezogen. Ich weiß mir nicht mehr anders zu helfen, als über die Bordwand zu pinkeln, die mir am nächsten ist. Die Hälfte geht daneben, da ich das Steuer nicht aus der rechten Hand lasse und mich die Wellen heftig auf und ab schaukeln. Da ich angeleint bin, besteht zwar keine Gefahr, dass ich über Bord gehe. Aber empfehlenswert ist so eine Aktion auch nicht. Außerdem ist es mir furchtbar unangenehm, dass ich am nächsten Tag erst einmal das Deck schrubben muss.

Gegen Morgen bin ich so übermüdet, dass ich den Abstand zu einer Bohrplattform vor der Küste Trinidads nicht mehr richtig einschätzen kann. Ich weiche viel zu früh aus und segle einen immer größeren Bogen um die hell erleuchtete Plattform. Der

Bohrturm hat unzählige Lichter, bis hinauf zur Spitze, und sieht in der Nacht aus wie ein gigantischer Weihnachtsbaum. Durch den Bogen, den ich fahre, verlängere ich unsere Segel- und Leidenszeit ungewollt um etliche Stunden. Mit jeder Seemeile sinkt meine Laune.

Gegen Mittag kommen wir endlich auf Trinidad an. Ich bin völlig geschafft, Lutz sieht auch noch ein wenig blass aus, nur Levi geht es wieder blendend. Der Hafenbereich ist industriell geprägt mit vielen Werften, die ein breites Angebot an Reparaturen bieten, und einem engen Ankerplatz. Das Unterwasserschiff, unser Windgenerator und nun auch noch der Autopilot sind reparaturbedürftig, dafür sind wir hier.

Die Überfahrt hat uns ordentlich mitgenommen. Wir sind froh, erst einmal hier bleiben und uns um das Boot kümmern zu können. Unsere Weiterfahrt nach Guyana klingt plötzlich nach einem Höllenritt, da dies bedeuten würde, auf dem gleichen fürchterlichen Kurs weiterzusegeln, gegen Wind und Welle. Das kommt jedoch mit Kleinkind nicht mehr infrage. Auf so einem Kurs braucht man zwei voll funktionstüchtige Crewmitglieder, vor allem, wenn man seiner Selbststeueranlage nicht vertrauen kann. Nun bekommen wir noch Besuch von Silvia, die eigentlich mit uns nach Guyana fahren und einen ganzen Monat lang dort bleiben wollte. Als wir Silvia von unserer Planänderung erzählen, ist sie nicht im Mindesten enttäuscht. Auf jeden Fall vermittelt sie uns das Gefühl, dass ein längerer Landaufenthalt auf Trinidad und Tobago genauso interessant für sie wäre. Ich bin ihr bis heute dafür dankbar, dass sie uns ihre Enttäuschung, falls sie denn tatsächlich enttäuscht war, nicht hat spüren lassen.

Unter normalen Umständen fänden wir den Ort hier großartig – leichtes lateinamerikanisches Chaos eben. Wir sind jedoch so enttäuscht und entnervt, dass wir uns anfangs kaum für

Chaguaramas begeistern können und es einfach nur heiß und schmutzig finden. Der Ankerplatz geht uns gegen den Strich, Metallschrott am Grund verheddert die Ankerketten. Schlecht geankerte Boote driften durch die enge Bucht und gefährden die anderen Schiffe. Wind und Strömung ziehen und schieben die Boote in unterschiedliche Richtungen, was im Ankerfeld zu Spannungen führt. Ein heruntergekommener Holzkatamaran ohne Rigg driftet herrenlos neben uns an einem schleifenden Anker und berührt uns fast. Beim Umankern, um mehr Abstand zum »Katamaran des Todes«, wie wir das herrenlose Schiff nennen, zu gewinnen, bekommen wir unseren Anker kaum hoch, weil eine rostige Badeleiter daran festhängt.

Wir können uns nicht wie geplant Guyana anschauen – ein lang geplantes Highlight der Reise. Stattdessen haben wir ein spuckendes, leidendes Baby im Arm und sind total übermüdet. Der Autopilot geht uns gewaltig auf die Nerven. Wollen wir uns, und vor allem dem Baby, das weiterhin antun? Das erste Mal auf der Reise kommt uns der Gedanke ans Aufhören beziehungsweise an eine grundsätzliche Planänderung: wieso mit einem Boot weiterreisen, wenn es auch mit dem Flugzeug ginge? Keine lästigen Reparaturen, keine Seekrankheit, keine schlaflosen Nächte. Und billiger wäre es auch. Wir ertappen uns dabei, dass wir die Bootsanzeigen durchgehen, nur um zu sehen, ob man hier gut verkaufen kann.

An der Pinnwand des Marina Büros hängen einige Segelboote zum Verkauf. Aber die Preise liegen deutlich unter dem, was wir uns für unser Boot vorstellen würden. Unter Wert möchten wir unsere geliebte Dehler dann doch nicht verkaufen.

Also erkunden wir mit Silvia erst einmal die Nordküste Trinidads. Sie ist rau und wild und erinnert mich ein wenig an die Küste um Knysna in Südafrika: Felsen, die steil ins Meer fallen und weiße

Gischt, die meterhoch an den Felsen emporsprüht. Tourismus gibt es hier so gut wie gar nicht. Wir haben die wilde Schönheit für uns allein und wandern durch den küstennahen Regenwald zu Bächen, in denen wir baden können. Die Blüten der vielen verschiedenen Pflanzenarten am Wegesrand duften intensiv und sind übersät mit riesigen Schmetterlingen. Wir sehen, und vor allem hören, so viele Papageien und andere Vögel, dass man meinen könnte, wir wären im Tropenhaus eines botanischen Gartens.

Die Luft ist feucht und warm, die Sonne dringt durch das dichte Grün der Bäume bis auf den Boden und erzeugt herrliche Grün- und Gelbtöne in allen Schattierungen.

In der Nähe von Port of Spain, der Hauptstadt von Trinidad und Tobago, besuchen wir ein Sumpfgebiet, das zum Teil unter Naturschutz steht.

Wir schließen uns einer kleinen Gruppe Touristen an und neh-men kurz vor Sonnenuntergang gemeinsam an einer geführten Bootstour durch das geschützte Gebiet teil.

Ein winziges Krokodil lauert unter den Wurzeln eines Mang-rovenbaumes, die es mehr schlecht als recht verdecken. Während wir Touristen uns alle mit Mückenspray und -cremes gegen die hartnäckigen Moskitos zu schützen versuchen, entdeckt jemand ein Stück weiter den Sumpfkanal hinauf eine schlafende Boa Konstriktor.

Sie sitzt auf einem Ast über unseren Köpfen und misst kaum mehr als zwei Meter. Das ist grob geschätzt, da sie sich ganz und gar aufgeringelt auf die Astgabel zum Schlafen gelegt hat. In die-sem Moment sind wir froh, dass man das Sumpfgebiet nur in Begleitung eines ausgebildeten Guides erkunden darf und verlas-sen uns auf das Know-how unseres Führers.

Das eigentliche Highlight des Sumpfes ist aber ein Spektakel der ganz besonderen Art: jeden Abend zum Sonnenuntergang versammeln sich hier Hunderte oder sogar Tausende von scharlachroten Ibissen – es sind so viele Tiere, dass wir keinerlei Gespür dafür haben, wie viele es wirklich sein könnten – und tauchen mit ihrem außergewöhnlich farbenfrohen Gefieder alle Bäume um uns herum in ein durchdringendes Rot.

Die fast storchengroßen Vögel besetzen alle Äste, bis jede Lücke geschlossen ist. Dabei schnattern sie so geräuschvoll, als würden sie sich gegenseitig die Neuigkeiten des Tages erzählen. Sie bleiben bis zum Morgen, an dem sie sich wieder in alle Himmelsrichtungen verteilen.

Nicht nur die Natur auf Trinidad fasziniert uns. Es gibt auch einen indischen Tempel zu bestaunen, der weit ins Meer hineingebaut wurde. Man erreicht ihn über einen schmalen, in das Watt hineingebauten Damm. Links und rechts vom Damm watscheln Schlammspringer im Matsch herum. Die circa 20 Zentimeter kleinen Fische mit ihren übergroßen Augen können sowohl an Land laufen und atmen als auch unter Wasser schwimmen und über Kiemen Sauerstoff aufnehmen.

In Chaguaramas, wo wir unser Boot geankert haben, stehen wir mehrmals täglich an der Kaimauer von der *Power Boats* Werft, und beobachten große Rochen, Muränen und sogar Meeresschildkröten, die die Küchenabfälle aus dem Werft-Restaurant schlemmen.

Auf der Werft gibt es einen kleinen indischen Imbiss, der liebevoll *Roti Hut* genannt wird. In den Bäumen hinter der Hütte haust eine Familie von grasgrünen Riesenechsen. Sie sehen aus wie kleine Drachen. Und hin und wieder schwimmen ein paar Delfine durch die Hafenbucht.

Mit der Schnellfähre setzen wir über nach Tobago, wo wir den Strand und die Wanderwege in Charlotteville für ein paar Tage genießen. Auf dem Schiff wird allen Fahrgästen übel.

Die Wellen sind so hoch, dass der flache Katamaran von den

Wellen abprallt und in die Luft gehoben wird. Vorn am Fenster des Salons sieht es aus, als würden wir fliegen! Spucktüten werden eilig verteilt, und die Gäste liegen kreuz und quer auf Bänken und sogar auf dem Fußboden. Die einzigen, denen überraschenderweise gar nicht übel wird, obwohl wir das erste Mal mit dem Highspeed Katamaran gegen Wind und Welle andonnern, sind Levi, Lutz, Silvia und ich – und die Crew.

In der letzten Woche, die Silvia bei uns ist, mieten wir uns in ein altes Kakaohaus mitten im Dschungel ein, das einem älteren irischen Gentleman gehört. Er ist vor vielen Jahren seiner Frau in ihre Heimat gefolgt und lebt seitdem hier vor Ort. Das Dach des kleinen Hauses sitzt auf Schienen – bei Sonnenschein wurde es zur Seite geschoben, um die Kakaobohnen, die auf dem Dachboden ausgebreitet waren, zu trocknen. Bei Regen wurde das Dach einfach wieder geschlossen. Im Garten surren Kolibris herum, und nachts machen sich Fruit Bats – Fledermäuse, die gern Obst fressen – über unsere Bananen her. Man hat uns gewarnt und empfohlen, unser Obst im alten Bauernschrank im Wohnzimmer einzuschließen, aber selbst dort finden wir am nächsten Tag Fressspuren der Tiere. Silvia – Biologin und Spezialistin für Brandenburger Fledermäuse – ist begeistert und lauert den Obstfressern bei Nacht auf, die um einiges größer sind als ihre brandenburgischen Verwandten.

Die Hütte liegt nicht weit von einem der interessantesten Orte Trinidads entfernt: dem Asa Wright Nature Centre. Das alte Anwesen von Mrs Asa Wright, das nach ihrem Tod in ein Naturschutzgebiet umgewandelt wurde, liegt mitten im dichten Regenwald. Von der großzügigen Holzveranda aus, mit Möbeln aus der Kolonialzeit, kann man Kolibris hautnah beobachten und über den Wipfeln des Dschungels nach Tukanen und anderen exotischen Vögeln Ausschau halten. Echsen und Schlangen laufen über die Wanderpfade, Termitenbauten und Ameisenkönigreiche werden auf Wunsch erklärt.

»Sag mal, Silvie, hast du vielleicht unsere Kamera gesehen?« Lutz hat schon unser gesamtes Zimmer unter dem Dach im Kakaohaus auf den Kopf gestellt, die teure Spiegelreflexkamera aber nicht gefunden.

»Nein, aber ich habe die Vermutung, dass jemand hier war.« Silvia schaut angewidert aus ihrem Türrahmen im Erdgeschoss.

»Wieso? Fehlt bei dir auch was?« Ich kann mir beim besten Willen nicht vorstellen, dass hier in dieser einsamen Gegend Diebe vorbeischauen.

»Nee, bei mir fehlt nichts. Aber es hat jemand etwas dagelassen!«

»Häh?« Lutz und ich verstehen gar nichts.

»Heute Morgen hing meine Unterwäsche noch auf der Leine. Und nun liegt sie unter meinem Bett – und ist eingesaut. Total eklig!«

Wir schnallen immer noch gar nichts, und Silvia muss expliziter werden. Offensichtlich war mindestens ein Mann in unserer Abwesenheit im Haus, hat sich an Silvias Wäsche erfreut und sein Sperma dagelassen. Wir sind so angewidert, dass wir gleich unsere Sachen packen und das Haus verlassen. Auf die Rückkehr des Perversen hat keiner von uns Lust. Beim Packen stellen wir fest, dass die Kamera tatsächlich gestohlen wurde.

Wir melden uns bei unserem betagten irischen Vermieter und schildern ihm den Vorfall. Er ist sichtlich betroffen und bittet uns, auf seinen Rückruf zu warten. Zwei Tage später lädt er uns zu sich auf sein Landgut ein. Er entschuldigt sich für unsere Unannehmlichkeiten und überreicht uns unsere Kamera! Wie um alles in der Welt hat er unseren Fotoapparat wiedergefunden?

»I worked the underworld.« Er habe sich in der Unterwelt umgehört. Dann wechselt er das Thema und stellt uns seiner noch älteren, aber sehr lebensfrohen Frau vor. Sie ist eine waschechte »Trini«, die in ihrer Jugend Nonne werden wollte und zur Ausbildung nach Irland ging. Dort lernten sich die beiden kennen und lieben. Sie vergaß ihre Ausbildung und kehrte mit ihrem Mann zurück nach Trinidad, wo sie seitdem leben und sich ein kleines Vermögen erarbeitet haben. Das Grundstück, etwa 20 Minuten außerhalb von Port of Spain gelegen, befindet sich an einem Hang, der so grün und dicht bewachsen ist , dass man sofort das Bedürfnis verspürt, darin herum zu spazieren.. Über die Bergkette kann man in zwei bis drei Stunden bis zum Meer an die Nordküste wandern.

Das flache einstöckige Haus ist wie in den Garten hineingewebt. Nur Schlafzimmer, Bäder und Küche haben Außenwände, die übrigen Räume sind zum Garten hin offen. Beim Fernsehen und beim Essen sitzen die beiden mit nur drei Wänden um sich herum, die vierte fehlt. Anstelle von großen Panoramafenstern hat man das Haus einfach offen gelassen. Das flache Dach fasst alle Räume, offene wie geschlossene, wie ein Band zusammen. Beim Fernsehen und beim Essen sitzen die beiden zwar im Wohn- bzw. Esszimmer, aber eigentlich auch im Garten. Die Grenzen zwischen Garten und Haus verschwimmen. Man gleitet zwischen dem Raum draußen und den Innenräumen fast unbemerkt hin und her.

Das hat so viel Charme, und ich wünschte, wir hätten das Klima, um solch eine Architektur auch bei uns bauen zu können. Der Eingangsbereich ist gleich in beide Richtungen offen, eher wie ein Tor zum Haus und zum Garten.

Nach dem Drei-Gänge-Menu besteht die knapp 80-jährige Dame darauf, uns zum Hafen zurückzufahren. Auf dem Weg dorthin erzählt sie uns, wie die Stadt sich im Laufe der Zeit gewandelt habe und lässt es sich nicht nehmen, uns das Haus zu zeigen, in dem sie aufgewachsen ist, ihre Schule und andere interessante neuere Gebäude. Beim Abschied von der alten Dame an der Kaimauer von Chaguaramas haben wir das Gefühl, diesem Land so nahegekommen zu sein wie kaum einem Land zuvor.

Silvia reist ab, aber nicht nach Hause, sondern noch weiter nach Französisch-Guayana, wo sie sich mit ihrem Freund trifft, um weitere zwei Wochen Urlaub zu machen. Darüber bin ich sehr froh, denn ich habe immer noch ein schlechtes Gewissen, dass wir unsere Planung so kurzfristig geändert und den lateinamerikanischen Kontinent gar nicht gesehen haben.

Ein ganzer Monat ist vergangen, und wir müssen uns den Arbeiten am Schiff widmen. Wir müssen uns beeilen, da meine Schwester Julia in wenigen Tagen zu Besuch kommt. Unser Boot wird an Land gekrant und bekommt einen wunderbaren Stellplatz direkt neben dem *Roti Hut*, das mittags alle Segler und Arbeiter der Werft anzieht. Daneben läuft ein kleiner Stichkanal, auf dem kleinere Segelboote Platz haben und in dem wir hin und wieder Schildkröten entdecken. Ein schöner Spielplatz für Levi.

Das Unterwasserschiff lassen wir von Robbie, einem jungen Mann aus der Stadt, überholen, während wir den Autopiloten und Klaus, unseren Windgenerator, der während unserer Abwesenheit auf Grenada Schaden genommen hat, selbst reparieren. Er hat eine Unwucht und läuft nicht mehr rund. Irgendetwas muss mit Klaus kollidiert sein.

Robbie trägt beim Schleifen des Antifoulings keinerlei Mundschutz. Wir bieten ihm an, ihm eine Atemmaske zu kaufen. Aber er lehnt ab, er trinke abends nach der Arbeit einen Liter Milch, das verhindere die Aufnahme der giftigen Stoffe in den Körper. Das trägt er so ernst und überzeugend vor, dass wir es ihm erst mal nicht ausreden wollen. Abends fährt Lutz ihn mit dem Mietwagen nach Hause und versucht noch einmal, mit ihm über die Atemmaske zu sprechen. Aber auch dieser Versuch schlägt fehl, er möchte keine. Dafür halten die beiden an der Tankstelle, um einen Liter Milch zu kaufen, den Robbie auf der Stelle austrinkt.

Wir bekommen von Klaus Krieger, der unseren Superwind-Generator gesponsert hat, eine detaillierte Anleitung, wie wir den Windgenerator im Backofen – mit Ersatzteilen, die meine Schwester aus der Heimat mitbringt – reparieren können. Es ist gar nicht so einfach, das Gerät von seinem Platz auf der Stange am Heck herunterzubekommen. Wir stehen ja inzwischen immerhin an Land. Den Generator in unseren kleinen Backofen zu quetschen und hinterher alles wieder zusammenzusetzen, ist auch nicht ganz einfach. Aber wie durch ein Wunder passt und klappt alles bis ins kleinste Detail, und Klaus läuft wieder perfekt rund und liefert ordentlich Strom!

Außerdem tauschen wir noch ein Seeventil aus, kaufen neue Bordbatterien und eine nagelneue Matratze für Levi. Die Matratze ordern wir bei einem Inder, der sein Atelier auf dem Gelände der Werft hat und unglaublich schüchtern und zurückhaltend ist. Levi braucht normalerweise eine Weile, bis er auf fremde Menschen zugeht. Seine Fremdelphase ist zwar schon vorbei, aber er pflegt einen gesunden anfänglichen Abstand zu neuen Bekannten. Nicht so bei dem stillen Inder.

Staunend schauen wir unserem Sohn zu, wie er scheinbar zufällig durch das Atelier wandert, plötzlich die Hand des beleibten Mannes nimmt und sich an seine Seite stellt. Das scheint seinen auserkorenen Freund nicht im mindesten zu erstaunen. Er erzählt ungerührt weiter, wie und wann er die Matratze liefern kann – mit einem weißblonden, blauäugigen kleinen Jungen an seiner Hand.

Levi freundet sich des Weiteren auch noch mit einem Jungen aus der Schweiz an, der schon seit mehreren Jahren mit seinen Eltern hier auf der Werft wohnt. Außerdem hat er einen eigenen Fanclub bekommen: Zwei Security-Männer der Werft sind so fasziniert von seinem äußeren Erscheinungsbild und seiner liebenswerten Art, dass sie ihn »Sir Levi« nennen und ihn auf ihrem Elektro-Buggy übers Gelände kutschieren.

Die Bevölkerung Trinidads besteht größtenteils aus Nachfahren der Sklaven aus Afrika und den Nachkommen der späteren indischen Kontraktarbeiter, die auch nicht viel besser behandelt wurden. Die Sklaven und die Kontraktarbeiter wurden, wie auf vielen anderen karibischen Inseln auch, für die Plantagenarbeit geholt. Kakao, Zuckerrohr, Tabak und vieles mehr wurde hier angebaut. Inzwischen werden Erdöl und Erdgas gefördert, und auf Trinidad befindet sich das größte Asphaltvorkommen der Welt. Berühmt ist die Insel auch für ihren Karneval und die Erfindung der Steelpan – eine Trommel, die ursprünglich aus Ölfässern gebaut wurde. In den Wohngebieten von Port of Spain hören wir überall Steelbands, die für den kommenden Karneval proben.

Während wir die Arbeiten am Schiff verrichten, versuchen wir, uns für den nächsten Segelabschnitt zu motivieren. Das ist gar nicht so einfach, angesichts der unerfreulichen Erinnerungen an unseren letzten kurzen Törn. Schweren Herzens wollen wir gleich in Richtung Westen nach Los Roques vor der Küste Venezuelas aufbrechen.

Wir möchten mit Levi lieber wieder gemütlich segeln, und das heißt: mit dem Passatwind weiter nach Westen. Auf dem Weg dorthin haben wir den Wind mit uns, und das Segeln wird hoffentlich sehr viel entspannter. Da wir das Boot auf Trinidad auf keinen Fall unter Wert verkaufen wollen, machen wir uns auf, es noch einmal zu versuchen. Ein mulmiges Gefühl bleibt aber bei uns beiden, so richtig begeistert sind wir im Moment gerade nicht.

Ein Brief aus der Heimat von Birgit, unserer Lektorin, muntert uns auf. Wir hatten ihr von unseren Zweifeln erzählt; dass das Segeln als Familie schon so seine Tücken habe und wir erst einmal Pause an Land machen wollten. Sie schickt uns einen langen Brief und berichtet von ihren eigenen seekranken Kindern, die später die größten Segler geworden seien. Ja, die sogar ein eigenes Boot gebaut hätten.

Ende Januar hole ich abends meine Schwester Julia mit einem Mietwagen vom Flughafen ab. Jule will uns von hier bis Bonaire begleiten. Sie sieht zittrig und blass aus, als sie aus der Ankunftshalle in die Hitze tritt. Mitten über dem Atlantik wurde ihr schlecht, und sie hat sich die Seele aus dem Leib gespuckt. Ihr Kopf schmerzt, und ihr Kreislauf hadert mit der hiesigen Hitze. Na, da sind wir ja alle in bester Verfassung für den nächsten Trip!

Als wir unseren Familien anfangs von unseren Segelplänen erzählten, ernteten wir nicht nur ungläubiges Kopfschütteln, sondern auch harsche Kritik. Meine Schwestern hielten die Weltumseglung für die größte Schnapsidee aller Zeiten, und Lutz' Eltern waren auch nicht begeistert. Immerhin konnte Lutz nicht segeln, und auch meine Erfahrungen waren noch begrenzt. Je mehr Seemeilen wir aber hinter uns bringen, desto weniger Gegenwind bekommen wir. Und eine unserer anfänglich größten Zweiflerinnen war meine Schwester Julia.

Am nächsten Tag lassen wir das Boot nach zwei Wochen an Land wieder zu Wasser und kontrollieren alle Geräte – alles läuft, alles ist überholt, und wir sind bereit für die nächste Tour. Wir haben alle wieder Farbe im Gesicht, sind ausgeschlafen und gespannt auf den nächsten Abschnitt. Doch kaum haben wir den Hafen verlassen, ertönt das leise, aber desaströse »Piep« von Neuem. Wir schauen uns sprachlos an. Sollen wir zurückfahren? Jule hat nur zweieinhalb Wochen Zeit, und sie muss ihren Flieger auf Bonaire bekommen. Das würde sehr knapp werden, wenn wir noch länger auf Trinidad blieben. Mit Jule sind wir ja nun schon drei, die das Steuer übernehmen können. Nach kurzer Diskussion fällt die Entscheidung: Wir segeln ohne Selbststeueranlage weiter!

Wir wählen eine Route fernab des venezolanischen Festlands, denn nahe der Küste kommt es immer wieder zu Überfällen auf Segelboote. Die Piraten sind in kleinen Motorbooten mit Außenborder unterwegs, und somit ist ihr Aktionsradius eingeschränkt. Trinidad liegt sehr nah am Festland, deswegen steuern wir erst mal klar nach Norden, um Abstand zu gewinnen und vorzugeben, dass wir in Richtung Grenada segeln.

Bei Einbruch der Dunkelheit lassen wir das Licht ausgeschaltet, um unsere Position nicht zu verraten. Nach einer weiteren Stunde biegen wir dann nach Westen ab und nehmen im Schutz der Dunkelheit Kurs auf den Archipel Los Roques, der viele Meilen vor der Küste Venezuelas liegt. Wir sind zuversichtlich, dass wir keinen Piraten begegnen werden, nehmen die Warnungen aber ernst genug, um diese einfachen Sicherheitsvorkehrungen zu treffen.

Auch wenn wir nicht wirklich nervös sind, so halten wir doch regelmäßig Ausschau nach Lichtern. Nach drei Tagen entdecken wir nachts zwei Schiffe an Steuerbord. Wir befinden uns etwa 70 Seemeilen vom Festland entfernt, das wäre eigentlich zu weit für ein kleines Motorboot. Es sieht so aus, als wären es zwei Boote, die immer näher kommen. Sie haben kein AIS an Bord, womit wir sie auf unserem Chartplotter orten könnten, aber Fischer haben dieses System oft noch nicht an Bord. Wir können also nur raten, wie weit die Boote entfernt sind und was sie dort treiben.

Je geringer der Abstand wird, desto mehr Angst bekommen wir, dass sie uns rammen könnten, weil wir ja nach wie vor ohne Licht unterwegs sind. Wir sind hin und her gerissen, ob wir es jetzt für kurze Zeit wieder anschalten sollten. Schließlich weichen wir von unserem Kurs ab und fahren einen Bogen um die unbekannten Schiffe. Das Licht schalten wir aber doch lieber an. Nichts passiert, die Schiffe kommen nicht näher. Wir passieren und löschen das Licht kurze Zeit später wieder. Wahrscheinlich waren es nur ein paar Fischer, die über Nacht hier draußen auf Fischfang gehen.

Wir verbringen vier sonnige und ziemlich entspannte Tage auf See, und das, obwohl wir konstant per Hand steuern und einer von uns sich rund um die Uhr um Levi kümmern muss. Mit einer Person mehr an Bord lässt sich das Segeln auch ohne Selbststeueranlage gut einrichten. Wir machen uns über die mitgebrachten Haribo-Gummibärchen her und genießen es, mit Levi zu spielen. Diese Überfahrt ist so ganz anders als der letzte Trip. Der Wind bläst stetig von hinten, die Wellen sind zwar hoch, aber von hinten machen sie uns und unserem Boot nicht viel aus. Im Gegenteil: Es ist gemütlich, sonnig und warm! Niemand wird seekrank, und wir erholen uns sogar alle ein wenig. Wenn wir den Autopiloten zuverlässig repariert bekommen, steht einer Fortsetzung unserer Reise nichts im Weg.

Wir erreichen den Nationalpark Los Roques, einen Archipel mit 67 winzigen Inseln und einem Dorf auf der Hauptinsel Gran Roque, wo wir die Nationalparkgebühren entrichten. Wegen der Höhe der Gebühren hatten wir zunächst Bauchschmerzen, da sie laut offiziellem Umrechnungskurs sehr hoch sind. Aber Geld tauscht man hier nicht bei der Bank – dort wurden wir ausgelacht und weiter zur Pizzeria geschickt –, sondern bei der Apotheke, beim Gemüsemann oder eben in der Pizzeria. Der Umrechnungskurs ist ein völlig anderer als der offizielle, und die Nationalparkgebühren sind dann kaum noch der Rede wert. Auf Los Roques läuft alles ein wenig anders.

Angesichts des Wechselkurses verproviantieren wir uns ausreichend mit gutem Rum und Bier. Die beiden Jungs vom Getränkeladen helfen uns dabei, die schweren Kisten auf einem Karren über die staubigen Straßen zum Strand zu transportieren. Dort hieven wir die Kisten in unser Dingi, und es bleibt nur noch

Platz für Lutz, der dann alles allein an Bord schaffen muss. Das neue Dingi aus Gran Canaria ist sehr viel kleiner als unser altes quietschrotes Gummiboot, aber wir dachten, falls es noch einmal verloren gehen sollte, wäre es wenigstens nicht so teuer wie das alte. Jule, Levi und ich schauen in der Zwischenzeit den Fischern zu, wie sie riesige Thunfische am Strand wiegen und auf verschiedene Plastikschüsseln verteilen.

Los Roques fasziniert uns, und trotz miserabler Spanischkenntnisse können wir uns im Dorf verständigen. Es gibt ein paar kleine Hotels und Pensionen im Ort, aber in Anbetracht der Schönheit der Inseln sind hier erstaunlich wenige Touristen unterwegs. Am Strand neben der Kirche finden wir ein kleines, aber sehr feines Restaurant, wo wir zwei Tage hintereinander Gourmetspeisen serviert bekommen. Nach dem Essen darf Levi die Hausschildkröte streicheln, und das erste spanische Wort, das er lernt, lautet »tortuga«.

Die vielen kleinen Inseln des Archipels sind alle so gut wie unbewohnt, und so haben wir sie praktisch für uns allein. Das Wasser ist kristallklar bis türkis und der Sand weiß. Ab und zu findet man riesige Muscheln, die genau genommen Fechterschnecken heißen. Unzählige Pelikane fliegen herum und zeigen ihr Können im Fischefangen. Sie scheinen so wenig Kontakt zu Menschen zu haben, dass sie keine Angst vor uns haben und sich nur wenige Meter neben uns immer und immer wieder ins Meer stürzen. Sie sind so nah an uns dran, dass wir erkennen können, wie sie im Wasser einen seitlichen Salto machen. Und meistens haben sie dann auch tatsächlich einen zappelnden Fisch im riesigen Schnabel, wenn sie wieder auftauchen. Sie scheinen Meister im Fischefangen zu sein. Im Gegensatz zu diesen großen, schwerfällig aussehenden Tieren, scheinen Möwen und Kormorane viel flinker und eleganter, aber im Fischefangen liegen die Pelikane klar vorn.

Wir ankern in einer türkisfarbenen Lagune, die wir ganz für uns allein haben. Um in eine Lagune zu gelangen, müssen wir das Außenriff überwinden, das die Bucht von dem offenen Ozean abschirmt. Die erste Fahrt dorthin, durch ein Riff, ist aufregend. Konzentriert müssen wir um Korallenblöcke herumnavigieren. Dabei steht Lutz am Bug, Jule an der Seite, und beide geben mir Anweisungen, wie ich im Zickzack um die flachen Stellen herum manövrieren muss, bis wir das tiefere Wasser der Lagune erreicht haben. Als Erstes lassen wir das Dingi zu Wasser und paddeln an den blendend weißen Privatstrand vor unserem Ankerplatz. Levi und ich setzen uns zum Plantschen ins wohlig warme, seichte Wasser.

»Johanna, schnell, steh ganz vorsichtig auf und kommt raus!« Jule ist starr vor Schreck.

Ich schnappe mir Levi und stehe rasch, aber vorsichtig auf. Mit einem Schritt sind wir am Strand. Als ich mich umdrehe, sehe ich eine gestreifte kleine Seeschlange, von der wir nicht wissen, ob sie giftig ist. Bevor wir wieder ins Wasser gehen, sehen wir lieber im Riffführer nach, was genau wir da gesehen haben. Laut Bestimmungsbuch handelt es sich um einen – Babyaal! Die Lagune ist ihre Kinderstube. Erleichtert steigen wir zurück ins seichte Wasser. Als nächstes sehen wir einen Babyrochen, der ebenfalls im ganz flachen Wasser spielt. Er ist kaum größer als ein Frühstücksteller. Diesmal lassen wir uns auch trotz seines winzigen Stachels am Schwanz nicht aus der Ruhe bringen.

So gefällt uns das Segeln wieder! Die Erinnerung an unseren Tiefpunkt auf Trinidad verblasst hier langsam in der Sonne. Das Leben zwischen türkisen Lagunen und weißen Stränden unter der tropischen Sonne hebt unsere Stimmung wieder und lässt keinen Zweifel: So gefällt uns das Seglerleben! Wir segeln ein paar Inseln weiter, wo der Strand noch schöner ist und die Lagune einen noch intensiveren Türkiston hat. Am Strand entdecken wir Spuren, die vom Wasser in einer geraden Linie bis hinauf in den trockenen weißen Sand führen. Sofort denken wir an Schildkröten: Da ist eine Linie mit Stapfen links und rechts – Spuren des Panzers und von ihren Füßen. Die Weibchen sollen ja bei Nacht zur Eiablage an den Strand kommen und ihre Eier im warmen Sand verbuddeln. Wir finden mehrere solcher Spuren und versuchen herauszufinden, was das wohl für eine Schildkrötenart sein könnte.

Am nächsten Morgen hören wir ein kleines Motorboot näherkommen, das acht oder neun Tagestouristen auf unserer einsamen Insel absetzt. Der Fahrer wuchtet Sonnenschirme und eine Kühlbox aus dem Boot, und zu zweit schleifen sie die Box in einer geraden Linie hinauf auf den Traumstrand. Zurück bleibt eine mittlere Linie mit Stapfen links und rechts davon – wir können uns vor Lachen kaum halten!

Um Punkt 4 Uhr nachmittags werden die Gäste wieder abgeholt und die Box den Strand hinunter zurückgeschleift. Wir gehen noch einmal hinüber, um die neuen Spuren genauer zu begutachten und sind beeindruckt, dass nicht ein Fitzelchen Müll am Strand liegen geblieben ist. Das einzige, was noch von dem Besuch zeugt, sind die Spuren im Sand.

So gern wir auch bleiben würden, nach sieben Tagen müssen wir uns wieder auf den Weg machen, um rechtzeitig für Jules Rückflug auf Bonaire zu sein. Wir segeln die 90 Seemeilen über Nacht und erreichen Bonaire noch in der Dunkelheit. Gemeinsam mit einem gigantischen Kreuzfahrtschiff konkurrieren wir um die Gewässer vor Kralendijk, dem Hauptort der Insel.
»Bonaire pilot! Bonaire pilot! ... Bonaire pilot! Bonaire pilot!«, dröhnt es immer wieder aus unserem Funkgerät.
Vergeblich und hörbar entnervt ruft der Kapitän des Kreuz-

fahrtschiffes nach einem Lotsenboot, mit dessen Hilfe er an der Kaimauer festmachen möchte. Er ruft immer und immer wieder, ohne Erfolg. An Land scheinen alle zu schlafen. So dümpeln nicht nur wir vor Kralendijk in der Dunkelheit herum, sondern auch ein Hochhaus von einem Schiff, das aussieht, als hätte jemand einen Wolkenkratzer quer gelegt und einen Rumpf daruntergebaut. Jule hat Wache und ist total nervös, dass dieser Gigant neben uns herumtreibt. Und obwohl Lutz großräumig ausweicht, hält das Jule nicht davon ab, die letzte Stunde vor Sonnenaufgang mit einem Kaffee in der Hand im Cockpit zu sitzen und das Monsterschiff unentwegt im Auge zu behalten.

Bei Sonnenaufgang machen wir an einer der Stadtmoorings fest, die entlang der Küste angebracht sind, und gehen zum Einklarieren an Land. In der Zwischenzeit wird auch das Kreuzfahrtschiff von einem Schlepper an die Mole bugsiert. Das Schiff ist so lang und steht damit soweit über die Mole hinaus, dass es vorn an einem einzeln ins Meer gerammten Betonklotz festgeleint werden muss.

Dann bringen wir Jule zum Open-Air-Flughafen – das Klima ist so mild, dass man offensichtlich keine geschlossenen Hallen braucht – und verabschieden sie ins winterliche Berlin. Wir Schwestern haben schon lange nicht mehr so viel Zeit miteinander verbracht, und uns allen hat die gemeinsame Zeit an Bord gefallen. Besonders Levi, der in Jule einen würdigen Spielpartner zum Quatschmachen gefunden hatte.

»Seid ihr nicht aus Kabine 720?«

Kabine 720? Lutz ist völlig verwirrt ob der einfachen Frage, die auch noch auf Deutsch vorgetragen wird. Als er das letzte Mal gezählt hat, hatten wir nur drei Kabinen an Bord. Auf einmal dämmert es Lutz, und er antwortet dem netten Pärchen, dass wir nicht vom Kreuzfahrtschiff sind. Wir seien mit dem eigenen Boot hier, aus Kappeln in Schleswig-Holstein. Diesmal gibt es verwirrte Gesichter auf der anderen Seite.

Nach der langen Zeit auf Trinidad und in Venezuela bekommen wir hier in Kralendijk auf Bonaire einen Kulturschock, denn der ganze Ort hat sich auf die Hunderte von Passagieren des Kreuzfahrtschiffes eingerichtet. Alle Läden sind geöffnet, Marktstände und Cafés am Hafen voll mit Gästen, hauptsächlich deutschen Gästen. Die Insel ist wunderschön – sehr rau, voller Kakteen und trockener salziger Ebenen, in denen Flamingos leben. Es gibt naturverträgliche Moorings entlang der gesamten Küste und einen malerischen, liebevoll angelegten Küstenweg mit Einstiegen zum Tauchen. Naturschutz wird großgeschrieben auf Bonaire, das ist beispiellos und beeindruckend. Das holländisch-deutsche Flair wirkt auf uns jedoch etwas fehl am Platz hier im Süden der Karibik. Vielleicht aber auch nur deshalb, weil wir gerade aus Venezuela kommen und im Geiste schon in Lateinamerika sind, während die Häuser hier aussehen, als ständen sie in Hannover.

Nach Julias Abflug segeln wir weiter nach Curaçao, wo wir uns um eine dauerhafte Lösung für unseren Autopiloten kümmern wollen. Dort gibt es eine Werft, Elektriker, Bootsbauer und noch vieles mehr. Der Elektriker misst den Autopiloten durch und kommt zu dem Schluss, dass der Arm, die Drive Unit, komplett getauscht werden müsse, obwohl sie ziemlich neu ist.

Lutz ruft Michael Teichmann in Kappeln an, seinen zweiten Mann von der Atlantiküberquerung, über den wir den Autopiloten ursprünglich bezogen haben, und Teichi schickt uns umgehend einen Ersatzarm, der innerhalb von 48 Stunden auf der Insel eintrifft! Lutz holt ihn bei DHL ab, und wenig später ist er auch schon eingebaut. Ob wir nun für immer Ruhe haben werden? Das wagen wir kaum zu hoffen. Immerhin ist der nächste

Abschnitt fünf Tage lang, und wir sind nur noch zu zweit mit Levi.

Hier auf Curaçao treffen wir viele Langfahrtsegler, die noch die letzten Pannen auf ihren Booten reparieren, bevor es weiter nach Panama und dann in den Pazifik geht. Abends gibt es Barbecue, und wir lernen Jehoda kennen, der ursprünglich aus Israel kommt, aber viele Jahre in New York gelebt und gearbeitet hat. Er hat sich hier auf Curaçao gerade eine 49-Fuß-Hallberg-Rassy gekauft, um damit in die Südsee zu segeln. Hin und wieder wollen ihn seine Tochter und Freunde begleiten. Um sich für die Langfahrt zu rüsten, lässt er sich von Andreas, einem Bootsbauer aus Husum, die Haare radikal kurz schneiden. Als Andreas fertig ist und Jehoda kahl rasiert in den Spiegel schaut, fängt er laut an zu lachen: »Das ist schon lange her, dass ein Deutscher einem Juden den Kopf rasiert hat!«

Nach fünf Tagen in der Werft wagen wir es: Wir segeln weiter. Und der Autopilot schnurrt wie ein Kätzchen! Er hält die gesamten fünf Tage bis nach Panama durch. Und nicht nur das, sondern tatsächlich noch viel länger, und zwar fast bis nach Tonga, kurz vor Australien.

Wir erleben das schönste Segeln auf unserer bisherigen Reise! Fünf Tage ruhiges Segeln vor dem Wind mit moderater Welle und Unmengen an Fliegenden Fischen um uns herum. Morgens darf Levi die an Deck liegen gebliebenen Fische einsammeln und sie zurück ins Meer werfen. An einem Morgen zählen wir über 33 Fliegende Fische auf dem gesamten Deck. In der Größe variieren sie zwischen vier und 30 Zentimetern.

Die Fische können bis zu 400 Meter weit fliegen. Allerdings schlagen sie dabei nicht mit ihren Flügeln bzw. Flossen, sondern sie katapultieren sich mit enormen Schwung aus dem Meer heraus und sausen im Gleitflug dicht über der Wasseroberfläche entlang. Dabei können sie bis zu 70 Stundenkilometer schnell werden. Offensichtlich sind sie auch ein wenig nachtblind, denn in der Dunkelheit landen immer wieder einige von ihnen bei uns an Deck. Tagsüber fliegen sie dagegen einen eleganten Bogen um uns. Es macht mir und Levi Spaß, ihnen dabei zuzusehen, wie sie knapp über den Wellen dahinsegeln und mit einem weithin sichtbaren »Platsch« wieder in eine Welle eintauchen.

Abends nach Sonnenuntergang, als Levi schon schläft, räumen Lutz und ich noch ein wenig auf und planen die nächsten Tage. Wir haben gerade die Seekarte auf dem Salontisch ausgebreitet, als irgendetwas durch die offene Luke hereinfliegt und mit einem Platsch auf dem Fußboden landet. Es zappelt und wackelt und hinterlässt überall Schuppen: ein großes Exemplar eines Fliegenden Fisches, das mit jeder Wellenbewegung auf unserem Holzboden hin und her rutscht. Lutz kann ihn mit einem Zewa-Tuch greifen und wieder über Bord manövrieren. Wie es aussieht, hat der Fisch aber alle seine Schuppen an Bord gelassen, sie kleben überall. Wir wischen den ganzen Boden, aber selbst am nächsten Tag finden wir noch welche in den Ecken.

Die Sonnenauf- und -untergänge sind traumhaft, und wir genießen die Zeit als Familie an Bord. Mit einem Eimer im Cockpit unterhalten wir den Kleinen stundenlang, lesen Levi Bücher vor und malen. Die Tage bis zu den San-Blas-Inseln in Panama vergehen wie im Flug. Die Überfahrt von Grenada nach Trinidad erscheint uns jetzt nur noch wie ein schlechter Traum, gar nicht mehr real.

In der nächsten Nacht bleibe ich während meiner Nachtwache im Cockpit zum Lesen. Der Sternenhimmel ist so klar und greifbar, dass ich das Buch nach nur zwei Seiten weglege und stattdessen die Sterne beobachte. Eingewickelt in meine grüne Lieblingsdecke, lehne ich mich nach hinten und gucke in die Luft.

Es ist still, bis auf das gleichmäßige Rauschen des Meeres und die Wellen, die leise gegen die Bordwand schwappen. Auf einmal prustet jemand unmittelbar neben mir eine Wasser- oder eher Luftfontäne in die Höhe:»pfffft«. Und dann gleich noch einmal. »Pffft«. Vor Schreck bewege ich mich erst einmal nicht – bis ich die Delfine kaum einen Meter neben mir im Wasser entdecke. Es ist, als könnte ich sie streicheln, so nah sind sie mir hier in der Nacht. Es sind vier von ihnen, die mir einen mitternächtlichen Besuch abstatten. Sie bleiben ein paar Minuten, gucken immer wieder direkt neben mir aus dem Wasser und ziehen dann weiter. Ich bin so begeistert, dass ich kurz überlege, ob ich Lutz wecken soll, entscheide mich aber dagegen und möchte ihn bis zu seiner Wache lieber durchschlafen lassen.

Ich recke wieder meinen Kopf gen Himmel und werde kurze Zeit später von einem fliegenden Fisch am Kinn getroffen. Er prallt von meinem Gesicht ab und landet auf der grünen Decke. Durch den harten Aufprall ist mein Schreck diesmal so groß, dass ich Lutz aus seiner Koje hole. Er muss mir helfen, den Fisch wieder über Bord zu werfen. Der Fisch fühlte sich etwas schleimig und glitschig an, klar, er ist ja auch gerade aus dem Meer gesprungen, und ich möchte mir erst einmal die Schuppen aus dem Gesicht waschen. Lutz findet den Fisch in einer Ecke im Cockpit, wirft ihn zurück ins Meer und reinigt ohne zu meckern meine Decke so gut es geht von den Schuppen. Ich bin im unendlich dankbar. Den Rest meiner Wache verbringe ich unten im Schiff. Nach fünf aufregenden Tagen auf See erreichen wir Panama.

Das Land wartet mit landschaftlichen Highlights auf, es ist voller Abwechslung und Faszination. Das Erste, was wir von Panama kennenlernen, sind die San-Blas-Inseln, 365 von den Kuna-Indianern autonom verwaltete Inseln auf der Karibikseite des Landes. In der Sprache der Kuna heißt das Gebiet Guna Yala. Wir Segler sind hier geduldet, müssen uns aber an die Regeln

16 Mit Kind und Kegel zum Surfkurs auf Galapagos.

17 Nach zeÚ Monaten an Land verlässt unsere ʀᴜɴᴅ360° den Dschungel von Panama und geht zurück ins karibische Meer: auf dem selbstgebauten Trailer der Werft eine wacklige und spannende Angelegenheit.

16

17

18 Begegnung mit einem Ammenhai am Strand von Apataki, Tuamotus (der auf die abendlichen Küchenreste eines alten Mannes wartet, der dort in einer Hütte wohnt).

19 Auf unseren Fahrradtouren auf Galapagos müssen wir wegen Levis jede Riesenschildkröte passieren lassen.

20

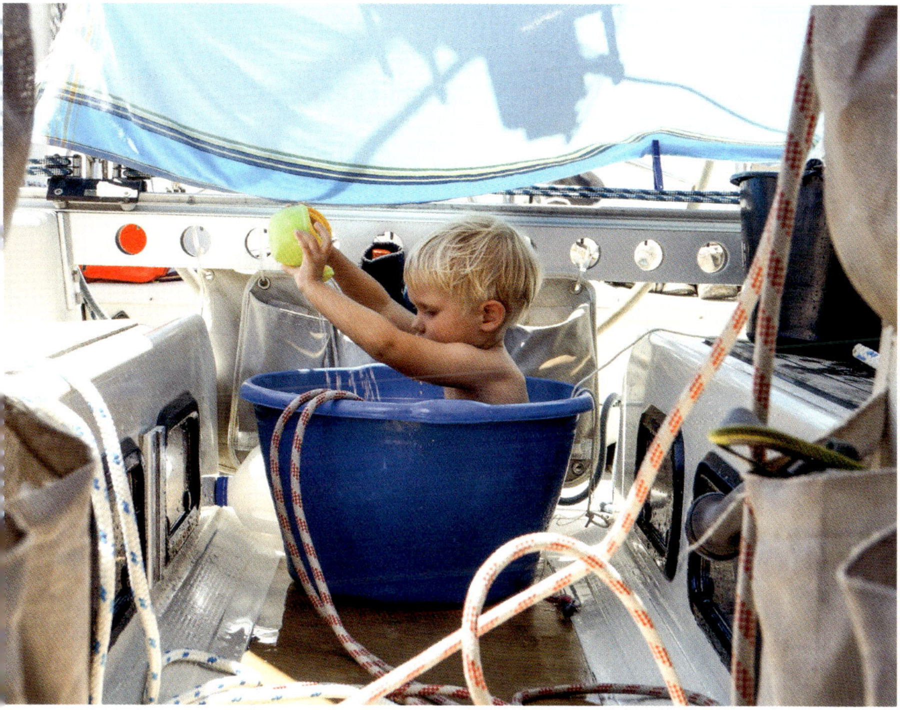

21

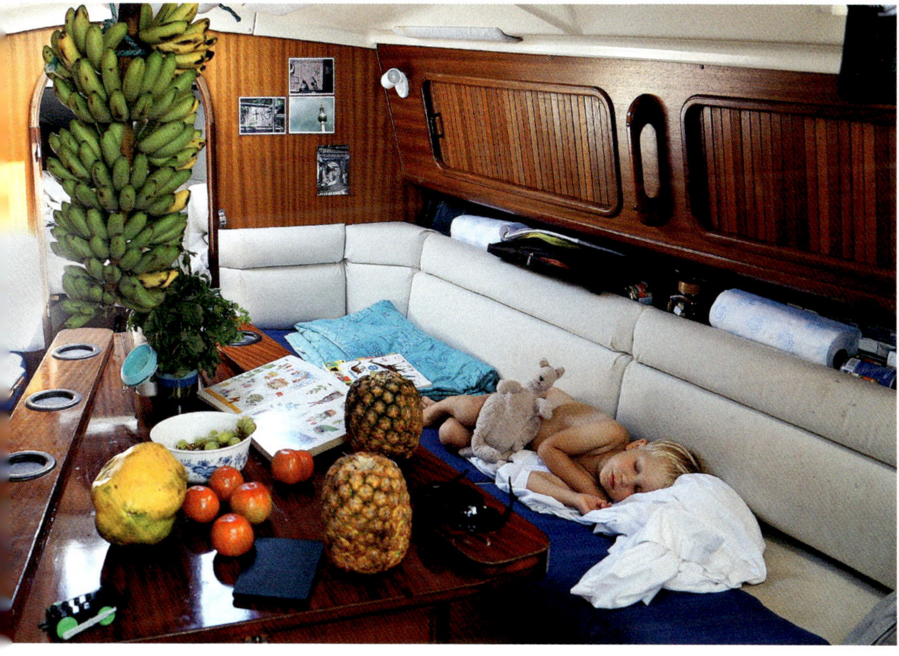

20 Das tägliche Mittagsbad auf dem Pazifik.

21 Verproviantieren macht müde – die Bananenstaude für die Pazifiküberquerung hängt schon. Wir kaufen Essen und Wasser für mindestens 40 Tage ein.

22 Unser neuer Parasailor zieht uns Tag und Nacht wie auf Schienen Richtung Marquesas in der Südsee.

23 Auf der 23-tägigen Pazifiküberquerung wird auch das rote Spielzeugboot zu Wasser gelassen und sammelt Seemeilen.

24 Der Garten Eden: Auf Nuku Hiva in den Marquesas wandert man durch saftige Täler voll mit reifen Bananen, Papayas, Pampelmusen und Kokosnüssen bis hoch zu einem Wasserfall.

25

25 Das Obst kaufen wir einem Marquesianer mit einer Vorliebe für Knochen ab. Die Tierknochen schmücken nicht nur seine Hütte, sondern auch seinen Hals und seine Ohren.

26 Ankerbucht Nuku Hiva, Marquesas.

26

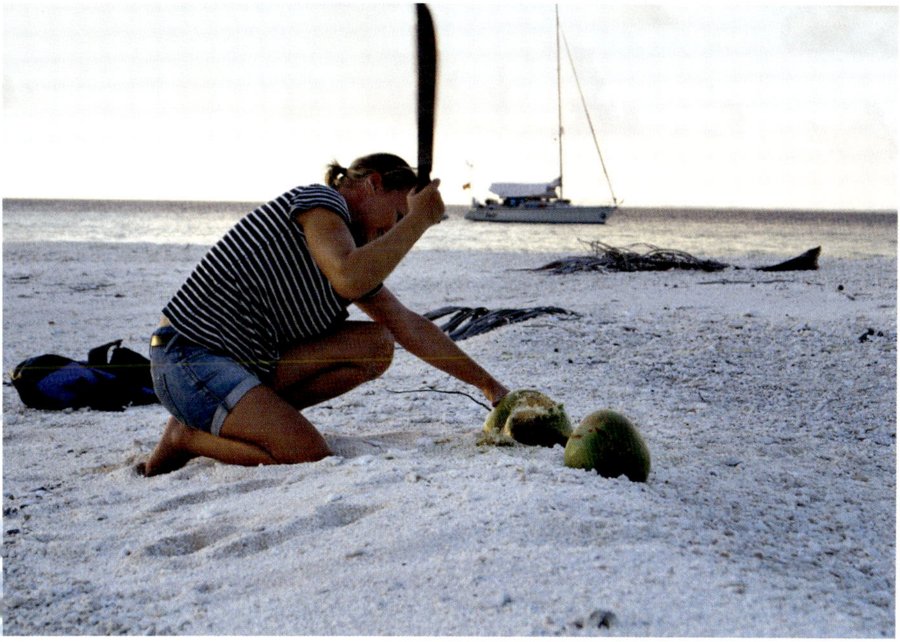

27 Kokosnüsse zum
   Sonnenuntergang
   am Strand von
   Kauehi, Tuamotus.

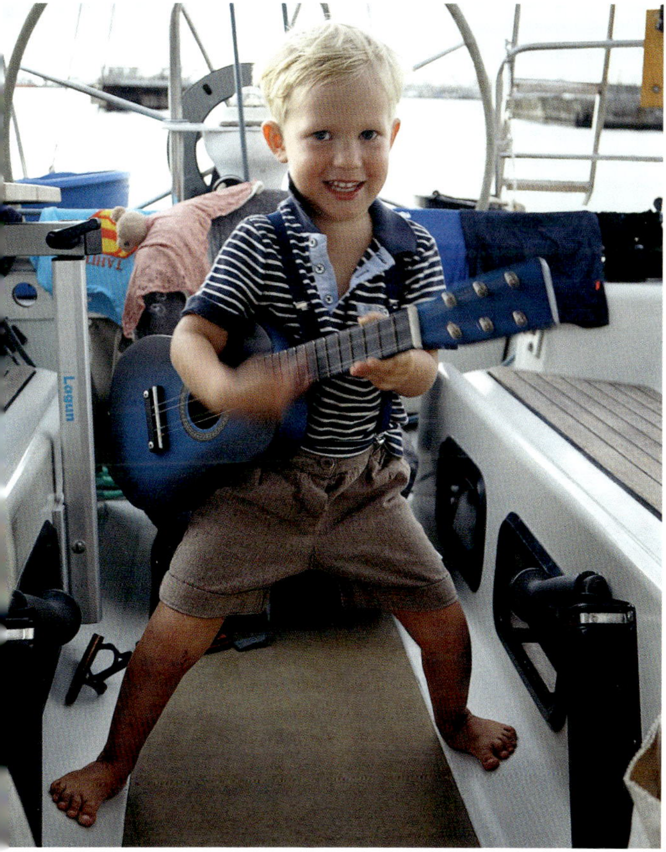

28 Levi gibt auch in
   der Südsee mit
   Hingabe Konzerte
   auf seiner Ukulele.

29 Unser Ankerplatz in der Lagune von Apataki, Tuamotus bei absoluter Windstille.

der Einwohner halten. Das heißt, Tauchen mit Gerät und Harpunieren sind untersagt. Man ankert sozusagen im Vorgarten der Indianer und winkt sich gegenseitig zu, wenn ganze Familien in Einbäumen vorbeiziehen oder die Männer sich zum Fischen am Außenriff aufmachen. Die Einbäume werden mit Segeln unterstützt, die je nach Wind gesetzt werden können – eine Idylle, die kaum zu überbieten ist.

»¡Hola!« Es klopft an unseren Rumpf. »Könnt ihr uns das Handy aufladen?«

Lutz steckt den Kopf aus dem Niedergang und ist überrascht, ein Indianerkanu samt fünfköpfiger Familie anzutreffen. Mutter, Vater, Oma, Tochter und Sohn. Mutter und Großmutter tragen die traditionelle Kleidung und bunten Perlenschmuck um Arme und Beine, ein rotes Tuch auf dem Kopf, einen Rock, der bis über die Knie reicht und die berühmten Molas – farbenfrohe Stickereien, die auf die puffärmligen Blusen genäht werden. Die Tochter ist um die 16 Jahre alt und mit einem T-Shirt und Shorts moderner gekleidet.

Der Vater hält das Handy hoch und fragt uns noch einmal, ob wir es für sie laden könnten. Der Akku ist leer. Das Handy kommt jedoch aus den USA, und unsere Stecker passen nicht. Also suchen wir alle Adapter zusammen und probieren sie durch. Leider passt keiner. Enttäuscht paddelt die Familie wieder zurück zu ihrer Insel, wo wir ankern. Es tut uns so leid, dass wir nicht helfen konnten, und so durchsuchen wir noch einmal alle unsere Elektronikkisten. Tatsächlich finden wir noch einen Satz Adapter, den wir irgendwann einmal bei Conrad in Berlin mitgenommen hatten, für den Fall der Fälle.

Wir paddeln mit unserem Dingi zum Dorf der Kuna. Obwohl »Dorf« wohl zu viel gesagt wäre, es ist eine Siedlung mit etwa sechs Häusern. Dort zeigen wir unsere gefundenen Schätze. Alle versammeln sich um uns herum und schauen gespannt zu. Wir probieren nacheinander alle zehn Adapter aus, aber kein einziger passt! Die erneute Enttäuschung ist fast greifbar. Das Handy bleibt leer und unbrauchbar. Ein amerikanischer Segler, der vor einer Weile hier durchkam, hat es den Indianern vermacht. Ohne Strom – selbst Solar- oder Windgeneratoren gibt es hier nicht – ist es leider ohne Wert. Da wir nun schon einmal hier sind, bekommt Levi noch ein buntes Indianer-Perlenfußband, dann winken uns alle auf unserem Weg zurück zum Boot nach.

Als wir später anderen Seglern von dem Handy erzählen, löst das eine Diskussion darüber aus, ob Handys in dieser Gegend überhaupt gebraucht würden. »Was sollen die Indianer denn mit Handys?«, nörgelt ein österreichischer mehrfacher Weltumsegler. Wir denken kurz darüber nach und kommen zu dem Schluss, dass das eine sehr westliche, arrogante Einstellung ist. Wenn man medizinische Hilfe benötigt, bei einem Notfall: Genau dafür wäre ein funktionierendes Handy für die Einwohner dieser weit verstreuten Inseln sinnvoll, denn ein Funknetz gibt es hier überall. Wir z. B. rufen über eine lokale SIM-Karte regelmäßig unsere E-Mails ab.

In weiten Teilen Afrikas hat sich das Handy ebenfalls durchgesetzt. Dort, wo es keine Telefonleitungen gibt, ist es das einzige Kommunikationsmittel. Mit dem Mobiltelefon wird in Afrika schon viel mehr geregelt als reine Kommunikation. Bankkonten z. B. laufen dort auch über das Handy, es bietet gerade Menschen in abgeschiedenen Gegenden vielfältige Möglichkeiten.

Wenige Tage später treffen wir deutsche Segler, die uns erzählen, dass sie sich bei den Kokosnüssen auf den Inseln einfach bedienen würden. Jede Kokosnuss, ebenso wie jede Insel, gehört hier jemandem. Die Nüsse werden gesammelt und auf dem Festland verkauft. Von daher ist es untersagt, Kokosnüsse ohne Erlaubnis zu nehmen. »Wenn die Indianer Geld dafür haben wollen, sollen die uns das einfach sagen«, meinen unsere deutschen

Landsleute, die aus dem Ruhrgebiet stammen und nicht so aussehen, als hätten sie kein Geld für Kokosnüsse übrig. Wir sind verstört ob dieser Ignoranz. Was würden die deutschen Katamaranbesitzer denn sagen, wenn bei ihnen zu Hause in Dortmund jemand über den Zaun stiege und sich die Äpfel aus ihrem Garten nähme?

Dann treffen wir John – John den Ersten und John den Zweiten. Der südafrikanische Vater hat seinen Sohn nach sich selbst benannt. John der Zweite ist ein halbes Jahr jünger als Levi. Die zwei leben mit ihrer ungarischen Frau beziehungsweise Mutter auf einem 37-Fuß-Schiff und fliegen einmal im Jahr nach Europa oder in die USA, um dort eine Weile zu arbeiten. Er ist Skipper und sie Hostess, so haben sie sich auch kennengelernt.

Wir verbringen die späten Nachmittage, wenn es kühler wird, gemeinsam am Strand und quatschen über dies und das. Irgendwann kommen wir auch auf das Thema Müll zu sprechen, das in gewissem Maße alle Segler umtreibt. John erklärt uns, dass er das Feuer immer besonders heiß mache, um Windeln seines Sohnes zu verbrennen. Zum dritten Mal binnen weniger Tage sind wir sprachlos. Sie verbrennen ihren Müll auf den winzigen Inseln der Indianer, wo er nicht nur Asche hinterlässt, sondern auch andere Rückstände. Dosen versenke er gleich im Meer, da man hier in Guna Yala ja sowieso nicht tauchen dürfe. Dann sehe ja auch keiner die Dosen.

Lutz fängt lauthals an zu lachen. »Mann, weißt du eigentlich, das du hier mit den Weltmeistern im Recycling sprichst? Wir kommen aus Deutschland, wo wir sogar schon in der Schule gedrillt werden, unseren Müll zu trennen.« Er erzählt den beiden von unserem Müllkonzept: Dosen, Getränkeflaschen und dergleichen waschen wir – mit Meerwasser und einem Tropfen Süßwasser – ab und stellen sie zurück in den Schrank. Sauberes Plastik, Verpackungen etc. falten wir klein und stopfen es in einen großen Sack hinter unserem Schrank. Essensreste gehen natürlich über Bord, allerdings nicht unbedingt am Ankerplatz, wo Melonenschalen und Limetten ziemlich stören würden. Alles, was übrigbleibt – und das ist nicht viel, hauptsächlich die Windeln von Levi –, landet in einem schwarzen Sack und wird im Ankerkasten gesammelt. Das funktioniert ziemlich gut, auch wochenlang. Dann passen wir die Route so an, dass wir den Müll geregelt loswerden können – in Städten, Häfen, Marinas, auch wenn wir dafür zahlen müssen. Tun wir ja zu Hause auch. Man sieht John an, dass er überlegt, ob wir das ernst meinen.

Auf den Inseln sieht man jedoch immer wieder Rückstände von Feuern, in denen Glühbirnen, Batterien und anderer halb verkohlter Müll herumliegen. Und das in einem der schönsten Segelreviere überhaupt! Nach uns werden noch viele Segler diese wunderbare Inselwelt entdecken wollen. Die Indianer haben von uns Seglern im Moment nicht viel, außer Müll und ein paar verkaufter Molas. Wie lange werden sie uns wohl noch dulden?

Ein paar Tage später erzählt uns John, dass sie über unseren Ansatz nachgedacht und beschlossen hätten, wenigstens das Plastik und die Windeln nicht mehr zu verbrennen. Wir freuen uns aufrichtig darüber, dass wir eine, wenn auch sehr kleine, Veränderung bewirken konnten.

Ein Stück segeln wir noch weiter, dann vertrauen wir unsere RUND360° der französisch geführten Panamarina auf dem Festland an. Dort steht sie nun für die nächste Etappenpause mitten im Dschungel an Land, umringt von Brüllaffen und dem köstlichen Duft aus Isabelles französischer Restaurantküche.

Mit dem Bus fahren wir in die Stadt Colón, zum Einkaufen und um uns für ein paar Tage ein Auto zu mieten. Bevor wir nach Hause fliegen, wollen wir uns noch den weltberühmten Kanal und Panama-Stadt ansehen. Der Bus kommt mit quietschenden Bremsen um die Kurve gerast. Die Musik aus den Lautsprechern

dröhnt durch den Dschungel und übertönt das Geschrei der Brüllaffen. Das Fahrzeug, das früher einmal ein Schulbus in den USA
war, ist knallbunt mit Grafitti angesprüht. Wir steigen ein und
haben sofort gute Laune. Lateinamerikanische Klänge in solcher
Lautstärke machen einfach Spaß. Levi gefällt die Musik auch. Er
fängt an, im Rhythmus der Bässe auf meinem Schoß zu tanzen,
singt lautstark mit und strahlt die Menschen um uns herum übers
ganze Gesicht an.

Lutz sitzt neben mir und lächelt in die vorbeirauschende Landschaft. Wir rasen in einem Affenzahn aus dem Dschungel heraus,
an saftigen grünen Wiesen mit Rinderzucht vorbei, was stark
an die USA erinnert. Wir freuen uns auf die Stadt – auf Märkte,
Läden, Cafés und den Trubel. Genauso haben wir uns die Reise
erträumt. Wegen Tagen wie diesem sind wir losgesegelt.

KRISE/ZWEIFEL

Ein Abenteuer wäre kein Abenteuer, wenn es nicht auch Schwierigkeiten zu überwinden gälte. Mit Levi an Bord wurde unsere Müdigkeit immer schlimmer. Wie jedes Baby war auch er gern mal nachts wach. So hatten wir nicht nur Nachtwachen im Cockpit zu halten, sondern parallel dazu auch noch Nachtwachen bei Levi. So sehr wir uns auch abwechselten, wir waren beide konstant müde.

Als Levi anfing zu laufen, geschah das Unerwartete: Er wurde das erste Mal seekrank. Und so nahm die schlechte Stimmung ihren Anfang. Nach unserer anstrengenden Passage nach Trinidad war unsere Laune auf dem Tiefpunkt und ein Abbrechen der Segelreise eine ernsthafte Option. Der kaputte Autopilot, Levis Seekrankheit und die gnadenlose Hitze auf der Werft in Chaguaramas in Trinidad haben die Weiterreise per Schiff wenig attraktiv gemacht.

Die vielen Veränderungen, die sich aus dem Segeln als Familie ergaben, empfanden wir als Einschränkung. Wir wollten tauchen, weniger frequentierte Segelrouten und die damit verbundenen unbekannteren Länder erkunden. Das Tauchen konnten wir nicht mehr fortsetzen, da man dies nur zu zweit tun sollte. Die Route den südamerikanischen Kontinent hinab nach Guyana mussten wir streichen. Wir waren frustriert. Und so überlegten wir ernsthaft, unsere Dehler zu verkaufen und die Reise per Flugzeug fortzusetzen.

Um keine vorschnelle Entscheidung zu treffen, beschlossen wir aber erst einmal, eine Pause vom Segeln einzulegen und Trinidad und Tobago an Land bzw. mit der Schnellfähre zu erkunden. Vier Wochen haben wir uns von jedem Segeln ferngehalten, mit einer Freundin aus Berlin den Dschungel

134

und die traumhaften Küsten erkundet, das Boot an Land geholt und es erst einmal wieder flottgemacht.

Die Zeit, die wir an Land verbrachten, ließ unsere Wunden ein wenig heilen, und am Ende der vier Wochen kam meine Schwester Julia für den nächsten Segelabschnitt dazu. Wir haben die Zeit genutzt, um unsere Erwartungen etwas zu überprüfen. Wir haben überlegt, wo wir unsere Reise verbessern könnten, was wir machen könnten, um wieder Spaß am Segeln zu bekommen.

Das Fazit war, dass wir unsere Route komplett anpassen wollten: auf Vorwind-Kursen weitersegeln, um Seekrankheit, starkes Krängen und actionreiches Segeln zu vermeiden. Längere, dadurch weniger hektische Etappen sollten ebenfalls etwas Entspannung bringen. Wichtig war, dass wir den Schalter in unserem Kopf umlegen mussten. Wir waren nun eben nicht mehr das sportliche Boot, das ausgeschlafen von einem Tauchhotspot zum nächsten und hoch am Wind auf exotischen Kursen unterwegs ist, sondern ein Familienboot mit Baby und den typischen Übermüdungserscheinungen.

Es war die richtige Entscheidung: Das Segeln machte uns trotz anfänglichem Misstrauen doch wieder Spaß. Der Wind kam von hinten, das Boot lag angenehm ruhig auf dem Wasser, das Wetter war traumhaft, und niemand wurde seekrank. Und sogar das erneute Aussetzen des Autopiloten konnte uns nicht davon abhalten, weiterzusegeln.

Pläne immer wieder neu zu justieren und sich auch mal eigene Schwächen einzugestehen, ist extrem wichtig. Ebenso wichtig ist es, keine übereilten Entscheidungen zu treffen, sondern sich im Fall der Fälle wenn möglich, aus der belastenden Situation zurückzuziehen, um sie von außen neu zu bewerten. Hätten wir dies nicht gemacht, wäre unsere Reise schon weit vor der Zeit zu Ende gewesen.

ETAPPENPAUSE

Gerichtstermin und andere Meilensteine

»Are you married then?« Der Grenzbeamte am Flughafen in Miami, USA, hält Lutz', meinen und Levis Pass geöffnet vor sich und schaut uns an. Sicher sind wir verheiratet, ja. Der nette Mann hinterm Schalter ist braun gebrannt, jung, kräftig und nimmt seinen Job sehr ernst. »And why does your son not have the same name?« Oh nein, dem netten Mann ist aufgefallen, dass Levi nicht unseren Nachnamen trägt. Auf dem Papier sind wir null komma null verwandt. Das wurde bis jetzt bei keiner Grenzkontrolle beanstandet beziehungsweise bemerkt, und wir hatten immerhin schon zehn davon.

Levi sitzt auf meinem Arm, seine Ärmchen um meinen Hals geschlungen, und lächelt den Grenzbeamten charmant an. Dann kuschelt er sich an meine linke Wange und schaut interessiert allen anderen Einreisenden hinterher, die nach und nach an uns vorbeigelassen werden.

Wir zeigen dem Grenzbeamten Levis internationale Geburtsurkunde und ein Schreiben von Frau Schweiger auf Englisch, das besagt, dass Levi mit uns auf Reisen gehen darf und bei uns in Adoptionspflege lebt, mit dem Ziel der Adoption. Der nette Mann hinterm Schalter schaut sich das Papier oberflächlich an und drückt dann auf einen großen roten Knopf. Ein lautes »Nööt« tönt durch die Halle. Sofort sind zwei Beamte bei uns und bitten uns freundlich mitzukommen. »Das hätten Sie doch auch selbst schreiben können«, meint er etwas entschuldigend, während wir schon abgeführt werden.

Und er hat ja recht. Wir haben den Brief auch selbst geschrieben, da Frau Schweiger uns darum gebeten hatte. Wir haben ihr den von uns formulierten Text geschickt, den sie dann ohne offizielles Papier oder Stempel ausgedruckt hat. Sie hat ihn zwar unterschrieben, aber offiziell sieht das Dokument in der Tat nicht aus. Wir hatten die Hoffnung, dass sowieso niemand nach einem solchen Schreiben verlangen würde.

In der Halle, in die uns die beiden netten Herren jetzt führen, wimmelt es von Menschen, denen eine Einreise in die USA verweigert wird. Wir wollen gar nicht einreisen. Wir wollen durchreisen. Transit, mehr nicht. Unser Flug nach Berlin geht in dreieinhalb Stunden, trotzdem brauchen wir ein Visum.

Für dieses Visum haben wir in Panama mehrere Tage lang geschwitzt, denn auch dort hat uns der Reisepass unseres Sohnes bereits Probleme bereitet. Für Levis USA-Visum konnten wir nicht einfach einen Online-Antrag stellen, wie für uns selbst, denn dies geht mit einem Kinderreisepass nicht. Damit hatten wir 48 Stunden vor Abflug nicht gerechnet! Wir mussten also persönlich im Konsulat vorsprechen. Das war aber gar nicht so einfach, denn man muss alle Unterlagen mailen, bevor man einen Termin in der amerikanischen Botschaft in Panama-Stadt bekommt. Den gewährte man uns dann auch 24 Stunden vor Abflug, denn Levi sollte erklären, was er in den USA zu tun gedenke.

Eine Nervenschlacht – schlimmer als jedes Elfmeterschießen – begann. Normalerweise dauert die Erteilung eines Visums zwei Tage, aber wir durften ein Expressvisum bestellen, nachmittags wiederkommen und hoffen, dass es geklappt hat. Zwölf Stunden vor Abflug fuhren wir also mit Sack und Pack im Taxi an der Botschaft vor und ließen den Taxifahrer warten. Wir wollten ja nur kurz Levis Pass mit dem Visum holen. Das dachten sich auch sechs weitere Personen, die vor uns an der Reihe waren. Jeder bekam seinen Pass mit Visum. Wir waren als Letzte an der Reihe, und der sichtlich betroffene Beamte sagte uns, dass das Visum in Washington noch nicht bearbeitet worden sei. Wenn wir wollten, dürften wir aber noch zwei Stunden warten und bis Dienstschluss hoffen. Wir griffen also nach dem letzten Strohhalm und warteten.

Wir holten das ganze Gepäck aus dem Taxi und mussten es durchleuchten lassen. Beim Kontrollpersonal gab es erstaunte Gesichter an der Durchleuchtungsanlage: hatten wir doch viele Bootsteile wie den kaputten Autopiloten-Hydraulikarm im Gepäck. Dann warteten wir allein in der Botschaftshalle, umgeben von der Security-Mannschaft, die begeistert im Fernsehen verfolgte, wie Borussia Dortmund sich in der Champions League von Real Madrid abfertigen ließ.

Inzwischen waren es noch 15 Minuten bis Dienstschluss in Washington. In Gedanken war unser Flug schon verfallen. Am Ende der Wartezeit winkte uns der Beamte ans Fenster. Ich ging davon aus: um uns mit leerem Pass nach Hause zu schicken. Aber er sagte: »I did something. Here is your passport with the visa. Have a good trip.«

Lange überlegten wir, was dieses »something« war. Euphorisiert fuhren wir zum Flughafen. Jetzt konnte uns nichts mehr aufhalten. Im Flieger von Panama nach Miami fiel die Anspannung dann von uns ab, und wir wähnten uns schon halb zu Hause.

Wir fliegen übrigens nur deshalb über die USA, weil Lutz noch Bonusmeilen bei Air Berlin abbummeln wollte, damit diese nicht verfallen. Zufälligerweise geht der Flug mit Air Berlin über Miami ...

In der Wartehalle der Abgewiesenen gibt es keine freien Sitzplätze mehr. Wir stehen etwas verloren im Gang herum und schauen ringsum in besorgte Gesichter. Eine alte Dame mit unzähligen Lachfalten in ihrem kaffeebraunen Gesicht sieht so unglücklich aus, als würde sie die Hochzeit ihrer Tochter verpassen. Wir haben aber keine Gelegenheit mehr, uns mit ihr zu unterhalten. Keine zwei Minuten später kommt ein weiterer Beamter auf uns zu und bringt uns zum Ausgang. Die übrigen Wartenden sehen nicht so aus, als würden sie bald aus dieser Halle herauskommen. »You can proceed now. It's okay. Have a good trip home.« Er schiebt uns noch in Richtung Ausgang, und schon ist er wieder verschwunden.

Als wir aus der Halle der Verdächtigen heraustreten, begegnen wir noch einmal dem netten Mann, der den roten Knopf gedrückt hatte. Er hat jetzt Feierabend und geht in die gleiche Richtung. Wir fragen ihn, warum er den Knopf denn überhaupt gedrückt habe, wenn uns dann doch niemand überprüfe. Er entschuldigt sich aufrichtig und meint, dass er nicht anders handeln dürfe. Er habe ganz klare Anweisungen, das sei keine Ermessenssache. Er entschuldigt sich noch einmal für die Unannehmlichkeiten und wünscht uns alles Gute für die Zukunft. Es wird wirklich Zeit, dass wir alle den gleichen Namen tragen!

»Hi! Was macht ihr denn hier?« Das Fenster unserer Wohnung in Berlin öffnet sich und Oliver, unser Untermieter, erscheint. Wir sind gerade dabei, drei Kartons mit Sektgläsern und unsere Rollkoffer im Auto zu verstauen. Lutz hält die Kofferraumklappe unseres alten blauen Volvos hoch, damit sie mir nicht auf den Kopf fällt, während ich die Kartons zwischen den Koffern einkeile.

»Hallo Oliver! Alles klar? Wir sind ein wenig in Eile. In 15 Minuten fängt die Hochzeit meiner Geschäftspartnerin an. Wir sind spät dran«, ruft Lutz quer über die Straße. Wir springen ins Auto und winken ihm zu. »Wir melden uns!«

Tinas Hochzeit findet um 11 Uhr im Standesamt-Mitte statt. Am frühen Morgen sind wir von Kiel mit dem Auto gekommen, wo wir seit einer Woche bei meinem Vater in Schilksee wohnen. Tina hat uns gebeten, ein paar Sektgläser mitzubringen. Von unserer eigenen Hochzeit haben wir noch einige im Keller stehen. Kleid, Pumps und Strumpfhose lagern ebenfalls in Kartons verpackt in unserem Keller. Die richtigen Kisten sind schnell gefunden. Lutz hält Wache, während ich mich im staubigen und kalten Kellerflur meiner Jeans und Chucks entledige und mich eilig für Tinas Hochzeit in Schale schmeiße.

Eigentlich sollte unsere Wohnung dieses Wochenende wieder frei sein, aber wir haben es nicht übers Herz gebracht, Oliver und seine Familie vor die Tür zu setzen. Sie sind gerade aus Kolumbien zurückgekehrt, wo sie zwei Jahre gelebt haben. Nun warten sie auf den Container mit ihren Möbeln, dessen Ankunft sich um eine Woche verzögert hat. Und so haben wir uns geeinigt, dass sie noch etwas länger in unserer Wohnung bleiben können. Mein Vater hat nichts dagegen, dass wir unseren Aufenthalt bei ihm verlängern, und Lutz kann auch von Hamburg aus zu seinen Kunden fliegen.

Im Mai ist es dann endlich so weit: Der Gerichtstermin ist angesetzt! Wir sind ins Amtsgericht nach Berlin-Pankow geladen. Die Sitzung findet unter Ausschluss der Öffentlichkeit statt. So weit, so gut. Niemand darf unseren Namen mit Levis ursprünglichem Familiennamen in Verbindung bringen, deshalb gibt es überall Auskunftssperren: bei Ämtern, beim Arzt etc. Überall prangt ein großer, roter, gestempelter Schriftzug schräg auf den Papieren: »Inkognito-Adoption – Auskunftssperre!« Als wir uns jetzt Saal 12 nähern, fällt uns als Erstes ein Schild an der Tür ins Auge, auf dem für jeden sichtbar vermerkt ist, dass nun die Familiensache Klostermann–Schmidt verhandelt wird. Sehr geheim ist das nicht.

Mit einem Baby auf dem Schoß vor Gericht zu sitzen, fühlt sich merkwürdig an, wie vor einer Prüfung: So, Herr und Frau Klostermann, was qualifiziert denn gerade Sie als Adoptiveltern? Haben Sie in den letzten eineinhalb Jahren schon irgendwelche Erfolge in der Erziehung erzielt? Was, meinen Sie, könnten Sie besser machen? Was ist gut gelaufen? Was sagt denn Ihr Umfeld dazu? – Lauter so ein Unfug geistert mir im Kopf herum.

Was, wenn wir nun doch nicht als geeignete Eltern beurteilt werden? Der Gerichtstermin soll zwar nur eine reine Formsache sein, aber was, wenn nicht? Sag niemals nie. Wenn wir eins auf unseren Segelreisen gelernt haben, dann, dass es immer anders kommt als gedacht. Wir sind furchtbar nervös. Immerhin entscheidet der Richter gleich über unsere Zukunft, unser Leben.

Der Termin soll 30 Minuten dauern, so steht es auf dem Schild an der Tür. Nach 45 Minuten klopfen die Nächsten ungeduldig an. Ein Scheidungsfall, wenn ich mich recht entsinne. Unsere Richterin bringt das nicht aus der Fassung. Sie sitzt uns in dem kleinen Zimmer an ihrem Schreibtisch gegenüber, und nur die schwarze Robe, die sie trägt, deutet daraufhin, dass wir uns vor Gericht befinden. Sie möchte unsere Geschichte von Anfang bis Ende hören. Zum Schluss schimmern ihre Augen feucht hinter ihrer Brille hervor.

Wir sind alle gerührt, als wir aus der Tür treten. Jetzt sind wir tatsächlich auch offiziell eine Familie, mit dem gleichen Namen. Jetzt ist auch die letzte Unsicherheit verschwunden. Es ist, als hätten wir Levi zum zweiten Mal adoptiert!

Wir bleiben bis zum Winter in Berlin und haben somit ausreichend Zeit, um die restlichen bürokratischen Hürden zu nehmen. Alle Dokumente, Pässe, Versicherungen etc. können und müssen wir jetzt neu beantragen oder abändern lassen. Sogar Levis Geburtsurkunde wird geändert: Lutz und ich werden dort jetzt als Eltern genannt.

Am nächsten Tag haben wir wieder einen Termin bei Levis Kinderärztin, für die sogenannte U7-Vorsorgeuntersuchung. Levi wird von der Ärztin aufgefordert, Gegenstände zu benennen, Zwei-Wort-Sätze zu bilden und einmal im Raum auf- und abzulaufen. Danach reicht sie ihm ein paar große Holzperlen, die er auf eine Schnur auffädeln soll. Levi macht das in einem solchen Tempo und so geschickt, dass Lutz und ich ins Staunen geraten. Wir hatten keine Ahnung, dass unser Sohn so etwas kann! Dann malt er noch gekonnt einen Kreis und Linien auf ein Blatt Papier. Levi »besteht« die U7 mit Bravour, und unsere sonst so nüchterne Ärztin freut sich sichtlich über seine großen Fortschritte.

Gute sechs Wochen später halten wir Levis neuen, elektronischen Reisepass in den Händen – mit dem Namen Klostermann! Das nehmen wir zum Anlass, um unsere komplette Großfamilie zum Essen in das Restaurant einzuladen, in dem wir unsere Hochzeit gefeiert haben.

In diesem Jahr gibt es außerdem noch viele andere wichtige Feste, an denen wir in unserer Etappenpause teilnehmen können: Die goldene Hochzeit von Lutz' Eltern, die Einschulung meiner Nichte Ada, die auch mein Patenkind ist, ein großes Sommerfest aller Adoptiveltern Berlins und natürlich die Feier zum 25. Jubiläum des Mauerfalls. Vor unserer Haustür, entlang der ehemaligen deutsch-deutschen Grenze, entsteht eine Lichterkette, die durch ganz Berlin läuft. Von unserem Logenplatz im Garten können wir das Spektakel, dessen Bilder um die Welt gehen, gemeinsam mit Freunden entspannt verfolgen.

Bei jeder dieser Feierlichkeiten freuen wir uns, dass wir uns für das Segeln in Etappen entschieden haben. Diese Feste hätten wir ungern verpasst.

ETAPPE V

Von Panama über Galapagos in die Südsee

Im darauffolgenden Januar fliegen wir zurück in den Dschungel von Panama. In Berlin war der Januar eisig und ungemütlich und der Winter schon viel zu weit fortgeschritten. Lutz hat endlich sein Projekt beendet, und wir fliegen mit Condor direkt nach Panama. Dieses Mal wollen wir auf keinen Fall über die USA reisen, obwohl wir inzwischen einen elektronischen Reisepass mit dem passenden Familiennamen haben.

Diese Etappe soll länger werden als sonst. Bisher waren wir meistens zwei, maximal fünf Monate unterwegs. Diesmal planen wir, das ganze Jahr über zu segeln. Das passt perfekt mit der Segelsaison in der Südsee zusammen. Wir waren jetzt zehn

Monate zu Hause und freuen uns darauf, einmal länger am Stück unterwegs zu sein.

Als wir auf dem Flughafen Tocumen in der Nähe Panama-Stadt aus dem Flieger steigen, sind wir vollkommen geblendet. Von der Sonne, von der Wärme und von unserer winterlich weißen Haut. Hier in der tropischen Sonne sehen wir deplatziert aus. Wir kneifen die Augen zusammen und leiden unter der Zeitverschiebung – wie Höhlenmolche, die jemand aus der Dunkelheit ihrer Behausung mitten in die pralle Sonne gelegt hat. Wir waren ziemlich lange fort!

Zum Glück haben wir wieder ein Hotel in der Nähe des Flughafens für einen Tag gebucht, um uns an die Wärme und die Zeitumstellung zu gewöhnen. Und um nach dem langen Flug mit Levi im Kinderbecken zu planschen.

Wir mieten uns einen Transporter und begeben uns ins Verkehrschaos von Panama-Stadt. Aus den USA haben wir uns ein gelbes Ocean Kayak und ein neues Dingi bestellt und die Sachen mithilfe eines Importeurs nach Panama liefern lassen. Das Kajak bietet Platz für uns drei und ist für unsere Schnorchelexpeditionen gedacht. Das Dingi ist aus Hypalon, einem neuartigen Material, das dem UV-Licht besser standhält als PVC. Unser Dingi von den Kanaren war nicht sehr hochwertig und hat sich in der Tropensonne schnell aufgelöst.

Das Ocean Kayak passt haarscharf der Länge nach in unseren Bus, das Paket mit dem Dingi müssen wir auspacken, um es mit all den anderen Taschen aus Deutschland in den Wagen zu bekommen. Aber zum Schluss ist alles untergebracht, und wir fahren quer durchs Land zurück zur Panamarina, zurück zu unserer RUND360°.

In der Marina erwartet uns eine Überraschung: Das Boot sieht furchtbar aus! Die Festmacherleinen liegen an Deck und sind über und über mit Schimmel bedeckt, schwarzem Schimmel.

Als ich die Leinen hochnehme, bleiben darunter große braune Flecken auf dem Gelcoat zurück. Die bekommen wir nicht weggeschrubbt, poliert oder sonst wie entfernt. Da bleibt nur zu hoffen, dass die Sonne sie irgendwann ausbleicht. Wieso liegen die Leinen überhaupt an Deck? Die hatten wir doch zusammen mit all dem anderen losen Gut schön verstaut.

Blätter liegen überall auf dem Deck und sind mit Schimmel überzogen. Unser Außenborder befindet sich im Cockpit, geschützt durch einen inzwischen zerfetzten schwarzen Müllsack und einige aneinandergereihte Bretter, die wir von Sitzbank zu Sitzbank gelegt hatten. Die kurzen Bretter mögen wir nicht anfassen, so eklig sehen sie aus – von allen Seiten voller Schimmel und Pilze, kleben sie an den Kanten richtig fest. Den Schimmel dazwischen bekomme ich nur mit einem Spachtel abgekratzt. So etwas haben wir noch nicht gesehen!

Innen im Schiff sieht es auch nicht gut aus: Schimmel überall, obwohl wir alle Flächen mit Essig abgerieben, Essig in Schüsseln aufgestellt und Trockensäcke aufgehängt hatten. Außerdem war mit der Dame in der Marina abgemacht, dass alle zwei Wochen eine Putzfrau zum Lüften vorbeikommen sollte. Sie sollte auch den Essig ersetzen und sich um alles kümmern. Auf Nachfrage erklärt man uns, die Putzfrau sei da gewesen und habe gelüftet. Es sieht aber nicht so aus, als wäre in den letzten Monaten irgendjemand hier gewesen. Welch ein Unterschied zu unserer Rückkehr nach Grenada, wo Mikey alles tipptopp für uns gewartet hatte!

Wir könnten heulen, so schlimm sieht unsere geliebte Dehler aus. Die meisten unserer Kleider an Bord müssen wir entsorgen, genauso wie Levis Karre (da ist der Schimmel wirklich in jeder Ritze, das kriegen wir nicht wieder so hin, dass man beruhigt ein Kind hineinsetzen könnte). Außerdem kleben überall Insektennester aus Lehm. Wenn sie zerbröseln, rieselt der Sand in alle

Ecken. Zum Glück sind die Nester wenigstens alle leer. Die sehen nach Hornissen oder wespenartigen Insekten aus. Das Spielzeug, das aus Plastik ist, können wir reinigen und wiederherstellen, den Rest entsorgen wir ebenfalls. Seit wann schimmelt denn bitte Plastik? Legosteine mit einer Schicht Schimmel – sehr interessant, wir lernen dazu! Das Klima in Panama ist wirklich nicht sehr bootsfreundlich.

Während wir das Boot wiederherstellen, wohnen wir in einer kleinen Hütte auf dem Gelände. Lutz wischt alle Flächen im Boot mit heißem Chlor ab und ätzt sich dabei fast die Haut weg. In der Abenddämmerung beißen uns die winzigen, kaum sichtbaren Nonos, sodass Lutz und Levi nach ein paar Tagen aussehen, als hätten sie die Masern. Die Stiche jucken und entzünden sich, wenn man zu stark kratzt.

Unsere Laune wäre auf einem absoluten Tiefpunkt angekommen – gäbe es da nicht Isabelles Restaurant! Isabelle kommt, wie fast alle hier in der Marina, aus Frankreich und betreibt zusammen mit ihrem Mann ein kleines Restaurant auf dem Werftgelände. Sie ist groß und schlank mit langen dunklen Haaren und etwa in unserem Alter. Jeden Morgen, Mittag und Abend bedient sie uns zuvorkommend und herzlich. Levi hat sich bis über beide Ohren in sie verliebt. So fragt er uns eines Tages, ob wir Isabelle nicht mal bitten könnten, ihn auf den Arm zu nehmen. Ganz gerührt, schnappt sie sich den Kleinen sofort. Levi umarmt sie innig, und Isabelle kuschelt ihre Wange an seinen Kopf. So umschlungen, wandern die beiden in die offene Küche und stehen lange versunken zwischen Herd und Tresen. So lange, bis die ersten Gäste ihre Sorge anmelden, dass sie an diesem Abend kein Essen mehr serviert bekommen.

Zur Aufheiterung unternehmen wir außerdem kurze Dingi-Ausflüge in die Umgebung, etwa durch die schmalen Wassergassen, die mitten in die dicht bewachsenen Mangrovenwälder hineinführen. Dort werden wir von Kapuzineraffen begafft, die uns zu verstehen geben, dass dies ihr Revier ist. Aus den Baumgruppen hinter der Marina hören wir hingegen Brüllaffengeschrei. Levis Lieblingstiere sind eindeutig die vielen Krebse, die bei Ebbe zwischen den Wurzeln der Mangroven herumkrabbeln und die man so schön ärgern kann, indem man kleine Steine vor ihre Füße wirft, die sie dann mit Futter verwechseln.

Nach einer Woche sieht das Boot wieder annähernd so aus, als könnte man darauf wohnen. Wir haben keine Zeit, weiter daran herumzuschrubben, denn schon nach einer Woche stehen meine Schwester Julia und ihr Mann Heiko auf dem Steg mitten im Dschungel. Wir wollen noch einmal gemeinsam zu den San-Blas-Inseln, bevor es zum Panamakanal geht.

Mit einem selbst konstruierten Trailer bringt Jean-Pierre, der Besitzer der kleinen Marina, unsere RUND360° zurück ins Meer. Vor Kurzem soll ein Segelboot samt Trailer umgekippt sein. Wir hoffen das Beste und halten den Atem an. Wir haben keine andere Wahl, aber es geht alles gut: Unsere RUND360° schwimmt wieder im Wasser und sieht einigermaßen passabel aus, bereit für die nächste Etappe!

Vom Steg aus bewundern wir unsere geliebte, leicht mitgenommene Dehler. Sie sieht hier inmitten der grünen Bucht, umgeben von Mangroven und Gischt am Außenriff, schon nach neuen Abenteuern aus – nach unzähligen unbekannten Orten, die wir mit ihr ansteuern werden, die man am allerbesten auf dem eigenen Rumpf erleben kann.

Lutz, Levi und ich setzen uns auf die kleine Mauer an der Slipanlage und beobachten das Treiben der Vögel, die wenigen anderen Segler und Mitarbeiter der Werft hier inmitten des Dschungels und ruhen uns von den Strapazen der letzten Tage ein wenig aus. Am Nachmittag schon reist meine Schwester Julia mit Heiko an.

»Hol mich bitte mit dem Dingi ab!«, brüllt Heiko vom Strand aus zu uns herüber. Ich verstehe nicht. Es ist noch zu früh, um schnell zu schalten. Es ist gerade einmal 7 Uhr, gefühlt 6 Uhr. Wir stehen zwar immer mit der Sonne auf, aber trotzdem brauche ich ein paar Minuten zum Wachwerden.

Zurück in Guna Yala, also auf den San-Blas-Inseln, ankern wir wieder vor einer einsamen Palmeninsel. Neben uns liegt jetzt ein weiteres Segelboot. Das hatte ich gestern Abend noch nicht bemerkt. Amerikaner? Die meiste Zeit sind wir an unseren Ankerplätzen ganz allein.

Heiko ist zum morgendlichen Schwimmen vom Bug aus in die See gehüpft und zum Strand geschwommen. Nun wedelt er wild mit den Armen und rennt hin und her. Er will abgeholt werden. Meine Schwester Julia schaltet schneller. Sie paddelt mit dem Dingi hinüber zum Strand und sammelt ihn wieder ein. Beim Näherkommen wird sein Fluchen immer lauter, irgendetwas muss ihn im Wasser berührt haben. Seine nackte Brust und sein Arm werden langsam rot. Es muss höllisch wehtun, denn Heiko ist außer sich. Es bilden sich Pusteln, das Atmen fällt ihm schwer. Außerdem ist ihm übel, und sein Kopf tut weh.

Oha! Wir holen Antihistaminika und Salbe aus unserer Bordapotheke. Ob das hilft? Jule paddelt zu unserem Nachbarn hinüber und fragt, ob er wisse, was das gewesen sein könnte. Der Skipper ist überzeugt, dass es Koralleneier gewesen sein müssen, die wahrscheinlich in einem Algenknäuel versteckt waren. Er zeigt Jule seine vernarbte Brust: auch Koralleneier. »Tut höllisch weh und hinterlässt Narben, geht aber nach kurzer Zeit wieder vorbei«, sagt der Amerikaner.

Zur Sicherheit fahren wir in den nächsten Ort, wo es einen Arzt gibt. Wir brauchen zwei Stunden in den kleinen Ort Narganá. Heiko und Jule finden die kleine Arztstation schnell. Heiko spricht nicht nur fließend Englisch, Französisch und Dänisch, sondern auch passables Spanisch – beneidenswert. Er kann sich also gut mit dem Arzt verständigen und erklärt den Vorfall. Nachdem der Arzt sich die Medikamente angesehen hat, die wir Heiko gegeben haben, beruhigt er uns. Das seien die richtigen. Er selbst habe diese Medikamente gar nicht da.

Wir sind etwas schockiert und kramen auf dem Boot alle Medikamente aus den Schränken, die wir doppelt haben, um sie der Krankenstation zu überlassen. Leider schaffen wir das am Ende doch nicht mehr und fahren die doppelten Medikamente noch bis ans Ende der Südsee mit uns herum, bis nach Vanuatu. Dort landen sie dann im örtlichen Krankenhaus und werden hoffentlich noch jemandem nützen.

Nach zwei Wochen auf den San-Blas-Inseln machen wir uns auf den Weg zum Panamakanal, dem größten Kanal der Welt – ein Jahrhundertbauwerk. Hier gilt es, vier Schleusen von 30 Metern Höhe zu durchfahren. Es gibt sogar eine Schiffsklasse – Panamax –, die von den Maßen her genau auf die maximale Durchfahrtsgröße des Kanals zugeschnitten ist: 294 Meter Länge und 32 Meter Breite. Zum Zeitpunkt unserer Reise wird an einer zusätzlichen Schleuse gebaut. Die neuen Tore für die Schleusenkammern stehen schon an Land bereit und sind so groß wie Hochhäuser. Die neue Schleuse, die 2016 eröffnet wird, ist für noch größere Schiffe geplant.

Und dann kommen wir mit unseren zwölf Metern und 27 PS! Dabei winkt uns Heiko leider nur noch vom Steg aus zu. Sein Flieger geht schon jetzt zurück nach Berlin. Wir haben keinen früheren Termin für die Kanalpassage bekommen.

Der Transit vom Atlantik in den Pazifik dauert zwei Tage, und über Nacht muss man oben auf dem Gatúnsee ankern. Unsere übliche Erklärung, dass wir ein kleines Baby an Bord hätten, wirkt zwar meistens, aber selbst die kleine Notlüge, dass unser

Sohn kränkele und wir nicht länger in der Gluthitze der Marina ausharren könnten, hilft diesmal nur bedingt. Wir bekommen zwar tatsächlich vor allen anderen einen Termin zum Schleusen, aber fünf Tage dauert das Ganze trotzdem. Man kann auch einen offiziellen Agenten beauftragen, den Transit zu managen, dann wird man bei der Terminvergabe ebenfalls bevorzugt behandelt. Aber die Agenten sind sehr teuer, und außerdem macht es uns Spaß, diese Dinge selbst zu organisieren. Dabei lernt man eine Menge über Land und Leute.

Am »großen Tag« haben wir zwei dicke »Linehandler« mit an Bord, deren Job es ist, die Festmacherleinen während des Schleusens zu bedienen. Jule und Lutz übernehmen jeweils eine Festmacherleine, während ich am Steuer bin. Levi ist in seinem Autositz angeschnallt, und die beiden beleibten Panamaer sind für die übrigen zwei Leinen verantwortlich. Es ist Vorschrift, dass jede Leine von einer Person bedient wird. Dazu kommt dann noch der Lotse oder »Adviser«, der uns Anweisungen gibt, wann wir wohin fahren sollen. Er steht in ständigem Funkkontakt mit der Aufsicht und den anderen Advisern auf den übrigen Booten, die gemeinsam mit uns schleusen. Das Boot ist also randvoll.

Der Auspuff liegt unter der Wasserlinie, ein ganzes Stück unter der Wasserlinie. Da war er schon, als wir in der Marina den Proviant für die Pazifiküberquerung und teilweise auch für die Südsee verstaut haben. Allein die Getränke wiegen Tonnen.

Beim Transit durch den Kanal muss man eine Geschwindigkeit von 5 Knoten halten können. Bei unserer Ladung haben wir arge Bauchschmerzen, ob das gelingen wird. Ansonsten droht eine saftige Strafe. Aber auf der anderen Seite des Kanals zu verproviantieren, kam nicht für uns infrage. Erstens wollten wir die Wartezeit vor dem Kanal nutzen, um einzukaufen, und zweitens gibt es auf der anderen Seite keine Marina für Segelboote, was das Verproviantieren dort erschwert.

Vor der Schleuse gibt es ein markiertes Gebiet für die Boote, die als Nächstes mit dem Schleusen dran sind. Hier warten wir den ganzen Nachmittag unter Anker auf unseren Adviser, der zusammen mit den anderen erst gegen 5 Uhr auf den wartenden Segelbooten abgesetzt wird.

Es ist so heiß an Deck, dass wir uns hin und wieder alle nach unten in den Salon verziehen, um uns abzukühlen. Levi freundet sich mit einem der beiden Panamaer an, und gemeinsam lesen sie seine Tiptoi-Bücher: Mit einem speziellen Stift tippen die beiden stundenlang auf den Seiten herum, worauf Lieder, Geräusche und Geschichten auf Deutsch ertönen.

Sobald der Adviser an Bord ist, machen wir uns auf den Weg zur ersten Schleuse, wo wir mit einem anderen Segelboot ins Päckchen gehen müssen. Wir liegen links, das 45-Fuß-Schiff unseres neuseeländischen Nachbarn soll den Antrieb machen. Ich stehe am Steuer bereit und muss nur eingreifen, wenn der Neuseeländer den Kurs nicht halten kann. Dann muss ich Gas geben beziehungsweise scharf bremsen, um unser Päckchen in den Strömungen der Schleuse unter Kontrolle zu halten.

Es ist schon dunkel, als wir in die erste Schleuse hineinfahren. Die großen eisernen Türen schließen sich hinter uns, und wir werden mit dem einströmenden Wasser nach oben gepumpt. Die Strudel, die dabei in der Schleuse entstehen, sind enorm. Wenn man dort hineingerät, hat man keine guten Chancen, wieder heil herauszukommen.

Während wir Meter um Meter mit dem Wasser nach oben steigen, müssen die Leinen, mit denen wir oben an den Schleusenmauern festgemacht sind, ständig gekürzt werden. Während die Neuseeländer auf dem Nachbarboot diese Aufgabe hektisch und ungeübt zu bewältigen versuchen, machen unsere beiden dicken Linehandler das im Schlaf. Bei unseren Nachbarn gibt es stattdessen vor lauter Aufregung Gebrüll. Wir beobachten das

Treiben nebenan und sind erleichtert, dass wir uns für erfahrene Linehandler entschieden haben und nicht, wie viele andere, für ebenfalls ungeübte Segler.

Wir übernachten oben auf dem Gatúnsee. Am nächsten Morgen geht es früh um 6 Uhr mit einem neuen Adviser, diesmal sogar mit einem richtigen Lotsen, der sonst die großen Containerschiffe durch den Kanal steuert, weiter bis zu den Schleusen auf der Pazifikseite. Wir halten das Tempo von 5 Knoten trotz Überladung ganz leicht ein, gehen vor der nächsten Schleuse wieder ins Päckchen und bleiben zusammengebunden, bis sich das Tor zum Pazifik vor uns öffnet. Was für ein Anblick – ein neuer Ozean! Der Atlantik ist durchquert, jetzt kommt ein neues Kapitel: Galapagos und die Südsee warten auf uns!

Wir sind überglücklich, als wir durch das Tor zum Pazifik und unter der Bridge of the Americas, die Nord- und Südamerika verbindet, hindurchmotoren. Alles, was jetzt noch fehlt, ist der Ausreisestempel im Pass, den haben wir auf der Karibikseite nicht mehr rechtzeitig bekommen. Angeblich sollen wir ihn aber auch hier bekommen können. Allerdings nur, wie wir jetzt feststellen, in Verbindung mit einer Gebühr von 200 US-$ pro Person, und das auch noch außerhalb, in der Nähe des Flughafens.

Wir kontaktieren unseren Helfer Tito aus Colón. Er sagt sofort zu und lässt unsere Pässe abholen, um sie kostenfrei in Colón abstempeln zu lassen. Leider kommen weder unsere Pässe noch der Kurier zurück. Wir warten tagelang und hinterlassen unzählige Nachrichten auf seiner Mailbox. Da geht es unseren Nachbarn aus Schweden, die mit zahlenden Passagieren unterwegs sind, nicht anders. Sie warten ebenfalls auf Tito.

Schließlich kommt er ohne Stempel im Pass zurück, was den muskulösen Schweden vom Nachbar-Katamaran fast handgreiflich werden lässt. Tito ist ziemlich niedergeschlagen, irgendetwas muss mit den Behörden in Colón ganz und gar schiefgelaufen sein. Was genau, das sagt er uns nicht, nimmt Lutz aber mit zum hiesigen Amt. Hier muss Lutz das erste Mal in seinem Leben Bestechungsgeld zahlen. Tito beschwört ihn, es zu versuchen. Aber zu dem Beamten, der unser letztes Gesuch abgewiesen hat, muss Lutz allein hinein.

Da steht er nun mit unseren vier Pässen in dem kleinen, muffigen Häuschen. Der Beamte zeigt totales Desinteresse, nimmt die Pässe entgegen und murmelt etwas davon, dass das hier sowieso nichts werde. Langsam blättert er alle vier Pässe durch. Lutz hat blöderweise das Geld in den untersten gelegt, sodass es dauert, bis der Beamte es findet. Dann fragt er barsch:»Was ist das?« Dabei hält er Jules Pass geöffnet in der Hand, in der Mitte den 20-$-Schein, den Lutz dort hineingelegt hat. Er hat im Spanisch-Abendkurs an der Volkshochschule leider nicht viel mitbekommen, und so fällt ihm nichts anderes ein als:»Moneten.« Dann dreht Lutz sich schnell zur Seite, um nicht Zeuge zu werden, wie der Beamte die 20 $ aus dem Pass nimmt.

»Ah, alles in Ordnung. Nur noch die Stempel«, sagt er wohlwollend und stempelt alle vier Pässe ab.

Für insgesamt 20 $ haben wir nun die benötigten Ausreisestempel und können endlich weiterfahren, denn Julias Flug von Galapagos wartet nicht. Für ihre Verhältnisse ist sie hypernervös, musste sie doch ihren Rückflug bereits um eine Woche nach hinten verschieben, was ihren Arbeitgeber nicht sehr amüsiert hat. Lutz und Tito fallen sich zum Abschied noch einmal um den Hals. Die letzten Tage waren ganz schön nervenaufreibend für beide.

Die Passage nach Galapagos ist kurzweilig und das Segeln ist traumhaft. Mittendrin haben wir eine kurze Flaute, und am dritten Tag stellen wir spätabends den Motor aus, um den Ölstand zu überprüfen. Plötzlich herrscht Stille, richtige Stille. Wir hören nichts. Keine Wellen, die an die Bordwand schlagen, keinen Baum, der beim Hin- und Herschwingen leise vor sich hin quietscht. Keinen Wind, der im Rigg heult. Absolute Stille.

Das Meer ist spiegelglatt. Anders als auf dem Atlantik, wo immer ein wenig Schwell bleibt, verwandelt sich der Pazifik bei Flaute in einen glatten See. Wir liegen unbeweglich auf der Stelle. In diesem Moment steigt der Vollmond über den Horizont. Riesengroß und orange spiegelt er sich auf der schwarzen glatten See, ganz so, als gäbe es zwei von ihm. Als wäre die Szene nicht schon grandios genug, springt ein Pilotwal aus dem Meer. Im Sprung beschreibt er einen wunderschönen Bogen und macht dabei kaum Geräusche. Walt Disney persönlich hätte es nicht besser hinbekommen können. Staunend stehen wir an Deck und lauschen der Stille – bis Jules Stimme ertönt:»Wir machen den Motor aber gleich wieder an, oder? Mein Flieger, Kinder! Noch mal verschieben kann ich meinen Rückflug nicht. Da werde ich im Büro gelyncht!«

Auf meiner Nachtwache in der vierten Nacht auf See klettere ich um drei Uhr früh kurz ins Cockpit, blicke einmal rundherum, ob irgendwo Schiffe zu sehen sind, und bemerke eine Gruppe Delfine, die wieder direkt neben unserem Cockpit ihre Bahnen zieht. Ich sage Jule Bescheid, die im Salon schläft, und wir zählen drei sehr große, etwas seltsam aussehende Tiere. Kaum sind sie abgetaucht, legen wir uns auch wieder hin.

»Komische Delfine!« murmelt meine Schwester.

»Ja, irgendwie ganz schön groß«, pflichte ich ihr bei.

»Das waren keine Delfine, das waren Pilotwale!« Plötzlich ist mein Hirn wieder wach und ruft die richtige Information ab. Während wir über unseren Irrtum lachen und uns beglückwünschen, dass wir Wale gesehen haben, schlafen wir auch schon wieder ein.

Wir haben Glück mit dem Wind, nach insgesamt sechs Tagen erreichen wir Puerto Ayora, den Hauptort der Insel Santa Cruz.

Die übrigen Segler, die wir später treffen, haben alle zehn gebraucht. Gott sei Dank ist uns das erspart geblieben, sonst hätte Jule *uns* wohl gelyncht.

Der Felsen faucht uns an. Kurz halten wir mit unseren Mieträdern am Straßenrand an, um Levi die Sonnenmütze wieder richtig aufzusetzen und ihm seine Wasserflasche zu geben. Unser Sohn thront auf dem Kindersitz, hinten auf Lutz' Mountainbike. Als der Felsen anfängt zu fauchen und zu zischen, zucken wir alle zusammen. Jetzt bewegt er sich auch noch. Das dichte hohe Gras um ihn herum gerät in Bewegung. Reflexartig treten wir ein paar Schritte zurück. Er streckt uns einen langen faltigen Hals entgegen, taxiert uns aus großen alten Augen und marschiert entnervt davon.

Der Felsen ist eine frei lebende Riesenschildkröte, die wir ausgerechnet hier an der Hauptstraße treffen. Sie reicht mir gefühlt bis zur Hüfte. Nur gut, dass ich mein Rad nicht an sie gelehnt habe. Wir haben sie wohl verärgert, sind ihr ja auch fast über die Füße gefahren.

»Wow! Hast du das gesehen, Levi? Eine Schildkröte!«, sage ich.

»Seit wann fauchen Schildkröten?«, wundert sich Lutz.

Levi gluckst hinten auf seinem sicheren Thron belustigt vor sich hin. Auf dem weiteren Weg über die zum Galapagos-Archipel gehörende Insel Santa Cruz begegnen wir noch weiteren Exemplaren der weltberühmten Galapagos-Riesenschildkröten. Die meisten sehen wir allerdings wie vermutet auf den Farmen, wo die Tiere gehegt und gepflegt werden. Wir haben uns im Hauptort Puerto Ayora Mountainbikes geliehen und erkunden die Insel in unserem eigenen Tempo. Mit dem Fahrrad können wir uns frei bewegen, zumindest auf den Straßen und Wegen, und die wunderschöne Landschaft genießen.

Viele Freiheiten haben die Touristen auf den Galapagosinseln allerdings nicht. Sightseeing ist fast nur mit lokalen Führern möglich. Zu viel wurde schon von den Touristenströmen zerstört. Galapagos wurde zum Unesco-Weltnaturerbe auserkoren, und Ecuador tut nun alles, um diesen Status behalten zu dürfen. Es geht dabei um viel Geld. Das Land erhält finanzielle Unterstützung, muss dafür aber strikte Maßnahmen umsetzen, um das Naturschutzgebiet zu erhalten. Dazu zählen klar ausgewiesene Routen, strikte Einreisebestimmungen und eine eingeschränkte Aufenthaltsdauer für Touristen, Tierstationen sowie eine limitierte Anzahl von Bewohnern und Wohngebieten. Die Liste ist lang.

Für uns Segler bedeutet das ebenfalls, dass wir hohe Auflagen erfüllen müssen, um die Galapagosinseln besuchen zu dürfen. Wer mit einem schmutzigen, das heißt bewachsenen Rumpf einreist, kann gleich wieder umdrehen und ihn entweder 20 Meilen vor der Küste auf hoher See reinigen oder gleich weiterfahren. Außerdem bedeutet es: hohe Parkgebühren, kurze Aufenthaltsgenehmigungen (maximal 20 Tage) und keine Erlaubnis, zwischen den Inseln hin und her zu segeln.

Wer in Puerto Ayora ankommt, muss auch dort bleiben. Wer auf San Cristobal einreist, bleibt mit seinem Boot auf San Cristobal. Mit den lokalen Fähren darf man Inselhopping machen, mit dem eigenen Boot aber nur mit im Voraus beantragter Sondergenehmigung. Auch Obst, Gemüse und andere Lebensmittel und Produkte an Bord werden streng kontrolliert und im Zweifelsfall vernichtet. Es dürfen auf keinen Fall fremde Organismen eingeschleppt werden, denn sie könnten die einheimische Tier- und Pflanzenwelt bedrohen. Die Auflagen, die Ecuador erfüllen muss, sind hoch.

Das haben wir auch bei unserer Einreise gespürt. Viele Meilen vor der Küste warfen wir bereits unsere letzten Zwiebeln,

Kartoffeln und Knoblauch über Bord, um ja keine Probleme zu bekommen. Unser Rumpf sah auch aus wie geleckt, da wir das Unterwasserschiff ja gerade in Panama neu gestrichen hatten. Auf unserer schnellen Überfahrt haben wir uns auch keinen neuen Bewuchs geholt, während andere bis zu zehn lange Tag unterwegs waren und sich beim Dümpeln in der Flaute wieder ordentlich Bewuchs eingehandelt haben.

Der Taucher, der bei unserer Ankunft den Schiffsrumpf überprüfte, war begeistert. So sauber kämen die wenigsten Schiffe hier an. Einen Nachweis über den letzten Anstrich mit Antifouling braucht man normalerweise auch. Bei uns war das dann nicht mehr wichtig. Dann kamen sechs Angestellte des Nationalparks an Bord und zusätzlich noch ein Herr, den wir als Mittelsperson einbestellen mussten. Es wurde eng auf dem Boot. Fächer und Schapps mussten geöffnet und endlose Fragebögen ausgefüllt werden.

Einige der anderen Segler haben es nicht geschafft, die Auflagen zu erfüllen. Die meisten scheiterten am bewachsenen Bootsrumpf. Sie mussten dann innerhalb von kurzer Zeit das Land verlassen oder eben noch einmal rausfahren und den Rumpf schrubben. Das hat bei vielen zu Ärger und Missmut geführt, außer bei einem bemerkenswerten Paar aus den Niederlanden. Den beiden wurde auch die Einreise verweigert, da ihr Rumpf zu sehr bewachsen war. Anfangs waren sie verärgert und gingen sich bei der Parkbehörde beschweren. Dort zeigte ihnen ein Angestellter die Fotos, die der Taucher von ihrem Rumpf gemacht hatte. Sie waren so überrascht, wie dicht die Borddurchlässe bewachsen waren, dass sie ihre Beschwerde zurücknahmen. Sie entschuldigten sich sogar für ihr Auftreten und verließen gleich am nächsten Tag den Archipel.

Auch wir haben einen Fehler gemacht. Einen Fehler, dessen Folgen wir gar nicht absehen können. Aber auch aus heutiger

Sicht wüsste ich dafür keine andere Lösung. Auf der Überfahrt von Panama besuchte uns ein Ibis. Wir nannten ihn Punky, weil die gelben Federn auf seinem Kopf so schön nach oben abstanden. Punky war über 200 Seemeilen vom Festland entfernt und offensichtlich erschöpft. Er setzte sich anfangs nur aufs Vorschiff und wir boten ihm Wasser und Brotkrumen an, um ihn aufzupäppeln. Davon nahm er aber nichts, und er wurde von Tag zu Tag schwächer. Zum Schluss hüpfte er in unser Cockpit, weil er sich auf dem schwankenden Deck kaum noch halten konnte. Er versuchte auch, unten im Salon einzuziehen. Das verhinderte aber meine Schwester Julia, die eine Seuche in seinem Gefieder vermutete.

So wurde Punky höflich gebeten, das Schiff zu verlassen, auch in Hinsicht auf unseren baldigen Landfall auf Galapagos, wo wir sicherlich nicht mit einem Ibis hätten einreisen dürfen. Sogar geimpften Haustieren ist es dort verboten, das Schiff zu verlassen. Gegen Ende wurden wir etwas vehementer, und so versuchte Punky einen letzten Flug in Richtung Heimat. Nach nur 50 Metern fiel er ins Meer, kämpfte um sein Leben und wurde bald von den Wellen verschluckt. Sein Todeskampf hat uns alle mitgenommen, wir fühlten uns für seinen Tod verantwortlich.

Auf Galapagos endeckten wir einen weiteren blinden Passagier aus Panama: einen Gecko, der sich – wie seine vier Kollegen vor ihm – in der Zeit eingenistet haben muss, als unser Boot in der Marina an Land stand. Doch angesichts unserer bald bevorstehenden Pazifiküberquerung hatten wir keinerlei Bedürfnis, auch noch das traurige Ende eines Geckos an Bord zu erleben. Also steckten wir ihn kurzerhand in eine Tupperdose, ruderten ihn an Land und setzten ihn auf den Felsen am Hafen aus, dort wo die Seelöwen wohnen.

Wir kamen also mit dem blankesten Rumpf und ohne jegliches Obst oder Gemüse hier an: Wir haben alles richtiggemacht – aber dafür einen ganzen, lebendigen Gecko ausgesetzt.

Mitten im Naturschutzgebiet. Aber noch einen Tod zu verschulden, das hätten wir nicht übers Herz gebracht und hoffen nun inständig, dass die Fauna und Flora der Galapagosinseln nicht irgendwann einer neuen Gecko-Art zum Opfer fallen wird.

Unsere RUND360° ankert wie in einem Aquarium. Um uns herum Meeresschildkröten, Gefleckte Adlerrochen, Schwärme von Goldrochen, Meerechsen – und Haie. Nachdem wir den Anker per Rückwärtsgang eingegraben haben, springt Lutz noch einmal ins Wasser, um mit Schnorchel und Maske zu überprüfen, ob er sitzt. Kaum ist er aus dem Wasser geklettert, ruft Jule vom Dingi aus, dass da etwas Großes unterm Boot schwimme: »Ein Hai! Kommt schnell. Da, guck mal!« Jule steht im Dingi, und just in dem Moment, als ich zu ihr herunterschaue, schwimmt ein großer Schatten mit Rückenflosse unter ihr hindurch. Lutz bleibt der Mund offen stehen. Bis vor zwei Minuten war er noch im Wasser, um wie immer sein Bad zu nehmen, bevor wir an Land gehen. Wir waschen uns also hier lieber nicht mehr im Meer, sondern mit einem Eimer im Cockpit

Es ist unser zweiter Hai auf der Reise. Den ersten haben wir beim Schnorcheln in den San Blas gesehen: einen großen, aber harmlosen Ammenhai, den wir beim Schlafen auf einem Korallenriff gestört hatten und der unter uns davonschwamm. Einige Tage später ziehen fünf, sechs Haiflossen durch den Ankerplatz von Puerto Ayora. Was für Haie das genau sind, können wir leider nicht erkennen.

Wir besuchen mit Jule zusammen noch die Aufzuchtstation für Riesenschildkröten in der Charles-Darwin-Forschungsstation, machen einen Bootsausflug, um die Meerechsen an ihren Stränden zu bewundern und gehen mit einer Meeresschildkröte schnorcheln. Dann ist es Zeit für Jule, ihren Flieger nach Haus zu nehmen.

In Puerto Ayora gibt es viele kleine Läden, die Ausflüge, Tauchgänge und auch Wellenreiten anbieten. Als wir das Schild mit dem Surfbrett sehen, melden wir uns kurzerhand für einen Kurs an. Am nächsten Morgen treffen wir uns mit zwei jungen, äußerst coolen Jungs am Laden, von wo aus wir zusammen zum Surfen zur Tortuga Bay gehen wollen. Als sie uns kommen sehen – nicht mehr die Jüngsten und mit Kleinkind an der Hand –, wissen sie nicht, ob wir es ernst meinen.

Am Strand kommen noch zwei von ihren Surfer-Freunden dazu, und wir machen alle gemeinsam Aufwärmtraining. Dann üben wir das Aufstehen auf dem Brett. Dafür malen wir die Konturen eines Surfbretts in den Sand und legen uns darauf. Auf Kommando springen wir auf die Beine und breiten die Arme aus. Als wir das Gelernte im Wasser umsetzen wollen, überlässt Lutz mir den Vortritt. Ich klemme mir so cool es geht das große Anfängerbrett unter den Arm und folge meinem Surflehrer zum Wasser.

Auf dem Weg dorthin läuft uns eine schwarze Meerechse über den Weg, die gemütlich und ohne sich groß an uns zu stören, am Strand entlangspaziert – ein schwarzer, urzeitlicher Drache aus längst vergangenen Zeiten. Vom Kopf bis zur Schwanzspitze schätze ich sie auf etwa 1,20 Meter Länge. Die Meerechse lenkt mich ein wenig ab, und das ist auch gut so. Denn während ich mich mit dem Brett gegen die Wellen hinaus aufs Meer kämpfe, weiß ich nicht, ob ich lachen oder weinen soll, dass jetzt alle zuschauen, wie sich die »Mutti« auf dem Brett anstellt. Nach ein paar Erläuterungen meines jungen Surflehrers, der vom Alter her mein Sohn sein könnte, nehme ich, mit den Armen paddelnd, ordentlich Schwung, konzentriere mich auf die von hinten kommende Welle, versuche, nicht an die Haie zu denken, und springe im richtigen Moment auf die Beine.

Ich stehe auf meinem Anfängerbrett und reite die Welle hinab! Mein Tutor reißt beide Arme in die Höhe und brüllt vor Überraschung und Begeisterung. Ich freue mich auch diebisch, denn ich wollte mir beim besten Willen vor diesen sportlichen Jungs keine Blöße geben. Ich reite die Welle ziemlich weit hinauf auf den Strand, und als mein Lehrer hinter mir her auf den Sand gelaufen kommt, fragt er: »Hast du den Hai gesehen?«

Am Strand spielen die Freunde unserer Lehrer mit Levi Fußball und sammeln hier und da ein paar Fitzelchen Müll ein, der über den Sand geweht kommt. Auf dem Rückweg achten sie alle penibel darauf, dass wir nichts zurücklassen – keine Dose, keine Zigarettenkippe.

Der Fußweg zurück in die Stadt ist lang, und wir haben viel Zeit, mit den Jungs zu quatschen. Sie sind allesamt sehr patriotisch, lieben ihre Inseln, sind stolz auf deren besonderen Status in der Welt und wissen um die Bedeutung ihres Erhalts: dass die Natur um sie herum sie ernähren wird, wenn sie gut auf sie achten. Wir sind begeistert von ihrer Einstellung. Ein rundum bemerkenswerter Tag neigt sich dem Ende zu.

Abends versammeln sich viele Dorfbewohner auf dem Platz am Hafen. Dort wird entweder Volleyball gespielt, getanzt oder einfach nur abgehangen. Ein perfekter Ort für Levi, um mit seinem Laufrad durch die Gegend zu heizen. Ein kleines Mädchen ist mit ihrem Fahrrad unterwegs, und die beiden fangen an, miteinander zu spielen. Tags darauf kommen wir bei der Suche nach einer lokalen SIM-Karte fürs Handy im Laden ihrer Mutter vorbei. Die beiden erkennen sich gleich wieder und spielen zusammen auf der Straße. Die Kommunikation funktioniert eher über Gesten als über Sprache.

Am Hafen liegen überall Seelöwen herum: auf den Dingis, die dort festgemacht sind, auf den Sitzbänken, den Stegen, und manchmal versuchen sie auch, in die Segelboote einzusteigen. Badeplattformen sollte man sicherheitshalber versperren. Bei uns versucht ein Seelöwenbaby an Bord zu springen, aber die Bordwand ist zu hoch. Zum Glück, denn ihre Hinterlassenschaften sollen noch lange stinken.

Wir verproviantieren noch einmal, so gut es geht in den wenigen Supermärkten, und bereiten uns auf den großen Sprung über den Pazifik vor. Wir kaufen über 20 Fünf-Liter-Kanister Mineralwasser, frisches Obst und Gemüse, eine Bananenstaude mit etwa 150 Bananen und so viel Käse und Aufschnitt, wie es der Supermarkt und der Kühlschrank hergeben. Die 20 Tage Aufenthalt auf Galapagos gehen schnell vorüber, und ehe wir uns versehen, sind wir schon wieder mitten auf dem Pazifik, mit dem Ziel Südsee!

Als wir langsam aus dem Hafen von Santa Cruz auslaufen, blicken wir auf zwanzig wunderbare Tage zurück. Die Menschen, die wir kennengelernt haben und die außergewöhnliche Tierwelt dieses Archipels haben einen tiefen Eindruck bei uns hinterlassen.

Die Pazifiküberquerung ist der längste Segelabschnitt auf unserer Reise um die Welt: 3.055 Seemeilen, das sind etwa 5.500 Kilometer, von Galapagos bis auf die Marquesasinseln in Französisch-Polynesien. Von dort wollen wir eine südliche Route bis nach Australien nehmen. Auf dem Weg liegen Hunderte von winzigen Inseln.

Pazifiküberquerung
Tag 1
Sonntag. Start von Puerto Ayora um 5 Uhr nachmittags, anstatt frühmorgens. Mussten doch noch ein letztes Mal in der Tortuga Bay mit dem neu erstandenen Surfbrett surfen gehen. Werden prompt vom ersten Squall (plötzlich einsetzender, heftiger Regenschauer mit starken Böen) erwischt, dafür aber viel Frischwasser. Rochen und Schildkröten noch weit draußen vor der Insel gesichtet.

Tag 2

Montag. *Kein Wind, wir motoren. Viele Wale. Levi spuckt. Hoffen auf Passat. Fahren nach Südwest. Wenke und Thomas von der* ARIEL *sind zwei Tage vor uns gestartet, per SMS übers Satellitentelefon tauschen wir Positionen aus. Bananen werden reif – an die 150 Stück wachsen an unserer Staude. Obst und Gemüse wird keine Woche halten. Baden alle mit Meerwasser im Cockpit.*

Tag 3

Dienstag. *Motoren, segeln, motoren, segeln. Levi spuckt wieder. Windel läuft aus – wackelt zu doll fürs Klo. Levi trotzdem allerbester Laune!!! Mein Knöchel fängt an wehzutun. Die Strecke zur Tortuga Bay in Flip-Flops mit Levi in der Trage auf dem Rücken hat den Knöchel etwas strapaziert. Er schwillt langsam an.*

Tag 4

Mittwoch. *Dinge, die in den ersten drei Tagen schon kaputtgegangen sind: Decksdusche – undicht, Lazy Bag – gleich an mehreren Stellen gerissen, Gashebelabdeckung – lose und undicht, Batterien – halten die Spannung nicht mehr richtig, Surfbrett – Finne abgebrochen, Lampe, Windanzeiger – zeigt nur noch sporadisch die Windstärke an. Levi ist wieder seekrank. Puh.*

Tag 5

Donnerstag. *Schönes Segeln. Hoch am Wind, viel Welle. Schwarm Delfine, Riesensprünge überall um uns herum, wie um anzugeben. Treffen Wenke und Thomas mitten auf dem Pazifischen Ozean! Rasen ganz dicht in Rauschefahrt an ihnen vorbei. Die beiden sind mit einem Stahlkoloss unterwegs, der sehr viel mehr Wind braucht, um in Fahrt zu kommen. Ganz bewegend, so ein Treffen auf dem Meer! Wenke:* »Hatte Pipi in den Augen!« *Wir funken über Gott und die Welt, solange die Verbindung hält. Abends wieder Starkwind, Groß runter, Vorsegel verkleinern. Segeln wird hier wirklich zum Sport. Von wegen faul im Cockpit liegen. So hatten wir uns Passatsegeln nicht vorgestellt. Wind dreht jetzt langsam auf Südost.*

Tag 6

Freitag. Um 6:15 Uhr geht die Funke. Thomas dran. Wir sind noch knapp in Reichweite. Thomas ist sichtlich entnervt von der rauen Nacht. Obwohl nicht mehr als 29 Knoten Wind (Windanzeiger hat sich wieder kurz gemeldet), harte kurze Wellen, die das Boot auf die Seite schlagen und es erzittern lassen. Hat sich angefühlt, als würde es zerschlagen werden. Thomas ist erleichtert, dass es bei uns nicht anders war. Er dachte schon, er überreagiert. Wir entscheiden, 10° weiter nach Süden abzudrehen, um mehr Wind und nettere Wellen zu suchen. Wenke und Thomas drehen noch weiter ab nach Süden, sie ertragen das Gezittere nicht mehr. Das ist uns ein zu großer Umweg, wir wollen lieber ankommen. Gegen Abend bricht der Funkkontakt ab.

Tag 7

Samstag. Die Nacht war wieder hart. Langsam kommen wir aber raus aus dem ungemütlichen Gebiet. Aber ganz ohne Welle geht hier nichts.

»Papa, Papa, guck mal!«, stolz präsentiert Levi seinem Vater die Kunstwerke. Sie sind allerdings nicht auf dem Papier, sondern im gesamten Cockpit zu bestaunen. Mit Badewannen-Malstiften durfte Levi sich heute Vormittag auf den glatten weißen Flächen austoben. Splitterfasernackt, hat er im warmen Schatten unseres Biminis stundenlang vor sich hingearbeitet. Mit Wäscheklammern befestigen wir immer einen meiner Pareos an der Seite des Biminis, je nach Sonnenstand. Das schützt die Augen vor der Reflektion der Sonne, die von überall zu kommen scheint, und taucht den schattigen Platz im Cockpit in ein warmes, helles Blau.

»Guck mal, ein Seelöwe. Das ist eine Schildkröte. Und guck mal, das ist mein Lieblingstier, ein Krebs.« Levi hat unsere Lieblingstiere aus Galapagos gemalt. Rote Striche, blaue Striche, gelbe Kleckse, grüne Kreise auf allen Seiten. Kleinkindbilder, die hier im warmen, hellen Licht der Südsee ganz besonders strahlen. Es ist urgemütlich, hier oben zu sitzen und den Wellen zuzuschauen. Levi kuschelt sich auf meinen Schoß, und gemeinsam schauen wir zuerst seine Kunstwerke an, später schweifen unsere Blicke dann übers Meer bis zum Horizont – dorthin, wo die Südsee sein muss und wo wir wieder neue Krebse anschauen werden können. Mit einem Schwamm und Wasser kann man die Farbe wieder abwaschen. Morgen wird das Vormittagsprogramm daraus bestehen, die fröhlichen Bilder wieder abzuwischen. Das wird Levi ebenfalls einen Heidenspaß bereiten. Er darf dann mit so viel Meerwasser, wie er will, herumplanschen und alles mit dem Schwamm wegwischen.

An anderen Tagen turnen wir mit ihm in der vorderen Kabine. Dann hallt das vergnügte Quietschen unseres Zweijährigen weit über den Ozean. An wieder anderen Tagen kann er im blauen Bottich im Cockpit planschen. Der Bottich ist so groß, dass Levi darin bequem baden kann. Und er kann unendlich viel Wasser zum Spielen haben, Ozeanwasser eben.

Wieder ist ein Vormittag herum. Einer von 23 mitten auf dem Pazifik. Gleich kochen wir, gegen 12 Uhr wird gegessen, dann abgewaschen, aufgeräumt, Mittagschlaf gehalten und dann folgt das Nachmittagsprogramm (heute vielleicht Bücher vorlesen?). Später werden wir wieder essen und schließlich mit der Sonne schlafen gehen.

So vergehen die dreiundzwanzigeinhalb Tage auf dem Pazifik von Galapagos nach Hiva Oa, das Teil der Marquesasinseln in Französisch-Polynesien ist. Orte, von denen wir vorher noch nie etwas gehört hatten. Und wenn ja, dann hätten wir sie an einer anderen Stelle auf dem Globus vermutet.

Vor dieser langen Passage hatten wir etwas Sorge, wie wir den Kleinen so lange bei Laune halten könnten und ob wir nicht alle einen Bootskoller bekommen würden. Oder einen Familienkoller. Oder, schlimmer noch, beides. Doch erstaunlicherweise erweist sich dieser Segelabschnitt als einer der schönsten der ganzen Reise.

Das El-Niño-Jahr 2015 hat uns auf Trab gehalten. Knapp eine Woche lang haben wir den Wind gesucht, dann kam er eine Woche von achtern, bis er schließlich munter in alle Himmelsrichtungen drehte. So hat es sich auch auf dieser Passage bezahlt gemacht, dass wir mit einer Dehler unterwegs sind und ohne Probleme hoch am Wind segeln können.

El Niño, auf Spanisch »das Christkind«, bezeichnet ein Phänomen, das alle paar Jahre im gesamten pazifischen Raum für Aufregung sorgt. Hervorgerufen wird es durch die Veränderung von Wasser- und Luftströmungen in der Nähe des Äquators im und über dem Pazifik. Der Name ist vom Zeitpunkt seines Auftretens abgeleitet, der Weihnachtszeit. Er stammt von peruanischen Fischern, die den Effekt aufgrund der dadurch ausbleibenden Fischschwärme auch wirtschaftlich zu spüren bekommen. Die Winde über dem Pazifik treiben, nicht wie sonst, feuchte Luft nach Australien und Südostasien, sondern vermehrt nach Osten in Richtung der amerikanischen Westküste, wo sich dann das Wasser erwärmt. Die gewohnten Passatwinde, die uns sonst stetig nach Westen über den Pazifik begleiten, fallen aus und machen das Segeln in diesen Gebieten unvorhersehbar.

Tag 8
Sonntag. Ostersonntag, der 05. April 2015! Traumhaftes Passatsegeln – der Wind kommt endlich von hinten! Ostereier angemalt.

Die Eltern übers Satellitentelefon angerufen. Inzwischen neun Stunden Zeitverschiebung nach Hause. In Panama waren es noch sieben. Wir kommen voran. Der Osterhase war da, ist übers Meer geschwommen und hat Seifenblasen und ein Puzzle auf dem Boot versteckt. Levi ganz aus dem Häuschen, vor Aufregung kein Mittagsschlaf. Wind seitlich, Klaus – unser Windgenerator – und die Solarpaneele produzieren viel Strom. Batterien etwas schwach, aber ausreichend für Autopilot und Kühlschrank. Computer und Co. bleiben aus. Iridium-SMS, Wetter und E-Mail funktionieren gut. Das Wackeln geht jetzt. Die erste Woche war hart, ging dafür aber rum wie im Flug. Jetzt ein wenig Wunden lecken, Wassereinbruch in Vorderkabine trocknen (eine winzige Abdeckung im Ankerkasten hat sich gelöst, und bei dem Gestampfe durch die Wellen sind Unmengen an Wasser bis in die Kabine gelaufen) etc. Ein Beschluss steht fest: Unsere Dehler ist ein tolles Boot, aber als Familienkutsche nicht mehr geeignet. Als Nächstes muss ein Katamaran her, mit mehr Platz zum Spielen und weniger Geschaukel. Vielleicht in Australien oder Neuseeland verkaufen?

Tag 9
Ostermontag. Wetter vormittags grau. Wie ein Herbsttag in Norddeutschland. Außer dass es hier 30 °C warm ist. Mittags lösen sich die dunklen Wolken auf und dann ist wieder strahlendes Segelwetter. Wir fliegen mit 7 bis 8 Knoten gen Westen. Wind nach wie vor etwa 13 Knoten seitlich. Welle und Strömung schieben gut mit. Haben dicke Salzkruste auf dem Deck. Pazifisches Meersalz – könnte man in Berlin-Mitte wahrscheinlich als Delikatesssalz verkaufen. Wie Himalayasalz. Deck knirscht bei jedem Schritt, wenn man auf die weißen Kristalle tritt. Brauchen Regen.

Tag 10
Dienstag. Welle nervt. Leichte Kreuzseen und hin und wieder krasses Versetzen des Hecks. Wind konstant aus Südost, in Böen

18, sonst 13 Knoten. Zweites Reff und Vorsegel leicht eingerollt. Trotzdem segeln wir durchschnittlich 7 Knoten!

Tag 11

Mittwochnacht. Wir surfen. Der Chartplotter zeigt 10,9 Knoten Geschwindigkeit. Welle muss gedreht haben, kommt nun direkt von hinten und lässt uns vor ihr her die Abhänge hinabschlittern, das Heck rutscht hin und her. Autopilot hält durch, super Arbeit! Stockfinster draußen, Mond ganz und gar von dunklen Wolken verdeckt. Was für eine Nacht!

Tag 12

Donnerstag. Bei Einbruch der Dunkelheit Fliegender Fisch im Salon. Hat sich wohl verflogen, Schuppen überall. Lutz greift ihn mit einem Zewa-Tuch und bringt ihn zurück ins Meer. Erste Reffleine gerissen! Bergfest mitten in der Nacht.

Auf meiner Nachtwache stolpere ich verschlafen den Niedergang hoch und finde mich inmitten eines bezaubernden Kosmos wieder: Der Sternenhimmel ist so klar, wie ich ihn noch nie gesehen habe!

Der Mond ist noch nicht aufgegangen, und die Sterne sind bis hinab zum Horizont glasklar zu sehen. Man kann so viele verschieden große Sterne erkennen, dass plötzlich eine richtige Tiefe, ja Dreidimensionalität entsteht.

Die nachtschwarze Fläche des Meeres fällt zum Horizont hin ab und die Kugelform unseres Planeten ist so gut zu erkennen wie auf einem Globus. Wir segeln auf ihrem höchsten Punkt. Unser Boot setzt sich hell gegen das Schwarz des Meeres ab. Die untersten Sterne, die ich sehen kann, liegen weit unter meiner Augenhöhe!

Ich kann plötzlich spüren, wie wir auf unserer Erde durchs Weltall fliegen – ein wenig wie der Kleine Prinz auf seinem zu kleinen Planeten. Diese Nacht steckt so voller Magie, dass ich mich von diesem Anblick nicht lösen kann

Tag 13

Freitag. *Kleiner Thunfisch zum Mittagessen. Autopilot setzt um 16 Uhr kurz aus! Steuersäule knackt bei Handsteuerung, unheimlich! Hoffentlich hält das Steuer durch. 1.350 Seemeilen übrig. Noch ganz schön weit.*

Tag 14

Samstag. Nachts wieder kein Schlaf. Wind dreht alle 20 Minuten. Groß schlägt. Vorsegel auch. Wind schläft ein. Wir motoren ab 4 Uhr morgens und legen uns schlafen. Aufstehen um 6:10 Uhr. Levi kennt kein Erbarmen und keine Zeitverschiebung. Erstaunlich. Laut alter Zeit müsste er länger schlafen können, wacht aber immer früher auf, also mit der Sonne. Kaffee und Kakao im Cockpit, Wind frischt langsam auf und dreht. Parasailor vorbereiten. Anker weg. Neuen Beschlag aus Galapagos anschrauben. Segel steht um 10:30 Uhr bei 5 Knoten Wind. Wir fahren wie auf Schienen. Bei 8 Knoten Wind zeigt unser Chartplotter über 5 Knoten Geschwindigkeit! Endlich. Nachmittags verarzten wir das Groß: Reffleine, Lazy Bag und ein Mastrutscher haben aufgegeben.

Tag 15

Sonntag. Segel schlagen ab Mitternacht, müssen Kurs weiter nördlich fahren, zu weit nördlich. Ab morgens wieder Parasailor. Puh, wie angenehm. Man kann sich kaum vorstellen, dass das immer noch die gleichen Wellen sind, die uns vorher ordentlich durchgeschüttelt haben. Levi spielt glücklich mit seinem neuen Puzzle aus Panama, das wir heute aus einem Versteck gezaubert haben. Lutz und ich todmüde. Levis Kabine gleicht nachts einer Waschmaschine, so laut ist es dort.

Tag 16

Montag. Wieder Fliegender Fisch im Cockpit. Auf meiner Lieblingsdecke gelandet. Die Schuppen kleben überall. Wenig bis kein Wind. ARIEL *jetzt 250 Seemeilen hinter uns. Eben die 1.000-See-*

meilen-Marke geknackt! Nur noch 999 Seemeilen bis Hiva Oa. Nur noch ein paar Kartoffeln übrig. Brauchen dringend wieder frisches Obst und Gemüse.

Tag 17

Dienstag. Parasailor immer noch oben. Trotz wenig Wind schaffen wir 5 bis 6 Knoten. Wollen langsam ankommen. Kabine vorn wiederhergestellt, alles trocken. Heute Wandverkleidung in Levis Kabine dran. Schweinearbeit. Die Verkleidung hat sich bei der hohen Luftfeuchtigkeit abgelöst und den unschönen Kleber darunter freigelegt. Wir kratzen ihn so gut es geht ab und decken die krümelige Wand mit Plastikfolie ab. Nicht schön.

Tag 18

Mittwoch. Heute Nacht motort. Wind unter 4 Knoten. Laut Wettervorhersage Flaute bis Sonntag. Puh, das wird noch dauern, bis wir ankommen. Delfine! Endlich wieder Delfine, die am Bug mitschwimmen und ihre Sprünge vorführen. Kleine Delfine mit weißen und rosa Flecken am Bauch. Diese Art haben wir noch nie gesehen. Auch wieder Vögel zu sehen. Wir nähern uns Land!

Tag 19

Donnerstag. Flaute. Und dann plötzlich Wind von vorn! Mit Vollzeug hoch am Wind auf die Marquesas zu. ARIEL sitzt jetzt in der Flaute.

Tag 20

Freitag. MARLIN AN DER ANGEL! Welch ein Anblick. Wir hören die Angelrolle ausrauschen, und Lutz greift in die Leine, um es zu stoppen. Voll verbrannt. Der etwa drei Meter lange Marlin springt mit dem Haken im Maul in die Luft und rauscht mitsamt dem Haken und einem Teil des Stahlvorfachs in die Tiefe. Durchgerissen! Welch ein Sprung. Welch ein Tier! Sein Fächer auf dem Rücken war aufgestellt, er sah riesig aus. Wieso er wohl den kleinen Köder für Thunfische interessant fand.

Tag 21
Samstag. Wind dreht auf Süd–Südost. Statt angesagter Flaute etwa 7 bis 8 Knoten Wind. Kommen gut voran. Großer Thunfisch beißt, befreit sich aber kurz vorm Hochholen.
Tag 22
Sonntag. Traumhaftes Passatsegeln. Groß und Genua bei 11 Knoten Wind aus Südost. Wir hissen schon mal die gelbe Flagge zum Einklarieren und die französische, die von Französisch-Polynesien haben wir noch nicht.
Tag 23
Montag. Puh, wieder unangenehme Kreuzseen. Sind genervt, wollen ankommen.
Tag 24
Dienstag. 12:45 Uhr ANKUNFT! Hiva Oa, Marquesas, Französisch-Polynesien. Sintflutartige Schauer, Donner und Blitz. Sind wir hier richtig – ist das wirklich die Südsee? Claus von der JULIA *erkennen wir schon von Weitem, auch die* LAZY JACK, *ein riesiger belgischer Katamaran, liegt hier bereits vor Anker. Alte Bekannte aus Galapagos. Backen Kuchen für Levis Geburtstag morgen und abends ungarisches Essen bei Claus, Georgina und Janosh von der* JULIA. *Herrlich, wieder unter Menschen zu sein.*

Südsee! Die Überfahrt war unerwartet kurzweilig, seglerisch interessant und insgesamt gesehen wunderschön. Wir sind uns als Familie nicht auf die Nerven gegangen, im Gegenteil, wir hatten eine traumhafte Zeit mit Levi, der sich immer mehr zum quietschvergnügten kleinen Jungen entwickelt. Wir haben es sogar rechtzeitig zu seinem dritten Geburtstag auf die Marquesas geschafft! Zur Feier des Tages haben wir ihm ein Eis versprochen. Nach knapp 24 Tagen auf dem Pazifik möchten wir eigentlich alle gern ein kaltes Eis. Und am Tag nach unserer Ankunft, an Levis großem Tag, strahlt die Sonne auch schon wieder!

»Bonjour! Allez-vous au centre ville?« Um Levi das verspro-
chene Eis zu kaufen, mache ich mich als Erstes auf ins Dorf zum
Bankautomaten, um Bargeld in der Landeswährung zu holen: den
Pazifischen Franc. Unsere Bank wirbt damit, dass man überall
auf der Welt gebührenfrei Bargeld abheben könne, und das
funktioniert tatsächlich: Wir bezahlen nirgends Wechselgebühren, bekommen einen guten Kurs und müssen nicht mit so viel
Bargeld herumlaufen, da wir immer wieder auch kleine Summen
in der jeweiligen Landeswährung abheben können. Laut Reiseführer soll es hier einen Bankautomaten geben. Lutz und Levi
sammeln lieber Krebse und Steine in der Ankerbucht, um sich die
Beine nach so langer Zeit auf See ordentlich zu vertreten.

Ich muss kaum meinen Daumen raushalten, da hält eine Dame
mit ihrem Pick-up neben mir und nimmt mich mit ins Dorf nach
Atuona, auch wenn ich eigentlich »Stadt« gesagt habe. Mir wollen die französischen Worte einfach nicht einfallen. Noch dazu
drängelt sich das Spanisch aus Galapagos und Panama immer
wieder vor. Es ist wie verhext! Für Sohn sage ich »hijo« anstelle
von »fils«, für morgen sage ich wie gewohnt »mañana« statt
»demain«. Leider spricht die Dame kein Englisch, sodass ich mir
auf der Suche nach den richtigen Wörtern weiterhin den Kopf
zermartern muss.

Die Fahrerin ist in meinem Alter und hat leicht gewellte, lange,
schwarze Haare. Sie trägt eine große weiße Blüte hinterm Ohr,
was ihr einen fröhlichen und zugleich exotischen Glanz verleiht.
Sie fragt mich, ob ich ein paar Limetten haben möchte, sie habe
so viele im Garten. Ich strahle sie an und erkläre ihr, dass wir
nun schon seit einer ganzen Weile kein frisches Obst mehr gehabt
hätten, da wir gerade 24 Tage über den Ozean von Galapagos
hierher gesegelt seien. Da nähmen wir gern Limetten.

Sie schaut mich ungläubig an, fährt dann mit mir direkt zu sich
nach Hause und pflückt so viel Obst, dass ich es nicht allein tra-

gen kann: Ich bekomme nicht nur um die 40 Limetten, sondern auch noch zwölf riesige süße Pampelmusen, eine Papaya und Bananen geschenkt, alles frisch aus ihrem polynesischen Garten. Die Pampelmusen sehen ganz anders aus als die bei uns zu Hause im Supermarkt. Genau genommen kenne ich eigentlich auch nur Grapefruits. Diese hier sind doppelt so groß, grün anstatt gelb und süß, nicht sauer.

Der Garten liegt an einem Hang mit Blick über das Dorf bis zum Meer. Es ist alles unglaublich grün. Diese Farbe habe ich lange nicht mehr so intensiv gesehen. Oder liegt es an der Zeit auf dem Meer, wo es die verschiedensten Blautöne gibt, aber eben kein Grün? Die Äste der Bäume hängen vom schweren Obst tief herunter, dazwischen stehen immer wieder Kokosnusspalmen. Die senkrecht stehende Sonne lässt das satte Grün zusätzlich schimmern – so würde man als Kind wahrscheinlich den Garten Eden malen. An der Rückseite ihres großen Holzhauses lehnen zwei Surfbretter. Ihr Sohn und ihr Mann gehen leidenschaftlich gern Wellenreiten: der polynesische Volkssport.

Ich bin gerührt von so viel Gastfreundschaft und erzähle ihr, dass sie mit der Papaya unserem Sohn eine ganz besondere Freude mache – Papayas sind inzwischen seine Leibspeise –, das passe gut zum Geburtstag. Geburtstag? Da lässt sie es sich nicht nehmen, mir auch noch einen Kuchen im örtlichen Supermarkt zu kaufen. Dann fährt sie mich zur Bank und wieder zurück in unsere Ankerbucht, wo ich, bis oben hin beladen mit Köstlichkeiten, ein wenig sprachlos über so viel Herzlichkeit zurückbleibe.

Wenig später feiern wir auch meinen Geburtstag, den 40. Für diesen besonderen Tag ziehen wir in ein gehobenes Hotel, welches das einzige seiner Art auf der Insel zu sein scheint. Es gibt einzelne exklusive Hütten, eingebettet in einen wunderschönen Garten am Hang über dem Meer. Die Rezeptionistin fragt uns beim Einchecken, ob wir lieber Meer- oder Bergpanoramablick möchten. Sie lacht und korrigiert sich gleich selbst:»Ach, was für eine Frage. Sie kommen ja vom Boot, dann natürlich Bergpanorama.« Wir bekommen einen Bungalow sowohl mit Blick auf die Berge als auch über den gewaltigen blauen Pazifik. Unsere Terrasse zeigt genau in die Richtung, aus der wir gekommen sind: in Richtung Osten, nach Galapagos.

Am Infinity Pool, dessen Wasserfläche mit der des Pazifiks verschmilzt, genießen wir für einen Tag den Luxus und erholen uns von der langen Ozeanpassage. Was kann ich mir an diesem Tag mehr wünschen, als mit den zwei Menschen, die mir am meisten am Herzen liegen, meinen Jugendtraum zu leben. Das sieht Lutz ganz genauso und verzichtet deshalb auf andere materielle Geschenke.

Am späten Nachmittag sehen wir vom Pool aus die ARIEL schon von Weitem über den Pazifik kommen. Was für ein Anblick von hier oben! Sie haben einen ganzen Monat gebraucht.

Te Fenua Enata,»das Land der Menschen« oder»die Erde der Männer«, so lautet der alte polynesische Name der Marquesas. Sie sind wild, grün und bergig und entsprechen überhaupt nicht dem Bild, das wir vorher von der Südsee hatten. Von den zwölf wichtigsten Inseln der Marquesas sind nur sechs bewohnt. Mit dem Mietwagen kämpfen wir uns über die wenigen Pisten und bestaunen die Steinstatuen, die Tikis, die aus dem üppigen Grün der Berge herausstechen. Kultstätten der alten polynesischen Kultur und die steinernen Ahnenfiguren sind hier auf Hiva Oa, der zweitgrößten Insel der Gruppe, besonders gut erhalten. In Kombination mit dem bergigen Dschungel, dem satten, dichten Grün und der teils schroffen Küste – die für uns so gar nicht zur Südsee zu passen scheint – haben diese Inseln etwas Mystisches.

Paul Gauguin hat es Anfang des 20. Jahrhunderts an diesen Ort verschlagen. Das Grab des französischen Malers liegt oberhalb des Dorfes auf einem kleinen Friedhof, das von Jacques Brel keine 50 Meter weiter. Der belgische Chansonier kam 1975 hierher. Obwohl die Inseln keineswegs dem gängigen Klischee der Südsee entsprechen und etwas rau wirken, haben sie auch auf die beiden Künstler aus Europa eine Magie ausgeübt, der sie sich nicht entziehen konnten.

Die Polynesier, Männer wie Frauen, tragen Blüten hinter dem Ohr und sind überaus aufgeschlossen gegenüber dem sogenannten dritten Geschlecht, den Transvestiten. Außerdem sind sie gern großflächig tätowiert, wobei die traditionellen Tätowierungen den Einzug der Moderne überlebt haben: Besucher wie Einheimische schmücken sich ausgesprochen gern mit polynesischen Symbolen.

So auch wir. Um 1 Uhr mittags haben wir uns mit dem Dorftätowierer verabredet und klopfen um zehn nach eins an seine Tür in einem kleinen staubigen Hinterhof. Er öffnet etwas mürrisch und sagt, wir seien zu spät. Zehn Minuten? Wir sind doch hier nicht in Hamburg oder München, dachten wir. Wir hielten es sogar für etwas unhöflich, um punkt 1 Uhr auf der Matte zu stehen, hier in der Südsee. Na ja, er habe eben einen deutschen Urgroßvater, daher wohl sein Hang zur Pünktlichkeit.

Dann erzählt er uns seine Familiengeschichte, zeigt uns die Aufzeichnungen seines Cousins, der die traditionellen polynesischen Symbole der Tätowierkunst in einem Buch zusammengetragen hat, und piekst uns beiden schließlich ein winziges Tattoo in den linken Knöchel – das polynesische Zeichen für Pazifik mit unserem Bootsnamen. Über die Größe muss er lachen, so kleine Tattoos steche er selten. Aber wir müssen ja irgendwann auch mal wieder zur Arbeit gehen, deshalb tun wir uns mit einem großflächigen Tattoo auf Arm, Brust oder Bein schwer.

Vor einer wunderschönen Ankerbucht auf der Nachbarinsel Tahuata treffen wir auf die ersten Mantarochen.

Mit dem Dingi fahren wir ein Stück weit hinaus auf den Ozean und steigen zu zweit ins Wasser, während Levi oben im Boot Wache hält und uns mit seiner Kindergießkanne Wasser über die Köpfe gießt. Lutz hält das Dingi an Backbord und ich an Steuerbord fest und langsam schnorcheln wir die Küste entlang, immer darum bemüht, gerade noch den Meeresgrund bzw. die Riffkante der Insel sehen zu können. Nach einer Weile, die sich anfühlt wie eine Stunde, schwebt der erste Manta aus der Tiefe des offenen Ozeans hinauf direkt auf uns zu, betrachtet uns Schnorchler, wie wir uns am Dingi festklammern, zieht gemächlich einen Kreis und entschwebt majestätisch zurück ins tiefe unendliche Blau. Wir sind so begeistert von dem imposanten Auftritt des Rochen, dass wir ab jetzt mehrmals täglich hinausfahren, um auf sie zu warten. Wir werden auch jedes Mal für unsere Geduld belohnt. Ein ums andere Mal schwebt ein Tier hinauf zu uns, um uns neugierig zu bestaunen und bald weiterzuziehen. Jeder Mantarochen sieht anders aus. Die Größe, Form und die Farbe ist bei jedem Tier ganz eindeutig zu unterscheiden. Wie bei uns Menschen hat jeder sein ganz persönliches Äußeres.

Die Marquesas haben keine vorgelagerten Korallenriffe, die für türkisfarbene Lagunen sorgen. Das Wasser des Pazifiks stürzt hier direkt in die Tiefe, aus der dann die riesigen Mantas auftauchen. Mantarochen sind mehrere Meter im Durchmesser. Mit ihren »Schwingen« sehen sie aus, als würden sie durchs Meer fliegen. Sie kommen sogar in unsere Ankerbuchten hineingeschwommen. Rochen gehören zwar zu den Fischen, sie sind aber die einzigen Fische, die das Konzept des Spielens verstehen, das heißt sie sind neugierig, beobachten uns und lassen uns recht nah an sich heranschwimmen.

Die Hauptinsel Nuku Hiva erlangte zweifelhafte Berühmtheit, nachdem hier vor ein paar Jahren ein deutscher Weltumsegler ums Leben kam. Die Insel liegt ein wenig nördlich und nicht direkt auf unserem weiteren Weg in die Tuamotus. Wir müssen dort aber zwei Pakete aus der Heimat abholen, die hoffentlich schon auf uns warten. Als wir bei dem jungen Mann im Postamt nachfragen, teilt er uns mit, dass die Pakete mit dem nächsten Versorgungsschiff von Tahiti aus verschifft würden. Das bedeutet, dass wir mindestens noch zwei weitere Wochen warten müssen, was uns viel zu lang ist. Außerdem hat unsere Familie ein Heidengeld für die Luftfracht ausgegeben. Warum sollten die Pakete also nun mit dem Schiff weitertransportiert werden?

Das Versorgungsschiff bringt hier alles, was die Menschen zum Leben brauchen: von Lebensmitteln über Treibstoff bis hin zum Auto. Die ARANUI 5, wie das neueste Versorgungsschiff getauft wurde, bietet auch Kabinen für Passagiere an, die sich auf dem Versorgungstörn die Inseln der Marquesas, die Tuamotus und die Gesellschaftsinseln ansehen wollen. Für die Einwohner ist es ganz klar, dass die Pakete eben auch mit dem Schiff kommen. Wir wollen hier aber keine zwei Wochen warten.

Bei dem jungen Postbeamten ist nichts zu machen. Er verweist uns auf Papeete, die Hauptstadt Französisch-Polynesiens auf Tahiti, wo die Pakete lagern. Ich erinnere mich nicht mehr daran, mit wie vielen verschiedenen Menschen von der Post, DHL, Fedex und UPS ich daraufhin telefoniert habe. Irgendwann muss ich von meiner Telefonzelle vor dem Postamt aus wohl die richtige Person erreicht haben. Meine Geschichte von unserem Sohn, der sehnlichst auf sein Paket wartet, muss das richtige Herz erwärmt haben, denn ein paar Tage später steht der junge Mann vor seinem Postamt und winkt uns schon von Weitem zu. Die Pakete sind da! Sogar beide. Er freut sich darüber genauso sehr wie wir. Sie sind tatsächlich mit dem morgendlichen Flieger aus Papeete eingetroffen. Das kommt wohl nicht oft vor. Wir müssen auch nur ein paar Cent Extragebühr entrichten anstelle der angekündigten 30 €.

Levi kann es gar nicht abwarten, die Pakete zu öffnen, wähnt er doch noch das eine oder andere Geburtstagsgeschenk von zu Hause darin. Wir setzen uns unter die Palmen vor dem Postamt auf eine Wiese und öffnen die Kartons. Es ist ein wenig wie Weihnachten. Für jeden von uns sind ein paar Dinge dabei, und wir strahlen mit dem Postbeamten um die Wette.

Im kleinen Hafenbecken von Nuku Hiva nehmen die Fischer morgens früh ihren Fang an der Kaimauer aus und werfen die Überreste in die Bucht. An der Kaimauer gibt es auch eine Stelle, an der wir unser Dingi festmachen können, wenn wir ins Dorf gehen. Da Levi ein ausgesprochener Frühaufsteher ist, machen wir uns eines Morgens sehr früh auf ins Dorf. Wir bemerken die Fischer, winken und fahren schnurstracks auf die Kaimauer zu. Lutz wird als erstes stutzig. Das Wasser brodelt merkwürdig und beim genauen Hinschauen sehen wir auch die Rückenflossen von mindestens zehn Haien vor uns aus dem Wasser gucken. Sie kämpfen mit allen Mitteln um die Innereien der ausgenommenen Thunfische. Da möchten wir auf keinen Fall dazwischenkommen und drehen schnell ab. Wir machen das Dingi lieber an einer anderen Stelle der Kaimauer fest und beobachten das wilde Treiben von einem sicheren Platz oben auf der Kaimauer. Die Haie sind zwischen 1,50 und 2,50 Meter groß, und bei dieser »Fütterung« auch ganz schön aggressiv, wenn es darum geht, etwas vom Kuchen abzubekommen. Sie drängeln, schubsen, beißen und schlagen wild um sich, wobei das Wasser in alle Richtungen spritzt.

Wir unternehmen noch eine Wanderung durch die Gärten Eden der Insel und brechen bald darauf zur fünftägigen Überfahrt in die Tuamotus auf. Wir überlegen lange, welcher Tag heute sein könnte, müssen dann aber passen und nachsehen. Es ist Samstag, der 16. Mai 2015. Früh am Morgen laufen wir aus der Daniel's Bay von Nuku Hiva aus. Ein schöner Mantarochen verabschiedet uns von den Marquesas, und ein großer Delfinschwarm begleitet uns eine Weile hinaus aufs offene Meer.

Wir haben wieder eine Bananenstaude dabei, das Erkennungszeichen der Langfahrtsegler. Die meisten binden die Stauden draußen im Cockpit an, wo sie weithin sichtbar sind. Unsere hängen wir lieber über dem Tisch im Salon auf, wo sie im Schatten bleibt.

Zuerst nur ganz langsam und dann immer schneller ziehen wir an einem 38-Fuß-Katamaran vorbei. Die südafrikanisch-französische Familie mit zwei Kindern ist auch auf dem Weg in die Tuamotus. Es wird ein kleines Wettrennen auf Raumschotkurs, und wir gewinnen ganz eindeutig, was uns mehr als erstaunt. Auf so einem Kurs? Und das ist nicht irgendein Kat, das ist eine Catana, die für ihre Geschwindigkeit bekannt ist. Der französische Skipper wirkt nicht sehr amüsiert: anfangs noch ganz fröhlich und enthusiastisch, später dann sehr wortkarg und grummelig. Wir verabschieden uns, man sieht sich auf den Tuamotus!

Nach drei Tagen auf See sehen wir das erste Schiff. Wer das wohl sein könnte, überlegen wir. Die scheinen dasselbe Ziel zu haben: Kauehi. Da wollte außer uns eigentlich nur Ludger hin, ein deutscher Freund mit seiner Lagoon 38. Das könnte er sein, es ist auf jeden Fall ein Katamaran. Verrückt, dass wir in dieser Gegend plötzlich jeden kennen! Wie klein die Seglergemeinde hier ist.

Das Wetter ist top. Was für ein schönes Segeln – anfangs kaum Welle und wir gleiten dahin, nach drei Tagen dann etwas mehr Wind und Welle. Wir sind zu schnell! Wenn das so weitergeht, kommen wir mitten in der Nacht am Pass von Kauehi an, und bei Dunkelheit fahren wir nicht durch so schmale Pässe im Riff. Also reffen wir erheblich, sowohl das Vor- als auch das Großsegel, machen aber immer noch 6 Knoten Fahrt. Der Katamaran hat auch erkannt, dass seine Ankunft verfrüht wäre, und drosselt sein Tempo. Es ist immer besser, mehr Zeit zur Verfügung zu haben, als zu spät für die Durchfahrt ins Atoll zu kommen. Alle sechs Stunden wechselt die Tide, und bei Niedrigwasser ist es hier am einfachsten, durch die Öffnung im Riff zu fahren. Vorausgesetzt, es herrscht kein Wind gegen Tide.

Der Katamaran, der uns nun langsam einholt, ist gar nicht der von Ludger. Das ist die Familie mit ihrer Catana 38. Sie holen wieder auf, da wir komplett gerefft haben. Wir funken ein wenig und fragen nach dem Kat. Sie erzählen, dass sie ihn am Ende des Jahres verkaufen wollten, und wir überlegen ernsthaft, ob er nicht für uns infrage käme.

Levis neue Musik-CD Über das Meer, die im Paket nach Nuku Hiva steckte, wird rauf und runter gehört. »Wie kommt das Salz ins Meer, das interessiert mich sehr!«, singen wir inzwischen alle drei lauthals mit. Wir angeln wieder, aber es beißt kein Fisch. Von einem Fischschwarm, der ganz klar unter unserem Boot hindurchschwimmt und von einem riesigen Vogelteppich verfolgt wird, bekommen wir keinen einzigen Fisch an die Angel.

Es regnet für ein paar Stunden, und das Wasser spült das Salz vom Deck. Bei dem Versuch, das Regenwasser aus einer Falte im zusammengelegten Großsegel zu klauben, breche ich mir fast den Hals. So kostbar ist Süßwasser inzwischen geworden, dass wir keine Mühe scheuen, es zu sammeln. Auf den Tuamotus gibt es kein Grundwasser, und das Trinkwasser besteht aus gesammeltem Regenwasser. Entsprechend ungewiss ist es, ob die Dorfbewohner im Moment genug davon haben, um es an vorbeifahrende Seglern zu verschenken beziehungsweise zu verkaufen. Wir wissen nicht, ob es in letzter Zeit genug geregnet hat, und wollen es nicht darauf ankommen lassen. Deshalb horten wir Frischwasser und teilen es uns genau ein, jeder Tropfen wird wohlüberlegt genutzt. Für den Rest muss Meerwasser herhalten.

Unser Tank fasst 280 Liter. Außerdem haben wir mehrere Kanister, die wir ebenfalls gefüllt haben. Insgesamt macht das etwa 340 Liter Frischwasser, damit kommen wir normalerweise ziemlich weit. Zusätzlich haben wir 60 Liter Mineralwasser in Flaschen dabei. In Panama haben wir den lang ersehnten Meerwasserhahn eingebaut: Mithilfe einer Handpumpe können wir Wasser direkt in die Spüle pumpen und mit Meerwasser abwaschen. So geht kein Besteck mehr über Bord, und wir waschen auch zwischendurch alles mit Salzwasser und spülen es nur kurz mit wenigen Tropfen Süßwasser nach.

Um das Ganze noch weiter zu perfektionieren, hatten wir eine Entsalzungsanlage bei einem Hersteller in Deutschland bestellt. Sie verwandelt Meerwasser in klares, trinkbares Süßwasser. Bei Versand ins Ausland spart man die Mehrwertsteuer, und so fallen die Versandkosten nicht groß ins Gewicht. Wir hatten auch gleich noch ein weiteres Solarpanel mitbestellt. Leider wurde der Versand in letzter Sekunde vom deutschen Zoll verhindert, da eine Entsalzungsanlage eine militärische Funktion habe und somit nicht nach Panama exportiert werden dürfe.

Dem Hersteller tat es furchtbar leid, diese Regelung für Panama sei ihm nicht bekannt gewesen. Ob er es dann nach Galapagos schicken könne?, fragten wir ihn. Das sei ja schließlich schon Ecuador. Nein, damit habe er schlechte Erfahrungen gemacht, hinsichtlich undurchsichtiger Einfuhrsteuern und Verzögerungen beim Zoll. Dann nach Nuku Hiva? Nein, auf keinen Fall. Aber nach Papeete auf Tahiti, das sei kein Problem.

Wir sahen daraufhin auf der Karte nach und rechneten die Seemeilen bis dorthin zusammen. Angesichts des Preises des Watermakers, so fanden wir, würde sich das kaum noch lohnen. Wir bekamen unser Geld zurück, und nun klettere ich auf unserem Baum herum, um das gesammelte Regenwasser in Plastikflaschen zu füllen. Immerhin sammeln sich bis zu sieben Liter Wasser in unserer Segelfalte! Zum Waschen ist es allemal perfekt geeignet.

FAMILIENZEIT AN BORD

Für Kleinkinder, heißt es, zähle nicht nur die Qualität der gemeinsam verbrachten Zeit, sondern tatsächlich auch die Quantität – und mehr Zeit miteinander zu verbringen als beim gemeinsamen Blauwassersegeln, geht nicht.

Auf der Pazifiküberquerung waren wir 23 Tage auf engstem Raum zusammen und haben Tag für Tag die gleiche Routine ohne nennenswerte Abwechslung gelebt. Wir haben gemalt, mit Lego gespielt, sind durch die Kabinen getobt, haben die Winschen stundenlang gedreht, mit Meerwasser im Bottich geplanscht, Flaschenpost über Bord geworfen, Bücher gelesen und dem Mittagessen entgegengefiebert. Levi hätte noch 23 Tage drangehängt – und wir eigentlich auch.

Wir haben es genossen, uneingeschränkt Zeit mit unserem Sohn zu verbringen. Niemand musste morgens zur Arbeit oder kam abends spät wieder, nachdem Levi im Bett war. Wir konnten beide seine schnelle Entwicklung begleiten und vielleicht auch fördern. Und dem Kleinen hat es sichtlich gutgetan, seine beiden Elternteile den ganzen Tag um sich zu haben, die Nummer eins zu sein. Im Rückblick strahlt er auf jedem Bild. Wir hatten die wertvollste Zeit überhaupt, um mit Levi zu einer Familie zu werden und die Bindung zu ihm zu stärken.

»Der gefährliche Archipel« Tuamotu und unser Südseetraum

JANUAR–NOVEMBER 2015

Panama-Stadt

PANAMA

Vanuatu Fiji

Tonga

Bora Bora

Marquesas

Galapagos

Tahiti Tuamotus

Neukaledonien

SÜDPAZIFIK

NEUSEELAND

N

99,9 Prozent der Fläche des Tuamotu-Archipels bestehen aus kristallklarem Wasser. Den Rest bilden 77 Palmeninseln mit ringförmigen Korallenriffen. Die flachen Sandinseln mit türkisfarbenen Lagunen und Kokospalmen entsprechen ganz und gar dem gängigen Klischee von der Südsee. Auf einer Fläche, die größer ist als Westeuropa, leben insgesamt 17.000 Menschen. Das ist, als würde man die Einwohner von Hockenheim auf ganz Europa verteilen, mit Wasser zwischen den dann sehr weit verstreuten Siedlungen. Früher wurden die Tuamotus »der gefährliche Archipel« genannt, da das Navigieren wegen der vielen Riffe schwierig ist. Inzwischen gibt es GPS und teilweise auch digitale Karten, deshalb trauen sich mehr und mehr Segler in dieses Gebiet. Wir haben allerdings schon ein paar Schiffswracks gesehen, die auf keiner Karte verzeichnet sind.

Lange haben wir überlegt, welche der vielen Atolle wir anlaufen wollen. Das erste soll eine möglichst einfache Einfahrt, den sogenannten Pass, haben, zum Üben, und immerhin so weit östlich liegen, dass wir danach noch einige andere Inseln westlich davon besuchen können, denn der Passatwind bläst stetig aus Ost und schreibt damit die grobe Reiserichtung vor. So landen wir zuerst auf Kauehi, wo wir uns das Dorf anschauen und dann mehrere Tage an einsamen Ankerplätzen verbringen wollen.

»Spielt ihr hier Familie Robinson?« Jan von der PHOEBE kommt vorbeigerudert. Er sitzt auf einem Eimer in seinem winzigen deutschen AWN-Dingi, das gegen alle Prognosen seit Rostock der Sonne standgehalten hat, und rudert mit zwei unterschiedlich langen Paddeln zu uns herüber. Eins ist ihm gerade abhandengekommen, und sein Ersatzpaddel ist kürzer als das Original. Jan ist allein mit seiner sonnengelben 8-Meter-Yacht unterwegs und gerade einmal Ende 20. Damit senkt er den Altersdurchschnitt für Langfahrtsegler deutlich. Die meisten nutzen ihren Ruhestand, um sich auf Langfahrt zu begeben. Aber es gibt auch immer mehr Familien mit Kindern, die für eine Weile über die Weltmeere segeln. Jan ist ohne großes finanzielles Polster unterwegs und verdient sich zwischendurch immer mal wieder Geld, um weiterzusegeln. Er ist der lebende Beweis dafür, dass man für eine solche Reise kein Vermögen braucht.

Auf den Tuamotus spielen wir tatsächlich ein wenig Familie Robinson. Wir haben weiße Traumstrände tagelang für uns allein, schnorcheln stundenlang an den bunten Riffen entlang und schwimmen mit Levi im flachen Wasser. Abends machen wir Feuer am Strand, schlagen Kokosnüsse auf und gehen bald nach Sonnenuntergang schlafen. Das ist für lange Zeit unser täglicher Rhythmus.

Die Atolle sind so flach, dass man sie erst sieht, wenn man sich kurz vor ihnen befindet. Grob gesagt, sind sie nur so hoch wie ihre höchsten Palmen, und das sind in etwa 25 bis 30 Meter. Die Lagunen sind flache, mit Korallen gespickte hellblau-türkise bis sandig weiße Seen, in denen man höllisch vorsichtig navigieren muss. Die Seekarten sind zum Teil schon ganz gut, aber wir haben viele Korallenblöcke umschifft, die knapp unter der Wasseroberfläche lagen und auf keiner Karte verzeichnet sind.

Gleich in der ersten Ankerbucht von Kauehi saugen sich Putzerfische an unserem Rumpf fest. Laut Riffführer heißen diese langen Fische, die über eine schuhsohlenähnliche Saugnapffläche am Hinterkopf verfügen, »Schiffshalter«. Normalerweise saugen sie sich an Walen oder großen Haien fest und leben mit ihnen in Symbiose. Wir haben mindestens sechs, sieben von diesen aufdringlichen Tieren am Rumpf. Anstatt am Wal zu kleben, kleben sie hochkant an unserem Kiel. Jedes Mal, wenn einer von uns ins Wasser geht oder Essensreste über Bord wirft, schnellen die 60 Zentimeter langen Fische empor und schauen, was los ist, beziehungsweise schnappen sich das Futter. Ich wasche mich vorerst nicht mehr hinten an der Badeleiter, sondern hole mir das Wasser mit einem Eimer aus dem Meer – bis hoffentlich ein echter Wal vorbeikommt und uns die Putzerfische wieder abspenstig macht.

Beim ersten Baden begegnen uns Schwarzspitzen-Riffhaie im knietiefen Wasser. Am Anfang springen wir vor Schreck noch schnell heraus. Bald merken wir aber, dass die Riffhaie, die so dicht an den Strand kommen, erstens Babyhaie sind und zweitens tatsächlich eben nur Riffhaie. Sie attackieren keine Menschen, sondern nur Rifffische.

Als wir zwei Haie bemerken, die auf uns zuschwimmen, hüpfen wir reflexartig aus dem Wasser, Levi im Schwimmreifen vor uns herschiebend. Eigentlich steuern sie eher auf unsere Füße zu, denn das Wasser ist flach. Sie kommen bis auf zwei Meter ans Ufer heran, wo das Wasser kaum tiefer als 30 Zentimeter ist. Wir sehen den beiden verdutzt zu, wie sie wieder abziehen, und legen uns dann im seichten Wasser auf die Lauer. Die Beine auf dem Strand und den Oberkörper im Wasser, warten wir mit Maske und Schnorchel bewaffnet ab, was passiert. Ehe wir uns versehen, sind die beiden wieder da, erst der eine, dann der andere. Sie schwimmen an uns vorbei und beobachten uns genauso interessiert wie wir sie. Bei der dritten Runde schwimmt einer der beiden im Abstand von ungefähr einem Meter an uns vorbei. Lutz springt aus dem Wasser vor lauter Schreck. Ich halte durch und schaue ihm zu, wie er langsam und elegant an meinen Augen vorbeizieht – wie im Aquarium.

Unter Wasser sehen die Haie recht groß aus, aber von oben betrachtet merkt man schnell, dass die meisten hier keinen Meter lang sind. Die ausgewachsenen Tiere leben im tieferen Wasser. Die Schwarzspitzen-Riffhaie werden mit einer Größe von etwa 30 Zentimetern lebend geboren und sind dann gleich auf sich allein gestellt. Der kleinste Hai, den wir zu Gesicht bekommen, ist knapp 30 Zentimeter groß. Er muss also mehr oder weniger gerade auf die Welt gekommen sein. Laut Riffführer sind diese Haie scheu. Davon merken wir allerdings nichts.

Nach einer Weile trauen wir uns wieder ins Wasser und bringen sogar Levi das Schwimmen im »Haifischbecken« bei. Das Wasser hat 30 °C, es ist spiegelglatt – ein Badewannentraum für jeden Dreijährigen. Wir bekommen Levi kaum wieder aus dem Wasser heraus.

Mit unserem gelben Ocean Kayak haben wir so gut wie keinen Tiefgang und können lautlos über die Korallen schweben. Dadurch vertreiben wir nicht gleich alle Fische und können sie gut beobachten. Beim Schnorcheln ziehen Lutz und ich das Kajak hinter uns her, in dessen Mitte Levi mit seiner Schwimmweste sitzt, dem wir immer wieder Bericht erstatten, was wir gerade unter Wasser sehen. Mit seiner kleinen Sandkasten-Gießkanne kippt er uns Wasser über die Köpfe und amüsiert sich ebenfalls prächtig. Zurück auf dem Boot, wird gleich sein Lieblingsbuch, der Riffführer, herausgeholt und jeder Fisch bestimmt, den wir gesehen haben. Wir müssen auch alles vorlesen, was an Erklärungen zu den jeweiligen Fischen im Buch zu finden ist.

»Lutz, der Stab dahinten, der saust uns quer durch die Fahrbahn!«

»Mann, Quatsch, wir driften zur Seite! Der Stock steht, steuer gegen!«, ruft Lutz mir aufgeregt vom Bug zu. Ich stehe am Steuer und merke erst jetzt, wie rasend schnell wir seitwärts treiben. Ich behalte die Insel im Auge und reiße das Steuer herum. Obwohl der Motor schon auf Hochtouren läuft, wage ich es, ihn noch ein bisschen höher zu drehen. Es funktioniert! Wir bleiben auf Kurs, die Abdrift hat sich verlangsamt, wir machen mehr Strecke nach vorn, nicht nur seitwärts. Laut GPS machen wir nur 2 Knoten Fahrt voraus. Dann haben wir 6 Knoten Strömung gegen uns.

Wir stecken mitten im Pass von Fakarava Süd, einem der weltbesten Tauchspots. Hier gibt es die Wall of Sharks: Hunderte Haie, die an der steilen Wand des Außenriffs eng nebeneinander ihre Runden drehen. Der starke Wind der letzten Tage hat das Wasser in der Lagune gehalten, es hat kaum etwas abfließen können. Heute entladen sich die Wassermassen und strömen mit aller Gewalt aus dem Pass heraus – gegen uns.

Der Pass ist schmal, und mittendrin muss man sich entscheiden, welchen der beiden weiterführenden Arme man nehmen will. Wir nehmen den rechten, so wie wir es uns vorher auf der Karte genau angesehen haben, und biegen scharf nach rechts ab, um das flache Korallenriff direkt vor uns zu umfahren. So geraten wir mit unserer Breitseite in die Strömung, die uns blitzartig auf die Insel zuschiebt. Der Stab, der so aussieht, als würde er von rechts in meinen Weg fliegen, steht still. Wir sind quer auf ihn zugeheizt! Laut Berechnungen und Tidenplan hätten wir eigentlich mindestens 2 Knoten Strömung mit uns haben sollen. Flut eben. Stattdessen hält sich hier gerade nichts an den Tidenplan, ganz im Gegenteil: Die aufgestauten Wassermassen entladen sich in den offenen Pazifik hinein – und ziehen uns mit sich!

»Noch weiter nach links, wenn du kannst!« Lutz steht am Bug und navigiert mich durch die Strömung, um die Untiefen und Riffe herum. Nach knapp zehn Minuten ist es geschafft. Wir haben den Ankerplatz direkt hinter dem Pass erreicht.

»Wow, was für ein Ritt! Braver Motor!«

»Unglaublich! Guckst du nach dem Anker?«

Kaum haben wir den Anker geworfen, springt Lutz noch einmal mit Schnorchel und Maske hinterher, um dessen Position zu überprüfen. Wenige Sekunden später ist er wieder auf der Badeleiter und reißt sich Maske und Schnorchel vom Kopf: »Haie, überall Haie! Nix Schwarzspitzenriffhai – richtig Große!«, ruft er aufgeregt und springt gleich wieder ins Wasser zurück. Ich hole schnell meine eigene Maske und klettere vorsichtig hinterher. Mindestens fünf Haie sind zu sehen. Graue Riffhaie, bis zu 2,50 Meter lang. Sie schwimmen unter unserem Boot hindurch, am Anker vorbei und gucken uns interessiert an. Ich klammere mich sicherheitshalber an der Badeleiter fest, mit einem Fuß auf der Stufe. Die Haie wirken nervös, sie schwimmen zackig hin und her. Wir beschließen, sie lieber von Deck aus zu beobachten.

Levi ist das nach einer Weile zu langweilig, und er wirft ein Ende vom Seil ins Wasser, mit dem er gerade spielt. Blitzartig schießen die Haie auf das Band zu und testen, ob es etwas Essbares ist. Wir zucken ein wenig zusammen, das hatten wir nicht erwartet. Die Haie scheinen es gewohnt zu sein, von den Booten Abfall zu fressen. Wir werfen ein paar alte Nudeln mit Tomatensauce über Bord – und zack sind sie aufgefressen! Es scheint die Haie nicht zu stören, dass das vegetarisch war. Aus Sicherheitsgründen gehen wir an diesem Ankerplatz nicht mehr schwimmen.

Die Unterwasserwelt in diesen Pässen ist Weltklasse: Schwärme von Grauen Riffhaien, Schwarzspitzen-Riffhaie, Weißspitzen-Riffhaie, bunteste Korallenfische sowieso, Segelfische, Delfine, Mantarochen, Gefleckte Adlerrochen, riesenhafte Napoleonfische. Bei guten Bedingungen lassen wir uns mit dem Dingi von der äußeren Kante des Passes mit der leichten Strömung bei beginnender Flut in die Lagune hineintreiben und hängen dabei von unten am Schlauchboot, mit Taucherbrille ausgestattet. Levi sitzt oben und lässt sich in regelmäßigen Abständen berichten, was für Fische wir da unten so sehen.

Auf einem charmanten Atoll mit dem Namen Apataki sind die Bedingungen zum Pass-Driften, wie wir es nennen, so gut, dass wir mehrmals durch den Nordpass schnorcheln können: Es weht nur ein zarter Lufthauch und der Ozean ist schläfrig und ruhig.

»Guten Morgen Jan! Bist du bereit für den Dingiritt deines Lebens?« Lutz beliebt auch schon morgens um 7 Uhr zu scherzen.

Jan ist von der PHOEBE quer über die Lagune herübergepaddelt, und wir haben uns alle für einen Schnorcheltrip angezogen – mit langen UV-Shirts und Caps. Schnorchel und Masken liegen auf dem Boden unseres Dingis herum. Levi trägt seine knallorange Schwimmweste, seinen süßen Sonnenhut und eine Sonnenbrille gegen die starke Reflektion der Sonne auf dem Wasser. Er ist mit einer Sorgleine am Dingi eingepickt.

Mit dem kleinen 3,5-PS-Außenborder brauchen wir eine halbe Stunde bis zur Einfahrt in den Nordpass von Apataki. Es ist gerade Niedrigwasser, und bald wird die Flut einsetzen. Außerdem ist es windstill, und somit haben wir ideale Bedingungen, um den Pass im Außenriff abzuschnorcheln. Wir fahren bis zur äußeren Kante im Pass, dorthin wo die Tiefe des offenen Ozeans langsam beginnt. Dann springen wir ins Wasser und lassen uns mitsamt unserem Dingi mit dem einlaufenden Wasser zurück in die Lagune treiben. Levi sitzt wieder oben im Dingi und lässt sich berichten, was wir unter Wasser so alles sehen.

Wir bleiben zuerst auf der einen Seite des etwa 80 Meter breiten Passes und sehen den einen oder anderen Korallenfisch sowie ein paar Schwarzspitzen-Riffhaie. Dann motoren wir noch einmal nach draußen und lassen uns diesmal auf der anderen Seite zurücktreiben. In der Mitte ist der Pass etwa 30 Meter tief, zu den Seiten hin etwas flacher. Je weiter wir hineintreiben, desto mehr Tiere bekommen wir zu Gesicht. Plötzlich bewegt sich der gesamte Untergrund, und wir machen unzählige Graue Riffhaie aus, die sich zu einer Art riesiger Haischule zusammengetan haben und auf dem Grund patrouillieren.

Wir sind so gebannt und konzentriert auf die Haie in 20 Meter Tiefe unter uns, dass niemand den großen Segelfisch bemerkt, der auf Stippvisite aus dem offenen Meer hereingeschwommen ist und uns interessiert anschaut. »Segelfisch hinter uns!« Schnell reißt Lutz seinen Schnorchel aus dem Mund, um auf den beeindruckend großen Fisch mit seinem aufgestellten Segel direkt hinter uns aufmerksam zu machen. Wir drehen uns ruckartig um und alarmieren den Fisch damit, der majestätisch sein hinteres Segel einklappt, das vordere noch stehen lässt und bedächtig in einem Bogen davonschwimmt.

Als er auf und davon ist, wenden wir uns wieder den geschätzten 120 Haien unter uns zu und sehen gerade noch, wie vier von ihnen auf uns zuschwimmen, als seien sie zur Erkundung der Lage vorgeschickt worden, um festzustellen, was wir wollen. Jan schnappt sich Levis grünes Plastikschwimmbrett und hält es wie einen Schild vor sich. Ich springe lieber mit einem Satz ins Dingi zu Levi, und Lutz kann sich vor Lachen kaum halten. Die Haie drehen eine Runde und sind gleich darauf wieder bei ihrer Gruppe. Es sind eben nur Riffhaie, die Menschen nicht gefährlich werden.

Als wir die gesamte Länge des Passes abgeschnorchelt haben, stellen wir fest, dass in den Wellen, die an seinem Ende durch die Strömung entstehen, Delfine spielen – eine kleine Delfinart, die es offensichtlich genießt, in den kurzen, schwappenden Wellen innerhalb der Lagune zu spielen.

Da Levi auf seinem Platz im Dingi so schön durchgehalten hat, fahren wir zur Belohnung gleich an den Strand. Auf dem Weg dorthin schwimmt ein Mantarochen an uns vorbei. Ruckzuck sind wir bei ihm im Wasser und beäugen uns gegenseitig. Er schwimmt eine kleine Runde um uns herum und entschwebt dann in Richtung Pass und offenes Meer. Am Strand sammeln wir Einsiedlerkrebse und Muscheln, die Levi eine Weile in seinem knallgelben Bollerwagen spazierenfährt. Auch beim Schwimmengehen zieht er den Bollerwagen hinter sich her, der dann auf dem Wasser treibt und die Tiere wie in einer Arche übers Meer trägt.

Am Ankerplatz ist die Lagune inzwischen spiegelglatt, kein Lüftchen weht mehr. Vom Boot aus können wir jedes kleine Steinchen am Meeresgrund elf Meter unter uns sehen. Alle Fische, die unter unserem Boot hindurchschwimmen, können wir von hier oben beobachten. Morgens um 6 Uhr nehmen wir uns Kaffee und Kakao und setzen uns mit dem Fischbestimmungsbuch auf den Bug. Jeder Fisch, der vorbeischwimmt, wird im Buch gesucht und benannt: der seltene und riesenhafte Napoleonfisch, der bis zu einem Meter im Durchmesser groß ist, Doktorfische, Drückerfische, Zackenbarsche, Schnapper, Papageienfische und Makrelen.

Das Wasser unter uns ist wie verzaubert, so klar können wir jede Einzelheit der Tiere unter uns ausmachen. Als hätte jemand eine riesige Fensterscheibe auf die Lagune gelegt. Da Levi noch nicht schnorchelt, kann er hier das erste Mal alle Fische, die er aus dem Buch so gut kennt, detailliert live beobachten.

Mitten im schönsten Paradies ist unsere Toilette beziehungsweise der Auslass verstopft und die Toilette nicht mehr benutzbar. Schlimmer noch: Die Geruchsbelästigung nimmt täglich zu. Wir versuchen mit viel Druck über die manuelle Pumptoilette die Verstopfung aus dem Boot herauszudrücken. Das funktioniert nicht, also müssen wir das Problem von außen mechanisch lösen. Lutz geht mit Schnorchel und Brille ins Wasser, ausgerüstet mit verschiedenen Werkzeugen. Stundenlanges Herumgestochere im Bordauslass mit einem ausziehbaren Metallmaßband bringt zuerst wenig Erfolg, dafür aber fünf oder sechs »Shiteater«, wie Patrik sie nannte. Fische, die in jedem Hafen die Abfälle von Bord und Toilette fressen. Hier in der einsamen Ankerbucht sehen die Shiteater aus wie Doktorfische. Farbenfrohe, große, freundlich aussehende Tiere, die Lutz zaghaft zur Seite drängen, um an alles heranzukommen, was unter Wasser aus dem verstopften Tank bröselt. Levi und ich sehen gleich nach, was für Fische das sind und stoßen auf einen interessanten Namen: Panda-Falterfische. So hübsche Shiteater hatten wir bisher noch nicht.

Auf einmal löst sich ein riesiger Pfropfen, und mit dem Klumpen entleert sich auch der Inhalt des Fäkalientanks ins Meer. Das kristallklare Wasser trübt sich, und Lutz schwimmt mitten in einer riesigen braunen Wolke. Das zieht weitere Panda-Falterfische an. Am Schluss haben Levi und ich an die 20 Stück gezählt. Die Toilette funktioniert wieder!

Nach zwei Wochen in den Tuamotus brauchen wir unbedingt wieder frisches Obst und Gemüse, das hier schwer zu bekommen ist. Auf Fakarava im Hauptort gibt es im Laden immerhin Zwiebeln und Kartoffeln. Bald kommt das Versorgungsschiff, da erhoffen wir uns wieder mehr frische Lebensmittel. Am Dorfende züchtet jemand ein paar Bananenstauden. Wir fragen, ob wir bei ihm welche kaufen könnten. Für umgerechnet 10 € bekommen

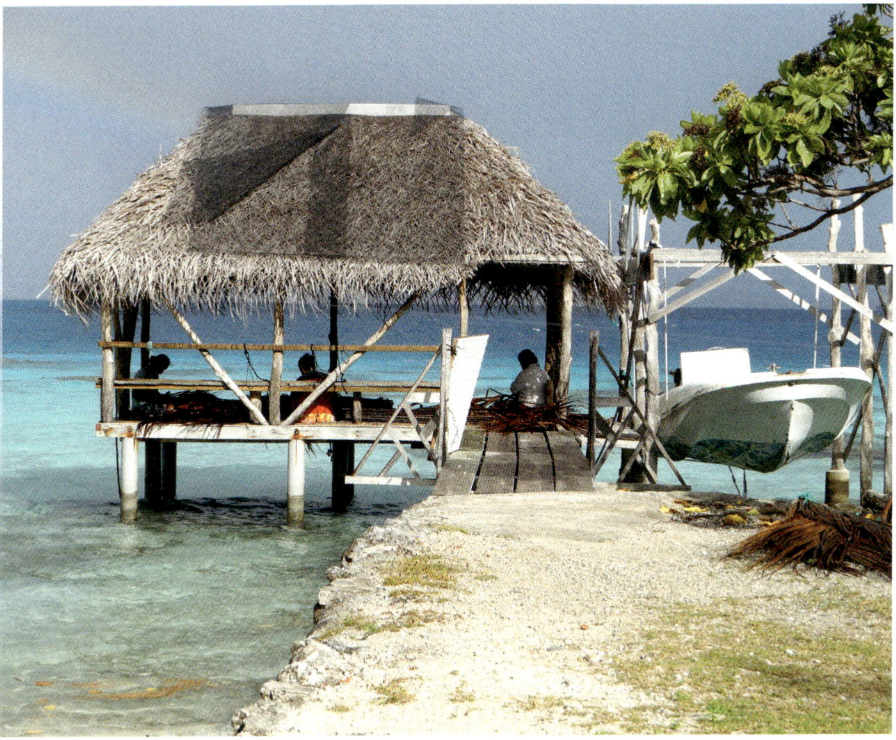

30

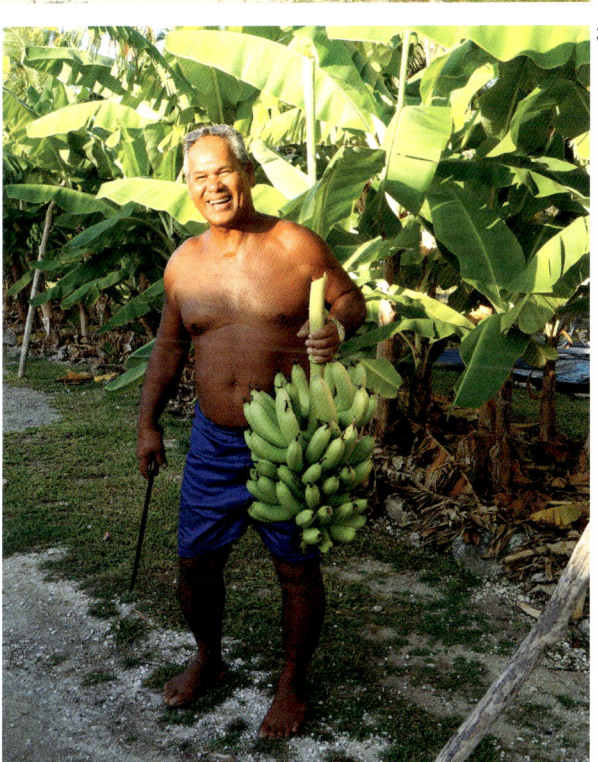

30 Ein typisches Stelzenhaus in den Tuamotus – hier mit einem Bootsanleger einer Perlenfarm auf Fakarava.

31 Einkauf auf polynesisch: Anstelle von ein paar Bananen kaufen wir eine ganze Staude bei einem DorfbewoÜer.

31

32 Mußezeit in der Südsee – bei der Wärme schwebt die Hängematte gleich im kühlen Nass.

33 Ausfahrt aus dem Pass von Apataki bei ruhiger See – man erkennt die Lücke im Korallenring deutlich.

34 Der König von Tonga! Bei seinem Antrittsbesuch auf der Insel Pangai haben wir das Glück, ihm zu begegnen. Wie alle Männer ist er zu diesem Anlass in Rock und Bastmatte gekleidet. Nur das Militär trägt Hosen.

32

33

34

35

36

35 Bora Bora – die Luxushotels vor dem weltberühmten Daumenfelsen.

36 Ein Kinderchor begrüßt den König von Tonga auf der Insel Pangai.

37 Ein Buckelwal zieht seine BaÚen vor unserer Insel in Tonga.

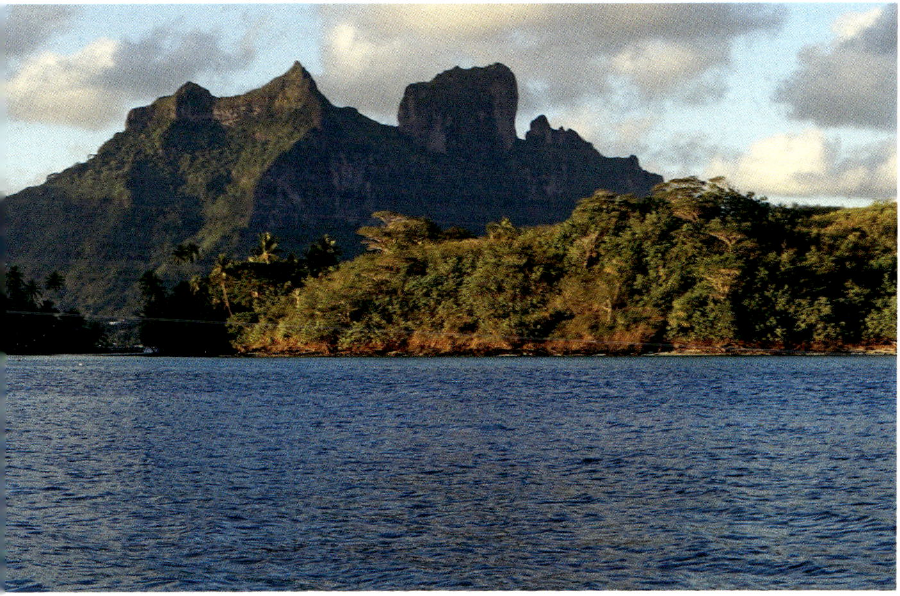

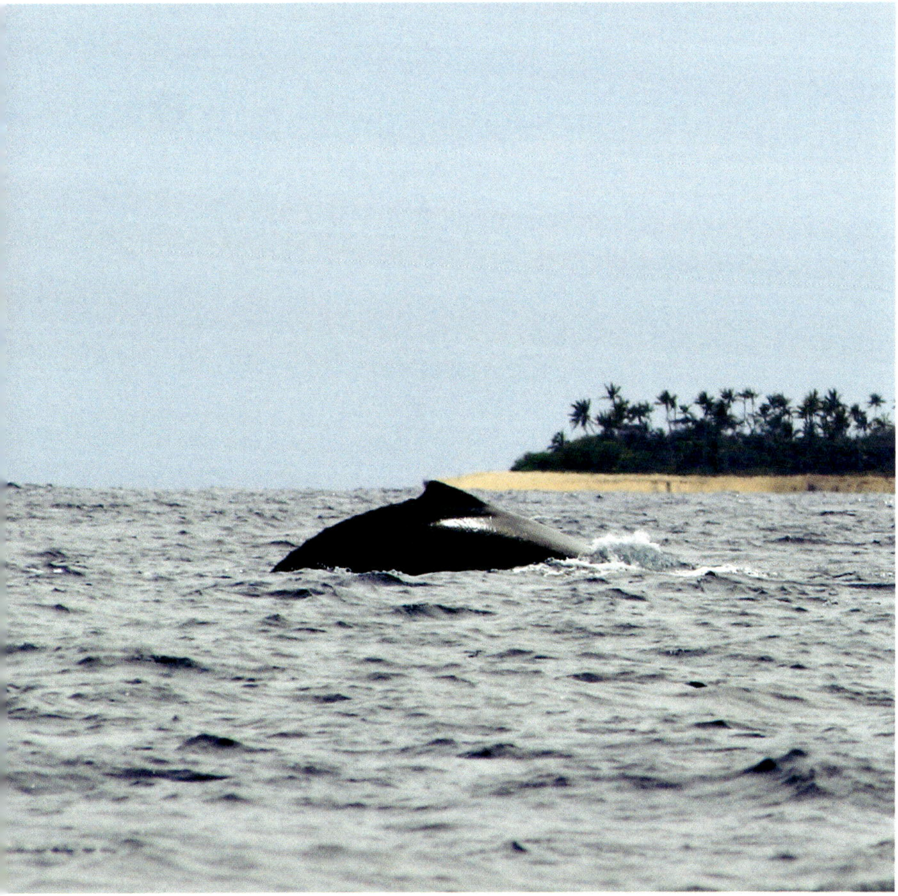

38

39

38 Auf Tanna, einer Insel Vanuatus, führt uns die Kindergärtnerin des Dorfes herum. Hier zeigt sie Levi, wie die Frischwasserpumpe des Dorfes funktioniert.

39 Stanley begrüßt uns herzlich auf Tanna, Vanuatu, und weiht uns in das Geheimnis des Fischens mit Pfeil und Bogen ein.

40 Traumhaftes Schmetterlingssegeln in Neukaledonien: Mittagessen bei ruhiger See.

41

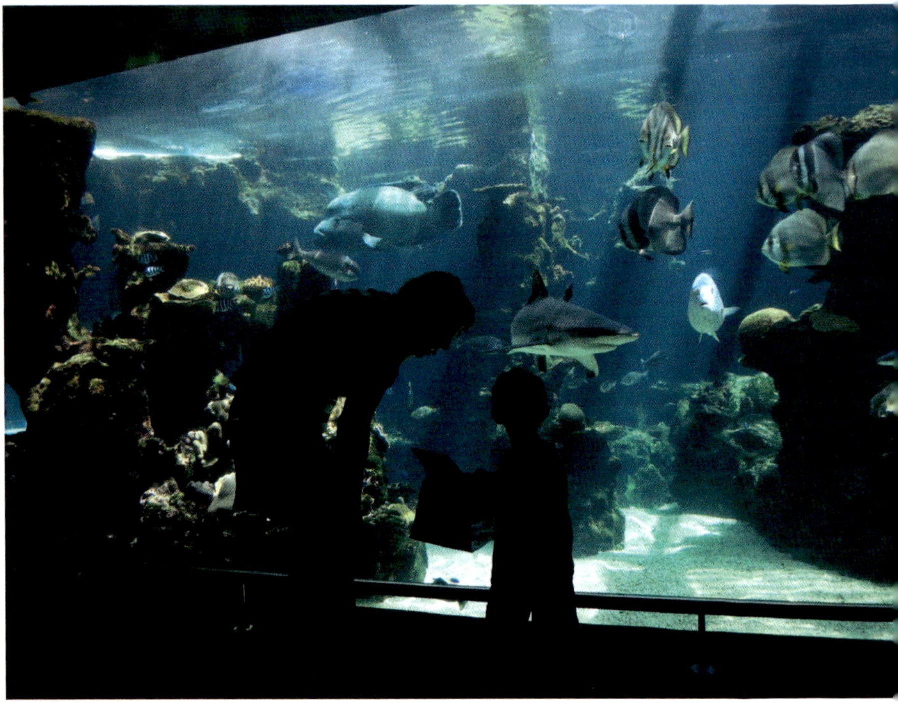

42

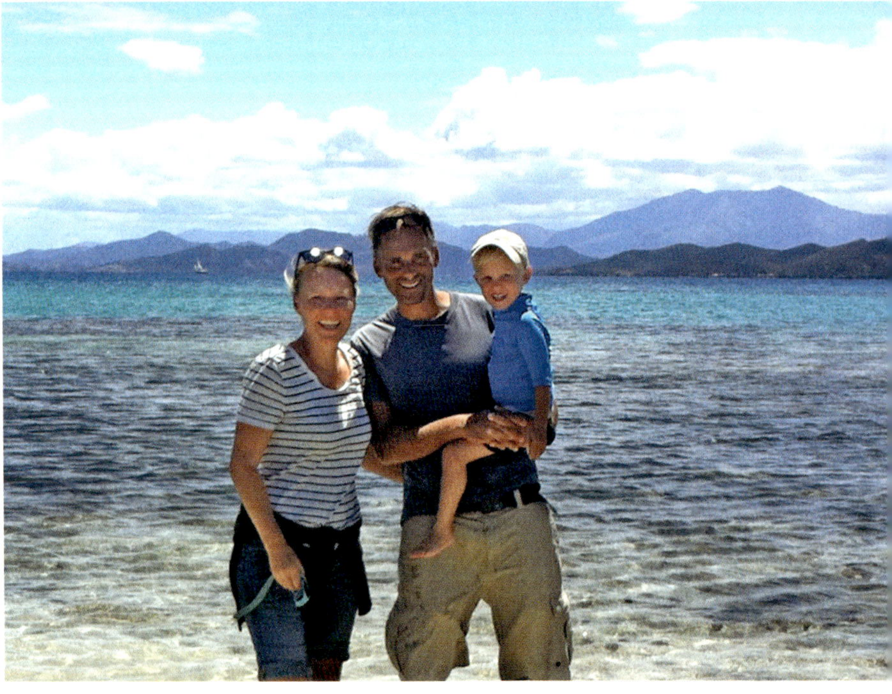

41 Das Boot ist verkauft: Jetzt sind die Fische wieder im Aquarium und Levi erklärt seiner Tante Julia die Unterwasserwelt (Noumea, Neukaledonien).

42 Familienporträt in Neukaledonien.

wir eine mittelgroße Staude. Wir suchen uns eine schöne aus, die noch nicht allzu viele reife Früchte hat, und der Besitzer schlägt sie mit einem gekonnten Hieb seiner Machete vom Baum. Eine Art Saft läuft aus dem Schnitt, der helle T-Shirts fleckig braun zu färben vermag. Lutz schleppt die schwere Staude zurück zum Dingi, und es fühlt sich ein wenig so an, als kämen wir gerade von der Jagd nach Hause – mit ungefähr 150 Bananen.

Normalerweise kommt das Versorgungsschiff hier wöchentlich vorbei. Wie auf den Marquesas, bringt es alles, was die Einwohner zum Leben brauchen. Diesmal zählen wir sogar zwei Schiffe. Die Vorfreude steigt. Wir machen uns gleich auf den Weg in die beiden Läden des Dorfes, um frisches Obst und Gemüse zu besorgen.

Das ganze Dorf hat die beiden Schiffe schon erwartet, und die Läden sind bereits morgens um 7 Uhr voll mit Kunden. Während alle mit strahlenden Gesichtern die neue Ware begutachten, packen die Verkäufer noch die frisch gelieferten Kartons aus. Es gibt wieder eine größere Auswahl an Gemüse und Obst. Am frischesten und leckersten sehen allerdings die Mohrrüben aus, viel knackiger und frischer als der Rest. Also kaufen wir kiloweise Mohrrüben, neben weniger gutaussehenden Tomaten, Gurken und Paprika, und schleppen unsere Schätze gleich zurück aufs Boot, denn das Gemüse soll in der Hitze nicht noch weiter leiden. An Bord machen wir uns dann gleich über die Mohrrüben her. Auf der Stelle vernichten wir etwa ein Kilo Karotten.

Nicht weit vom Supermarkt entfernt wächst eine Papayastaude vier Meter hoch in den Himmel. Ganz oben hängen zwei riesige Früchte. Papayas gab es auch nach dem Stopp der beiden Versorgungsschiffe nicht zu kaufen. Wir klopfen an den hohen Zaun, der das Haus und die Staude umgibt, und fragen den jungen Mann, der dort wohnt, ob wir ihm wohl eine seiner beiden gigantisch großen Früchte abkaufen könnten. Unser Sohn esse sie so gern. Auf der ganzen Insel haben wir nur zwei Papayapflanzen gesehen, und vor der einen stehen wir nun.

Der Herr, den wir als den einzigen Mitarbeiter des örtlichen Reisebüros wieder erkennen, lacht und möchte sie uns schenken. Jetzt müssen wir die Papaya nur noch vom Baum herunterbekommen, immerhin hängt sie knappe vier Meter hoch. Mit einer Leiter und einem langen Stab fuchtelt der Mann so lange gefährlich herum, bis die schwere Frucht herunterfällt. Ich schaffe es nicht, sie aufzufangen, federe aber ihren Aufprall etwas ab, sodass sie nur leichte Quetschungen davonträgt. Wir freuen uns enorm über das Geschenk und machen uns am Abend gleich über die lädierte Frucht her – süß, weich, köstlich und voller Vitamine!

Brigitte und Jochen kennen wir schon seit den Marquesas. Die beiden kommen aus Düsseldorf, genießen ihren Ruhestand und sind mit einer 42-Fuß-Bavaria von Kroatien aus losgesegelt. Da sie zu zweit sind, haben sie viel Stauraum und auch Fahrräder dabei, die sie uns für einen Inselausflug leihen.

Unsere eigenen Fahrräder mussten wir zusammen mit unserer Tauchausrüstung schweren Herzens in Panama verkaufen, um auf unserem kleinen Boot mehr Platz zu schaffen. Wir sehnen uns jetzt alle nach einem größeren Schiff! Lutz hätte so gern unsere Tauchflaschen samt Kompressor und ich unsere Fahrräder zurück, und Levi braucht mehr Platz zum Spielen.

Wir fahren bei Brigitte und Jochen auf der FLYING DOG vorbei und holen die Fahrradschlüssel ab. Die Räder sind am Strand angeschlossen, und als wir uns der Stelle am Ufer nähern, wo sie stehen, entdecken wir sechs oder sieben Haie in unmittelbarer Nähe zum Strand. Auf dem Sand davor sitzt ein älteres Ehepaar im Schneidersitz und nimmt bunte Papagei- und andere Rifffische aus. Die Innereien werfen sie ins brodelnde flache Wasser. In 50 Zentimeter Tiefe schubsen sich Schwarzspitzen-Riffhaie und Ammenhaie gegenseitig aus dem Weg, um an die Leckereien heranzukommen. Bei dem Gerangel gucken ihre Rücken mit den beeindruckenden Flossen ständig aus dem Wasser. Die zwei Ammenhaie sind definitiv die größeren Tiere und um die 2,50 Meter lang. Die übrigen Schwarzspitzen-Riffhaie sind kleiner, 1,10 bis 1,50 Meter lang.

Wir klettern mit Levi auf einen kleinen Mauervorsprung, um die Haie von oben besser sehen zu können. Unser Erstaunen stachelt den Sohn des alten Ehepaares an, uns zu zeigen, was er kann. Er geht schnurstracks auf die Haie zu, redet ein wenig auf sie ein, wartet, bis der größte der Ammenhaie auf ihn zukommt und – streichelt ihn! Das stört den Hai nicht im Mindesten, er zieht weiter seine Kreise. Wir schauen uns das Spektakel noch eine Weile an, dann sind auch die letzten Rifffische ausgenommen, und die Alten gehen mit ihrem Sohn nach Hause.

Die Haie und wir drei auf dem Mauervorsprung bleiben zurück – die Haie zappelnd im Wasser und wir regungslos auf der Mauer. Nach einer Weile trauen Lutz und ich uns ans Wasser, um mal zu sehen, ob wir das nicht auch können, einen Ammenhai streicheln. Und tatsächlich: Wir trauen uns ganz vorsichtig an den großen braunen Hai heran – und berühren seine raue Schwanzflossenhaut für einen Moment! Was für ein Gefühl, einen »wilden« Hai in freier Wildbahn zu streicheln! Für den Rest des Tages sind wir ganz aufgekratzt und aus dem Häuschen. Dazu muss man sagen, dass Ammenhaie wie deutlich zu groß geratene Welse aussehen und ähnlich friedliebend sind.

Mit den Fahrrädern radeln wir über die flache Insel so weit nach Süden, wie es geht, und besuchen dort unten eine Perlenfarm. Wir sind die einzigen Besucher, und die Führerin nimmt uns mit zum Haus auf dem Steg, wo einige der Austern im Wasser hängen. Sie greift eine Muschel heraus und öffnet sie für uns mit einer Art Nussknacker. Levi darf die Perle aus dem Muschelfleisch heraussuchen und behalten. Sie bohrt noch ein feines Loch mittendurch und fädelt ein schwarzes Lederarmband ein, dann überreicht sie Levi das schönste Andenken der ganzen Reise: eine schwarze, schimmernde Südseeperle, direkt aus der Auster.

Die Perlenzucht ist eine der Haupteinnahmequellen in den Tuamotus. Die Austern brauchen klares Wasser zum Überleben, weswegen die Lagunengewässer sehr sauber gehalten werden. Das ist natürlich für alle ein Glück, Bewohner wie Besucher. Nur Segler müssen ein wenig aufpassen. Die Perlenfarmen liegen verstreut in den Lagunen und sind zum Teil wie Fischernetze gekennzeichnet. Die Austern sind an langen Bändern aufgefädelt und hängen bis zum Meeresgrund hinab an den Fäden. Beim Navigieren muss man vorsichtig sein, denn die Bojen, die diese Bänder kennzeichnen, sind teilweise kaum auszumachen.

Mit dem Ocean Kayak paddeln wir die Lagune von Fakarava ab und halten vor einem kleinen, aber feinen Hotel am Strand. Auf dem Weg dorthin huschen die dunklen Schatten von großen Haien an uns vorbei, Stachelrochen ziehen unter uns hindurch und Korallen beherbergen unendlich viele kleine bunte Fische. Das Hotel hat eine eigene kleine Demo-Perlenfarm für seine Gäste, die am Ende des kleinen Hotelsteges liegt.

Wir klettern auf den Steg und sehen uns die Korallenfische von oben an. Etwa in der Mitte entdecken wir unsere beiden Bekannten, die Ammenhaie. Sie dösen im Schatten des Steges und haben sich aneinandergekuschelt. Wegen ihrer Größe und der dunklen braunen Farbe sehen sie gewaltig und bedrohlich aus. Unweit des Steges baden einige Hotelgäste, und wir überlegen, ob wir ihnen Bescheid sagen sollen, lassen es dann aber lieber. Wir wollen keinen Herzinfarkt verursachen. Dann kippt Levi das Wasser aus seiner Sandkasten-Gießkanne von oben auf die schlafenden Haie, die blitzartig aufwachen und in Richtung Hotelstrand schwimmen. Wir sind starr vor Schreck, aber außer einem jungen Mädchen aus Russland nimmt keiner die großen Schatten wahr, und das Mädchen schnorchelt begeistert hinter den beiden Haien her.

Auf dem Weg von Fakarava nach Toau haben wir den Wind von der Seite, und die Welle schaukelt uns ordentlich durch. Wir haben, wie immer, wenn wir segeln, das Frühstück auf dem Cockpitfußboden gedeckt. Wenn etwas umfällt, dann nicht sehr tief, und man kann es gleich abwaschen. Levi geht es an diesem Morgen nicht sehr gut. Die Schaukelei macht ihm nach langer Zeit mal wieder zu schaffen. Kaum haben wir alle Brote geschmiert, den Kakao eingeschenkt und Levi zum Essen gerufen, übergibt sich der Kleine mitten übers Frühstück. Ekel überkommt uns, aber zum Glück spuckt Lutz diesmal nicht gleich mit. Mit Zewa-Tüchern versuchen wir, das Schlimmste wegzuwischen, müssen aber Käse, Brot und Wurst über Bord werfen, da ist nichts mehr zu machen. Unsere kostbaren Lebensmittel dezimieren sich immer mehr. Am Nachmittag geht es Levi schon wieder gut. Kinder erholen sich erstaunlich schnell.

Nach einem Monat in den Tuamotus gehen langsam all unsere Vorräte zur Neige. Wir werden so leicht, dass der Auspuff jetzt wieder weit über der Wasserlinie liegt. Ein klares Zeichen: Wir müssen wieder neu verproviantieren. Es wird Zeit, weiter nach Tahiti zu segeln. Aber mit den Tuamotus ist es wie mit Marokko und Panama – wir werden mit Sicherheit wiederkommen. Die Namen der Atolle, die wir besucht haben, werden noch lange nachklingen: Kauehi, Apataki, Fakarava, Toau.

»Land in Sicht!« Levi ist gerade aus seinem Mittagsschläfchen aufgewacht, auf die Cockpitbank geklettert und hält Ausschau. An Backbord ist eine saftig grüne Insel zu sehen, umgeben von einem Korallenriff, am Fuße eines Hangs liegt eine Stadt. An der Spitze des Hügels hängt eine graue Wolke. Die erste, die wir seit langem sehen.

»Ist das die Papeete?«

Nach zwei Tagen auf dem Meer erreichen wir Papeete, die Hauptstadt Tahitis. Es ist die erste Stadt, die wir seit Galapagos sehen. Wir sind jetzt in den Gesellschaftsinseln angekommen, die auch noch Teil des riesigen Gebietes von Französisch-Polynesien sind.

Zum ersten Mal auf unserer Reise hilft Levi uns beim Anlegen. Begeistert klappt er die Fender nach außen über die Bordwand. Das macht uns so stolz, als hätte er gerade noch einmal das Laufen gelernt. Wir legen in der nagelneuen Marina der Hauptstadt an, und da wir noch nicht einklarieren können – das Marina-Büro hat geschlossen –, machen wir als Erstes das, was wir seit über einem Vierteljahr nicht mehr gemacht haben: Wir setzen uns in ein Straßencafé! Hier gibt es kaltes Bier aus Gläsern und ein Vanille-, Schokoladen- und Erdbeereis für Levi. Der Verkehr rauscht an uns vorbei, und wir genießen den Lärm und den Trubel, den diese Stadt ausstrahlt, als willkommene Abwechslung.

In Papeete lernen wir nicht nur alle Ausrüstungsläden kennen, um die vielen anfallenden Reparaturen zu erledigen, sondern auch alle Spielplätze entlang der Hafenmeile, auf die Levi ganz besonders abfährt. Die riesigen Carrefour-Supermärkte sind ein Traum, um wieder für die nächsten Monate zu verproviantieren. Es gibt einen Segelmacher, der uns ein neues Lazy Bag schneidert, und nach drei Wochen sind wir wieder startklar.

»Hallo, ich hab euer Lazy Bag fertig. Kann ich an Bord kommen?« Unser Segelmacher kommt abends kurz nach der Dämmerung zu uns ans Schiff.

»Hi. Ja, komm hoch. Wir können es gleich anbringen. Wir wollen morgen los.«

Gemeinsam fädeln wir den Segelschutz wieder am Baum ein und sind froh, dass er es nach zwei Wochen endlich fertig hat. Eigentlich wollte er schon morgens damit bei uns sein. Daraus wurde dann Nachmittag und nun Abend. Dann gucken wir genau hin und wundern uns: »Hey, das ist ja grau! Wirklich schön, aber wir hatten doch blau ausgemacht, wie alle anderen Stoffe an Bord.« In der Dunkelheit ist uns das mit der falschen Farbe zuerst gar nicht aufgefallen.

»Nee, ganz sicher grau. Hab ich aufgeschrieben!«

»Mag sein, dass du das aufgeschrieben hast, aber wir haben ganz sicher auch noch darüber geredet, dass du nur einen einzigen Blauton hast, und den haben wir notgedrungen gewählt. Das musst du verwechselt haben.«

»Oh, na ja, ich kann euch das graue für 950 € geben, anstatt für 1.000 €!«

»Für 700 nehmen wir es. Wir wollen ja schließlich morgen los und haben eigentlich keine Zeit mehr, auf ein Neues zu warten.«

»950, weniger geht nicht.«

»Dann möchten wir blau. Beim Verkauf sieht das echt blöd aus, wenn das Lazy Bag 'ne andere Farbe hat als das Bimini und der UV-Schutz vom Vorsegel. Den Flicken auf dem Vorsegel hast du ja leider auch schon in Weiß gemacht, anstatt in Blau. Kannst du nicht einfach noch eine Lage Stoff übers Lazy Bag drübernähen? Dann musst du es nicht ganz neu machen.«

»O.K., aber dafür brauch ich noch ein paar Tage!« Wir bleiben also noch zwei Tage, bis der Stoff farblich zum Schiff passt.

Brigitte und Jochen treffen wir hier auch wieder, und sehr zur Freude Levis nimmt Brigitte ihn mit auf den Spielplatz und malt mit ihm Aquarelle. Bei der Lektüre von Levis Lieblingsbuch, dem Fischbestimmungsbuch, klärt Levi Brigitte darüber auf, dass das nicht nur irgendwelche Haie seien, die sie da gerade anschaue, nein, sondern Schwarzspitzen-Riffhaie. Er genießt es, Zeit mit ihr zu verbringen, Brigitte ist wie eine richtige Oma für ihn. Als es Zeit ist weiterzusegeln und sich unsere Wege trennen, ist unser Kleiner untröstlich. Wir wollen gleich weiter nach Taha'a und Bora Bora segeln und dann direkt nach Tonga. Jochen und »Baguette«, wie Levi seine Leihoma nennt, planen, noch mehr Zeit in den Gesellschaftsinseln zu verbringen, um dann weiter in Richtung Neuseeland zu segeln. Wir laufen aus der kleinen, aber feinen Marina in Richtung Nordwesten aus, mit einem kleinen Trauerkloß auf dem Schoß.

In einem der World Cruising Guides haben wir gelesen, dass die Gesellschaftsinseln das schönste Segelgebiet der Welt seien. Es ist in der Tat traumhaft, die Kulisse ist schöner als alles, was wir bisher gesehen haben, da die Inseln hier grün und bergig sind und von weither sichtbar, im Gegensatz zu den flachen Tuamotus. Hinzu kommt, dass die Gesellschaftsinseln zusätzlich von exotischen Korallenriffen umgeben sind. Sie sind wie eine gelungene Mischung aus den wilden, bergigen Marquesas und dem Korallenparadies der Tuamotus!

Über Nacht segeln wir nach Taha'a und fahren auch hier durch einen schmalen Pass in die Lagune ein. Wir ankern und setzen gleich über auf den traumhaft aussehenden weißen Strand, der zu einer winzigen Insel am Außenriff gehört, mit gigantischer Kulisse dahinter. An den Palmen vorbei kann man die Nachbarinsel Raiatea sehen, mit ihren grünen Hügeln, hellblauen Lagunen, weißer Gischt an den Riffen und den weißen Segeln der Yachten davor.

Als wir den Fuß auf den Strand setzen, werden wir von einem Holzschild begrüßt, das in den Sand gepflockt wurde: »Private beach. Please pay 300 CPF.« Das ist nicht viel Geld, umgerechnet ein paar Euro. Eine halbe Stunde später wird eine Reisegruppe von zehn, zwölf Leuten mit einem Motorboot abgesetzt. Für die Touristen aus Frankreich wird ein Mittagsmenü aufgebaut, dann dürfen sie ein wenig in Liegestühlen unter den Palmen entspannen, bevor es wieder zurück aufs Motorboot und ins Hotel auf der Hauptinsel geht. Von dem Schild und den Touristen sind wir etwas irritiert, hier ist alles sehr viel erschlossener und touristischer als in den Tuamotus. Wir sind verwöhnt von der traumhaften Zeit dort, wo wir solche Strände tagelang für uns allein hatten.

Am nächsten Morgen segeln wir innerhalb der Lagune einmal um Taha'a herum, dann durch den Pass an ihrer Westküste und von dort weiter nach Bora Bora, wo wir eine Woche verbringen werden, bevor wir einen langen Törn ins Königreich Tonga planen.

Bora Bora überrascht uns. Hatten wir doch Luxus pur, teure Autos und riesige Hotelanlagen erwartet. Aber der Luxus, den es auf Bora Bora gibt, ist dezent, zurückhaltend und elegant. Die Hotelanlagen bestehen aus einzelnen kleinen Palmen- beziehungsweise Holzhütten, die auf Stegen ins Meer hineingebaut worden sind, mit einer Glasscheibe im Boden, um den Blick in die Lagune freizugeben. Wenn wir mit unserem Ocean Kayak unter den Häusern hindurchpaddeln, können wir in die Zimmer sehen.

In einer abgeschiedenen, riesigen Bucht der Lagune, mit umwerfend türkis und hellblau schimmerndem Wasser, werfen wir unseren Anker. In diesem Teil der Lagune soll man Rochen beobachten können. Entlang des Ufers stehen hier ebenfalls Häuser auf Stegen, die auf unserer Karte noch gar nicht verzeichnet sind. Es stellt sich heraus, dass wir vorm Hilton Hotel ankern. So wird unser Boot augenblicklich zur Hintergrundkulisse für Hochzeitsbilder, die vom Strand aus gemacht werden.

Wir werden behandelt wie Gäste des Hotels. Selbstverständlich dürfen wir den Strand nutzen und gegen eine Gebühr auch Internet und Spa. Abends in unserem Cockpit haben wir das Gefühl, die luxuriöseste Suite der Anlage zu bewohnen. Wir genießen die Aussicht auf den hohen Berg Bora Boras und nehmen uns vor, eines Tages als tatsächliche Hotelgäste wieder hierherzukommen.

Das Navigieren in der Lagune von Bora Bora hat seine Tücken. Zwar gibt es hier betonnte Fahrrinnen, die Wassertiefe ist aber zum Teil so gering, dass man höllisch genau den kleinen Tonnen, die im Zickzack durch die Lagunen führen, folgen muss, um nicht stecken zu bleiben. Dadurch, dass das Wasser so flach ist, hat es aber auch seine traumhafte Farbe. Auf der Ostseite der Insel bleiben wir einige Tage in der Nähe des St. Regis Hotels liegen. Das Hotel gefällt uns noch besser als das Hilton, und zum Sundowner mit Freunden von der JULIA gehen wir dort an die Strand-Bar, an der wir von stolzen, muskulösen, barbrüstigen und großflächig tätowierten Polynesiern mit Rock bedient werden. Die Bedienungen sind ein echtes Highlight für uns Frauen.

Nicht weit vom St. Regis entfernt gibt es eine abgezäunte Lagune, in der Haie, Rochen und Meeresschildkröten gehalten werden. Außer mit den Schildkröten ist es erlaubt, mit den Tieren zu schwimmen. Die Stachelrochen haben ein starkes Gift in ihrem am Schwanz befestigten Stachel. Unter den Haien gibt es nicht nur Schwarzspitzen-Riffhaie und Graue Riffhaie sondern auch Zitronenhaie, die unter Umständen schnell genervt sein können.

Auf unsere Anfrage hin, ob es wirklich harmlos sei, mit den Tieren zu schwimmen, lacht der Aufseher nur und springt vor unseren Augen ins Wasser, um mit den Rochen zu spielen. O.K., wir gehen auch rein, aber vorsichtig. Immerhin ist Steve Irwin, Australiens großer »Crocodile Hunter«, auch durch den – versehentlichen – Stich eines Rochens mitten ins Herz getötet worden. Levi darf nur mit den Füßen zu den Rochen ins Wasser. Ich stehe vor ihm und halte seine Hand, da kommt sofort einer der Rochen und wedelt mit seinem weichen Flügel, als ob er sagen wollte: los, bitte streicheln. Nach kurzem Zögern tue ich ihm den Gefallen, und er scheint es tatsächlich zu genießen. Seinen Schwanz lasse ich dabei nicht aus den Augen. Nach einer Weile haben wir uns alle daran gewöhnt und vertrauen den Tieren. Wir schwimmen mit ihnen und sie kommen immer wieder nah an uns heran, um zu spielen.

Später schwimmen wir mit den Haien, was etwas unheimlich ist, da so viele von ihnen in der Lagune unterwegs sind. Die Strömung ist stark, und wir haben nicht das Gefühl, im Fall der Fälle schnell und kontrolliert fliehen zu können.

Lutz und ich wechseln uns ab. Zuerst durfte ich hineingehen, jetzt ist Lutz allein in dem Lagunenarm unterwegs. Ich schlendere mit Levi und Michael, einem Freund von der JULIA, in Richtung Aufseher und bemerke, dass er angefangen hat, die Haie zu füttern. Aber Lutz ist doch noch im Wasser! Ich renne zurück und rufe so lange, bis Lutz mich hört. Die Haie tigern im wahrsten Sinne des Worts nervös im Wasser hin und her, bereit, jederzeit nach einem Happen Futter zu schnappen. Wer weiß, ob Lutz' Arm dann nicht plötzlich auch lecker aussieht! Oder sein Bein, oder sein Fuß! Lutz schwimmt so schnell er kann ans Ufer, ohne sich noch einmal umzublicken.

Mit einem Satz ist er am Strand und total aufgelöst. Ist der Mann wahnsinnig? Oder wollte er mal ein bisschen Action? Die Haie waren unter Wasser wie elektrisiert, meint Lutz. Er hat schon gemerkt, dass sie sich seltsam nervös verhalten haben, wäre aber nie auf die Idee gekommen, dass die Fütterung anfängt, solange noch jemand im Wasser ist. Wir fragen den Aufseher etwas irritiert, warum er schon füttere, während noch jemand im Wasser sei. Er lacht nur gut gelaunt.

Die Woche auf Bora Bora ist viel zu schnell vorbei. Es geht weiter in Richtung Westen, weiter über den schier endlosen Pazifischen Ozean, die nächste Tour wird etwa zehn Tage dauern.

NAVIGATION IN DER SÜDSEE

Mithilfe von GPS und digitalen Seekarten ist die Navigation normalerweise sehr sicher geworden. Es gibt aber Gebiete auf der Erde, die nicht sehr genau kartografiert sind. Und es gibt Gebiete, in denen die gefährlichen Riffe gar nicht eingezeichnet sind. Zu diesen Gebieten gehören die Tuamotus in der Südsee.

Da wir zu zweit sind, ist es kein Problem, sich auf die sogenannte Eyeball Navigation, also auf Deutsch die Augapfelnavigation, zu verlassen. Einer von uns beiden kann jederzeit vorn am Bug Ausschau nach Riffen und flachen Stellen halten. Je nach Farbe des Wassers weiß man recht exakt, wie tief es ist:

Dunkelblau – 6 bis 10 Meter
Türkis – 3 bis 5 Meter über Sand
Helles Türkis oder »Pinot Grigio Farbe« – weniger als 1 Meter über Sand
Braun – Korallenkopf so ziemlich direkt unter der Wasseroberfläche.

Voraussetzung ist allerdings, dass das Wetter mitspielt. Bei Bewölkung ist es schwierig, die Farben des Wassers zu erkennen, genauso, wenn die Sonne tief steht und von der Oberfläche reflektiert wird. Dann kann es ein Ding der Unmöglichkeit sein, die Riffe zu erkennen.

Ein wirklich cleveres System hat sich unser Freund Jan ausgedacht. Da er allein unterwegs ist, hat er niemanden vorn am Bug, um Ausschau zu halten. So hat er sich von Google Earth die Satellitenfotos der Atolle heruntergeladen und maßstabsgetreu über die Seekarten gelegt. Auf den Fotos kann man erstaunlich genau erkennen, wo Korallen und Untiefen sind und wo nicht. So kann er extrem genau navigieren. Und er ist nicht so sehr auf den richtigen Sonnenstand angewiesen.

Die Einfahrten durch die Pässe im äußeren Korallenring der Atolle können traumhaft sein, sich aber genauso schnell in einen Höllenritt verwandeln. Kaum bläst der Wind über einen längeren Zeitraum stark gegen die Öffnung im Riff, kann das Wasser aus den Lagunen schlecht abfließen.

Es staut sich und bringt die Fließrichtungen von Ebbe und Flut durcheinander. Die Berechnungen, wann die Flut das Wasser aus dem Pass herausfließen bzw. wann die Ebbe das Wasser in den Pass hineinfließen lässt, werden unzuverlässig bis schlicht falsch, und plötzlich findet man sich in einem Pass wieder, in dem die Strömung mit starken 4 bis 6 Knoten gegen einen rauscht, anstatt mitzuschieben. Wenn dann noch der Wind gegen die Fließrichtung steht, entstehen kurze, hohe Wellen mitten in der Einfahrt. Die Pässe sind mitunter sehr schmal und teilweise sogar kurvig, sodass man in so einer Situation mächtig ins Schwitzen geraten kann.

Im Nachhinein fühlte sich die Navigation in der Südsee für uns an wie ein Ritterschlag, das echte Segelabenteuer: Fast ohne elektronische Unterstützung durch die Riffe zu navigieren, selbst und ohne Segelführer einen Ankerplatz zu suchen – an dieser Eigenverantwortung wächst man und gewinnt die Sicherheit, dass es einen so richtig gepackt hat.

Tonga, Fidschi und Vanuatu

D ie Überfahrt nach Tonga fängt sehr schön an, sonnig und warm mit achterlichem Wind. Am zweiten Tag schlägt das Wetter um, es wird kalt, und das Meer verwandelt sich in eine raue See. Wir machen es uns unten im Schiff gemütlich. Jedes Mal, wenn ich auf meiner Wache den Kopf hinausstrecke, um einen Rundumblick zu riskieren, bin ich erstaunt, wie wild das Meer dort oben tobt. Im Salon bekommen wir davon nicht viel mit. Wir spielen mit Lego, hören Hörbücher und lesen vor.

Es schaukelt zwar ordentlich, aber hier im Bauch unserer RUND360° fühlen wir uns sicher und geborgen. Wir haben volles Vertrauen in unsere geliebte Dehler. Draußen sieht es dafür aus wie auf der Nordsee im Herbststurm! Wenn man in der kalten Jahreszeit an der dänischen Westküste spazieren geht und auf die wilde Nordsee schaut, ist man immer ganz froh, nicht auf dem Meer zu sein.

Wir sind jetzt mittendrin. Wellen um die drei, vier Meter, Gischt und Regen von allen Seiten. Der Himmel ist dunkelgrau, das Meer düster. Zum ersten Mal auf unserer Reise wirkt es ein wenig bedrohlich. Es ist kalt und nass – als ob sich die Südsee nach Bora Bora für immer verabschieden wollte.

Seit den Kanaren tragen wir zum ersten Mal auf unserer Segeltour wieder Pullover und lange Hosen. Levi bekommt sogar Socken angezogen. Knallrot – findet er super. Er guckt die Socken an, als ob er noch nie welche gesehen hätte. Obwohl das Thermometer 24 °C anzeigt, fühlt es sich kalt an. Wir sind eben seit Monaten mindestens 30 °C gewöhnt. Ich bekomme einen Schnupfen und fühle mich kränklich.

Dadurch dass wir uns jetzt nur unten im Schiff aufhalten, wird Levi und mir am vierten Tag übel. Ich war seit langer Zeit nicht mehr seekrank. Was uns fehlt, ist der Horizont, der Ausblick übers Meer, die frische Luft und die Wärme. Nach sechs Tagen hören wir ein altbekanntes Geräusch, das uns die Nackenhaare zu Berge stehen lässt und so unscheinbar und leise daherkommt, dass man es fast überhören könnte: »Piep«.

Der zweite Antriebsarm des teuren Garmin-Autopiloten verabschiedet sich nach etwas mehr als 7.000 Seemeilen. Lutz reagiert schneller als ich, ist mit ein paar Sätzen am Steuerrad und reißt das Boot herum. Schnell sind wir wieder auf Kurs. Bei dem Wind und der Welle wäre eine Patenthalse vielleicht nicht so gut ausgegangen. Wir versuchen noch ein paarmal, den Autopiloten wieder in Betrieb zu nehmen. Er nimmt die Arbeit sogar wieder auf, aber die Phasen, die er durchhält, sind unregelmäßig und nicht vorhersagbar.

Einer von uns sitzt ab jetzt immer draußen in der Kälte neben dem Einschaltknopf für den Autopiloten, um ihn im Falle eines erneuten Piep schnell wieder zu drücken. Dann läuft er wieder. Manchmal fünf Stunden, manchmal zehn Minuten. Nachts schläft Lutz auf einer Isomatte auf dem Cockpitboden, um auf das drohende Piep zu lauschen. Er trägt seine Schlechtwetterkombi aus dicker roter Jacke und Latzhose. In meiner Kabine höre ich sein Fluchen – jedes Mal, wenn wieder eine Welle ihre Gischt ins Cockpit geschickt hat.

Bei der Kälte und dem Geschaukel können wir nicht duschen. Drinnen würden wir uns blaue Flecken holen, und draußen ist es entschieden zu kalt. Beim Bergfest, nach 600 Seemeilen, wagt Lutz doch ein Bad in der Kälte. Er übergießt sich mit Meerwasser und wird vom eisigen Wind sofort ausgekühlt. Ich bin immer noch verschnupft und ziehe Levis Babyfeuchttücher und ein Kopftuch vor.

Wir kommen recht nah am unbewohnten Beveridge Reef vorbei, einem einsamen, ringförmigen Riff inmitten des Südpazifiks, und würden unser letztes Hemd geben, um einen kleinen Abstecher in seine Lagune zu machen. Viele Hundert Seemeilen von der nächsten Insel entfernt, liegt das winzige Riff mutterseelenallein im Ozean und bietet Seglern einen Ankerplatz zum Verschnaufen. Von Weitem soll man nur die Brandung erkennen können, es zerschellen dort auch immer wieder Boote. Bei dem Sturm und der Welle ist an einen Besuch aber nicht zu denken.

In diesen Bedingungen durch einen flachen und schmalen Pass zu navigieren, der unter Umständen nicht richtig kartografiert ist, wäre ohne Kind schon recht abenteuerlich, ist aber mit Kleinkind in unseren Augen überhaupt nicht zu vertreten. Also schauen wir sehnsüchtig in Richtung Riff, das wir aber gar nicht erkennen können in diesem grauen Hexenkessel, und schwören uns, es auf unserer nächsten Reise zu besuchen. Über Funk hören wir einen amerikanischen Segler von der DREAMCATCHER, der beabsichtigt, das Atoll aufzusuchen. Wir funken ihn an und quatschen eine Weile. Wir wünschen ihm viel Glück bei dem Wetter und fiebern mit, obwohl wir ihn gar nicht kennen und nicht einmal sein

Boot sehen können. Über Funk gibt er ein paar Stunden später Bescheid, dass er wohlbehalten in der Lagune angekommen sei, die Bedingungen aber in der Tat haarsträubend wären.

Je weiter wir segeln, desto mehr Segler treffen wir, deren ungeheuren Mut wir bewundern. Daniel und Sue aus den USA zum Beispiel, die mit ihrer 39-Fuß-Yacht an den Pässen knapp neben der Brandung ankern, um Wellenreiten zu gehen. Wie cool ist das denn bitte, echte »die-hard adventurers«!

Wenig später erreichen wir die Datumsgrenze! Draußen herrscht inzwischen Sturm, und wir befinden uns 100 Seemeilen vor Tonga. Um 10:51 Uhr wird aus Sonntag, dem 02. August plötzlich 9:51 Uhr am Montag, dem 03. August. Wir überspringen einen ganzen Tag und eine Stunde. Sehr abgefahren. Wir stoßen mit einem Glas Panama-Rum an. Jetzt haben wir also den Äquator überquert, die Südhalbkugel befahren, mehr als die Hälfte der Erde umsegelt und die Datumsgrenze passiert! Trotz defektem Autopiloten und miserablem Wetter dort draußen sind wir in Feierlaune. Wir lassen unsere Reise Revue passieren und lachen über alle Missgeschicke, die uns im Laufe unserer Reise widerfahren sind.

Draußen herrscht immer noch Sturm. Zum ersten Mal auf dieser Reise verdient der starke Wind da draußen diesen Namen. Bisher wurden wir bei bis zu 30 Knoten ordentlich durchgepustet, in Böen 40. Aber seit heute Morgen bläst der Wind mit durchgehend 40 Knoten, in Böen 47. Die See ist noch aufgewühlter als an den Tagen zuvor.

Wir erreichen das Königreich Tonga schon nach neun Tagen, der kräftige Wind hat uns in einem Affenzahn über den Ozean geschoben. Um 3 Uhr morgens umrunden wir die nördliche Einfahrt in die Ha'apai-Gruppe. Das ist die mittlere Inselgruppe der drei großen des Königreichs. In der Dunkelheit fahren wir ganz langsam und vorsichtig um die Inselspitze herum. Die Brandung und die Gischt an den Riffen sehen bei Nacht gespenstisch aus. Der Abstand zwischen uns und den gefährlichen Korallenriffen ist in der Dunkelheit schwer einzuschätzen. Auf dem Kartenplotter können wir den Abstand dank GPS eigentlich bis auf wenige Meter genau ablesen, aber wer weiß, ob die Karten stimmen? Selbst im viel befahrenen Mittelmeer liegen einige Inseln auf den Seekarten ein paar Hundert Meter daneben. Wir tasten uns langsam voran, bis wir in die Abdeckung der Insel kommen und der Wind und die Welle schlagartig aufhören. Wir entspannen uns und nehmen plötzlich einen ganz besonderen Geruch wahr: Die Nacht riecht plötzlich nach Afrika!

Der Geruch geht mir durch und durch. Ich fühle mich nach Südafrika zurückversetzt. Dorthin, wo alles anfing mit unserer Weltumseglung. Mit 17 Jahren habe ich im Rahmen eines Austauschprogramms ein Jahr bei Gasteltern in Südafrika gelebt und bin dort zur Schule gegangen. Meine Gastfamilie hatte zu Hause im Garten ein Segelboot gebaut, ganze 20 Meter lang und aus Stahl.

Das Boot ging in dem Jahr zu Wasser, als ich bei ihnen war. Die Jungfernfahrt haben wir zusammen von Richards Bay in Südafrika nach Mosambik unternommen – drei Tage und Nächte am Stück über den Indischen Ozean bis nach Maputo. Meine ersten Nachtwachen habe ich am Steuer eines 20-Meter-Schiffs vor Afrikas Küsten unter einem sagenhaften Sternenhimmel absolviert.

Viele Erinnerungen an diese Reise kommen in mir hoch: Ein Hai schnappte uns den Fisch von der Angel, eine Windhose zog an uns vorbei, und wir sichteten Wale. Innerhalb von einer halben Stunde wurde ich fürchterlich seekrank und spuckte mir die Seele aus dem Leib. Auf einer kleinen Palmeninsel vor Maputo nisteten sich Insekteneier unter der Haut meines großen Zehs ein. Einem unserer Mitsegler mussten wir siedend heißes Wasser über den

Fuß gießen, weil der Verdacht bestand, dass er mit einem giftigen Fisch in Berührung gekommen wäre. Das Rigg einer schönen Yacht, die vor uns an der Kaimauer des Stadthafens in Maputo festgemacht war, brach vor meinen Augen entzwei, als die Flut das Schiff um mehrere Meter anhob, die Festmacherleinen waren viel zu kurz und kippten das Schiff mit dem Mast auf die Kaimauer. Bis jemand bemerkt hatte, dass die Leinen gelöst werden mussten, war es zu spät. Die Spannung auf allen Leinen und im Rigg war schon zu groß. Man hätte sich schwer verletzen können. So blieb nichts übrig, als zuzusehen, wie der Mast schließlich brach und alles in sich zusammenfiel.

Trotz oder vielleicht gerade wegen all dieser Geschehnisse war ich elektrisiert. Es war ein echtes Abenteuer: das Reisen, die See, die Menschen, die Länder und die Herausforderungen, die alles Neue mit sich bringt. Ich wusste, dass ich eines Tages lossegeln musste.

Zwischendurch hatte ich meinen Traum, den ich als 17-Jährige gelebt hatte, völlig vergessen. Da waren das Abitur, das Studium, der erste Job. Und dann fiel es mir wieder ein, ich weiß nicht mehr, wann genau. Vielleicht während eines langweiligen Meetings in London. Vielleicht während eines Urlaubs mit Freunden, als wir uns ein winziges Bötchen mieteten und damit die Höhlen vor der Küste Mallorcas erforschten. Irgendwann erinnerte ich mich plötzlich an diese magische Zeit auf dem Indischen Ozean.

Ich erzählte Peter, meinem damaligen Freund davon. Er lachte nur, schenkte mir aber zum Geburtstag das alles entscheidende Buch: ein junges Paar, das noch gar nicht richtig segeln kann, segelt um die Welt. Seit diesem Zeitpunkt wuchs die Idee über Jahre in meinem Kopf zu einem Plan heran.

Der Geruch, der jetzt so intensiv vom Land her zu uns herüberweht, ist der von Feuer. Von Holzfeuer, das zum Kochen angezündet worden und jetzt erloschen ist. Und da ist noch etwas mit hineingemischt in den Geruch, würzig, rau und erdig. Das letzte Mal, das ich diesen Geruch wahrgenommen habe, war in Tansania. Als Lutz und ich am Kilimandscharo aus dem Flugzeug stiegen, habe ich Afrika gerochen, bevor ich es richtig sehen konnte: Es war der Geruch von Erde und Menschen.

Tonga ist einer der ursprünglichsten Südseestaaten und die einzige konstitutionelle Monarchie Polynesiens: Hier gibt es einen König. Im Gegensatz zu den meisten anderen Südseestaaten wurde Tonga nie von Europäern kolonialisiert. Aufgrund eines Missverständnisses wurden die Inseln früher »die freundlichen Inseln« genannt. James Cook wurde 1777 auf seiner dritten Reise nach Tonga herzlich willkommen geheißen, woraufhin er die Inseln so benannte. Dass die Engländer aber nur so freundlich aufgenommen wurden, um sie besser ermorden und ihre Schiffe plündern zu können, kam erst später ans Licht. James Cook und seine Leute entkamen dem Komplott; er starb erst später auf Hawaii.

Wir bewegen uns ganz langsam auf Pangai zu, wo wir im Morgengrauen den Anker werfen. Hier müssen wir einklarieren. Auf dem Weg durchs Dorf sehen wir verwüstete Häuser, kein Haus steht mehr dort, wo es im Reiseführer angegeben ist. Der Zyklon Ian hat vor über einem Jahr zugeschlagen, aber die Folgen sieht man noch immer. Überall werden neue Unterkünfte mithilfe von australischen und neuseeländischen Hilfsgeldern gebaut.

Wir finden das Haus, in dem der Immigration Officer nun sitzt, trotzdem sehr schnell. Er beglückwünscht uns als Erstes zu unserem außerordentlichen Glück, den König am kommenden Montag sehen zu können. Seine Majestät komme zu Besuch nach Pangai, auf eine landwirtschaftliche Messe. Wir freuen uns auf beides, die Messe und den König.

In der einzigen Ferienanlage der Gegend, die von einem US-Amerikaner geführt wird, leihen wir uns zwei Fahrräder und radeln über die Insel. Die Menschen und das Land hier unterscheiden sich stark von Französisch-Polynesien. Nicht nur, weil alles verwüstet ist.

Einige von den Tieren, die am Straßenrand und an den Stränden grasen, sehen nicht gesund aus. Viele Kühe humpeln, andere sind in der prallen Sonne angepflockt und entsprechend lethargisch. Ein paar von den Kindern, die wir unterwegs treffen, haben anstelle von Zähnen nur noch schwarze Stumpen im Mund. Ihre Kleider sind löchrig und zerschlissen. Obwohl die Menschen nett zu uns sind, fehlen uns die Offenheit und vielleicht auch ein wenig die Herzlichkeit aus Französisch-Polynesien.

Wir packen zwei riesige Ikea-Tüten voll mit Levis zu klein gewordener Kleidung und Spielzeug, für das er nun schon zu alt geworden ist, und geben es Magda, einer Polin, die hier vor vielen Jahren als Seglerin vorbeikam und blieb. Sie betreibt ein nettes kleines Café im Ort. Wir wollten sie eigentlich fragen, ob sie jemanden kennt, der Bedarf an Kinderkleidung hat. Sie hat sich aber so über die Sachen gefreut, dass sie sie gleich selbst behalten hat, für ihren Sohn, der etwas jünger ist als Levi. An so schöne und hochwertige Sachen komme man hier in der Gegend nicht heran, sagt sie. So war das zwar nicht gedacht, aber wir bitten sie dann wenigstens noch, die Sachen weiterzugeben, wenn sie ihrem Sohn zu klein geworden sind.

Am Montag kommt der König zu Besuch. Ein großer dicker Mann, der eine Bastmatte um die Hüften gewickelt trägt und darunter einen langen schwarzen Rock. Das ganze Dorf hat sich in Schale geworfen. Die Männer tragen alle lange schwarze Wickelröcke. Einige tragen auch noch eine Bastmatte um den Rock herumgewickelt. Dazu ein Jackett. Das sieht unheimlich gut aus. Sehr sehr stilvoll. Wir erkennen den amerikanischen Besitzer des Hotels wieder, wo wir unsere Fahrräder geliehen haben. Er trägt ebenfalls einen langen schwarzen Rock. Der Anblick ist im ersten

Moment ungewöhnlich, aber auf den zweiten Blick sieht es klasse aus. Würdevoll, elegant und voller Respekt für die lokalen Traditionen.

Auf der Messe werden alle landwirtschaftlichen Produkte der Gegend aufwendig auf Ständen präsentiert: Vom Tintenfisch bis hin zur Ziege wird hier alles gezeigt, Muscheln, Krebse, Korallenfische, Muränen und Haie liegen in der prallen Sonne. Beklommen schauen wir den Muscheln und Krebsen bei ihrem Überlebenskampf zu, die Fische sind schon tot. Wir hoffen, dass die Auslage später wenigstens noch gegessen wird. Der Geruch der Fischstände zieht quer über das Gelände genau auf das Rednerpult zu. Lutz ist überzeugt, dass das beabsichtigt ist, damit die Reden nicht zu lang werden. Holzschnitzereien, hauptsächlich Buckelwale und andere Walarten, ein wenig Schmuck, Bastmatten und Unmengen an Obst und Gemüse werden präsentiert. An jeder Produktpalette steht ein selbst gemaltes Schild mit dem Herkunftsnamen.

Der König schreitet auf das Rednerpult zu und hält eine lange Rede, die so monoton und emotionslos vorgetragen wird, dass wir uns fragen, wo die versteckte Kamera ist. Wir sitzen zusammen auf dem Boden, unweit des Königs, aber außer Reichweite des Fischgeruchs.

Lutz kauft einen der beiden geschnitzten Holzbuckelwale mitsamt schwerem Podest, auf dem er steht. Wir wollen ihn lieber gleich mit der Post auf dem Seeweg nach Hause schicken, das dauert zwar ein paar Monate, aber das ist für uns ja nicht wichtig. Im Postamt wird der Wal gewogen: 24 Kilogramm. 24 Kilogramm? Lutz hat ihn den ganzen Weg hierher getragen, das kommt ihm etwas zu viel vor. Levi wiegt etwa elf Kilo, und der scheint ihm etwa gleich schwer zu sein. Das Porto muss telefonisch in der Hauptstadt erfragt werden und liegt bei 4.000 US-$. In der Zwischenzeit untersucht Lutz die Waage. Da steht ja »lb«

und nicht »kg« drauf! Das sind also 24 Pfund, und damit zwölf Kilogramm!

»Oh ja, dann rufe ich noch mal in der Hauptstadt an und frage, wie teuer das Paket dann ist«, sagt der Postbeamte. Nach einem sehr langen Telefonat kommt die kaum überraschende Antwort: »Das macht dann 2.000 US-$!« Und ob wir das Paket nicht mit nach Fidschi nehmen könnten, von da sei der Versand bestimmt billiger. Bei dem Preis bleibt uns keine Wahl, und wir nehmen unsere Skulptur mit aufs Boot, wo sie die Hälfte von Levis Spielekabine blockiert.

Bei einer unserer Radtouren über die Insel treffen wir eine ältere US-Amerikanerin, die nach ihrem Studium hier auf Tonga als Entwicklungshelferin tätig war. Wenn ich mich recht entsinne, hat sie hauptsächlich Englisch unterrichtet. Sie ist gerade aus dem Meer gestiegen, Schnorchel und Maske noch auf dem Kopf, und erzählt, wie sie früher zusammen mit ihren Schülern das Fahrrad geschultert hat und bei Niedrigwasser zur nächsten Insel gelaufen ist.

Jetzt gibt es hier einen Damm aus Beton, über den der Wind peitscht, sodass einem beim Darüberradeln die Gischt ins Gesicht spritzt. Die Dame ist mit einer Freundin hier zu Besuch, und sie feiern in ein paar Tagen ihren 70. Geburtstag. Sie lädt uns herzlich zu der Feier im Hotel des Amerikaners ein, zu der wir sehr gern gehen würden, wenn das Wetter mitspielt. Uns gefällt die dynamische alte Dame, und ihre Geschichten über Tonga sind spannend. Leider schlägt das Wetter am nächsten Tag um, und der Wind weht mit heftigen 30 Knoten aus Nord. Bei Nordwind gibt es hier in der Gegend nur eine einzige Bucht, die genug Schutz vor Schwell bietet. Wir verholen zwei Inseln weiter, wo wir gemeinsam mit den drei anderen Yachten der Gegend den starken und kalten Nordwind samt Dauerregen abwarten.

Die Zeit nutzen wir, um am Sonntag in die Kirche zu gehen, laut Reiseführer ein lohnenswerter Ausflug, schon allein wegen des schönen Gesangs. Wir fahren bei gefühlten 10 °C im Dingi an Land und sind erstaunt über den Müll am Strand. Hier liegen nicht nur Plastikflaschen, sondern auch Elektroschrott, Kabel, Batterien, kaputtes Glas von Fenstern und Bauschutt. Wir müssen aufpassen, wohin wir treten, und ziehen lieber Schuhe an, um ernsthafte Verletzungen zu vermeiden. Dazwischen suchen Schweine nach Futter. Sie laufen frei auf der Insel herum und suchen am liebsten am Strand nach Essbarem. Das Muttertier humpelt.

Die vier Kirchen, die es in diesem winzigen Dorf mit geschätzten 100 Einwohnern gibt, sind aufgrund der hohen Luftfeuchtigkeit an den Betonwänden verschimmelt. An den Außenwänden sieht man riesige Stockflecken, drinnen fallen fast die Lampen ab, sie hängen an losen Kabeln von der Decke. Wir sind beim Gottesdienst willkommen und setzen uns in die Reihen, wo der Kirchenchor sitzt. Der Gesang ist wunderschön, vom Rest der Predigt bekommen wir leider nichts mit, da wir kein Wort Tongaisch verstehen. Draußen gießt es jetzt in Strömen. Als der Regen für einen Moment eine Pause einlegt, flüchten wir zum Dingi und rasen zur RUND360° zurück. Die verschimmelten Häuser und der vermüllte Strand hinterlassen bei uns ein bedrückendes Gefühl.

Zwei Tage später dreht der Wind. Die Geburtstagsfeier haben wir nun verpasst, stattdessen segeln wir nach Uoleva. Uoleva ist eine Touristeninsel, hier gibt es gleich drei Unterkünfte für Reisende, die aber so gut in die Landschaft integriert sind, dass man sie vom Meer aus kaum sieht. Der Strand ist top gepflegt, nirgends liegt Müll herum. Eine ganz andere Welt, nur eine Insel weiter – für die Touristen. Hier wollen wir mit einem Walführer den Buckelwalen nachspüren.

Am Strand treffen wir eine Familie mit einer kleinen Tochter aus Hannover. Anke, Bernd und Fiona haben ihre einjährige

Weltreise per Flugzeug vor Kurzem gestartet und sind wegen der Buckelwale hierher nach Tonga gekommen. Fiona ist ein wenig älter als Levi, schon fast fünf. Bis jetzt waren sie in Indonesien und Australien. Sie wollen weiter in Richtung Mittelamerika, um dort unter anderem bei Gastfamilien zu leben und Spanisch zu lernen. Das würde mir auch gefallen!

Abends sitzen wir gemeinsam bei Rum und aufgeschlagenen Kokosnüssen auf dem Strand vor ihrer Hütte und plaudern über das Reisen und die Wale, auf die wir uns schon freuen. Auf einmal fängt der Boden an zu wackeln. Es ist nicht nur ein kleines Zittern, nein, die Erde wackelt richtig hin und her! Die Palmen rauschen von links nach rechts und wieder zurück. »Um Himmels Willen, was ist das denn?«, rufe ich. Das Beben hört kurz auf, nur um gleich darauf wieder einzusetzen.

»Erdbeben!«, schreien wir alle wie aus einem Mund. Die Plastikstühle schwingen hin und her.

»Kein Problem, hier ist ja alles so flach, da gibt es jetzt keinen Erdrutsch oder so«, meint Lutz. Auch die Strohhütten halten dem Beben stand. Sie bewegen sich sanft hin und her, bleiben aber stabil.

»Und was ist mit einem Tsunami, werden die nicht von Beben ausgelöst?« Ich erinnere mich plötzlich an ein Buch, das ich vor vielen Jahren gelesen habe: Eine Seglerfamilie ankerte vor einer kleinen Insel in der Südsee, als sich das Meer in der Nacht plötzlich zurückzog. Sie gingen schnell ankerauf und segelten weit aufs offene Meer hinaus. Als sie am nächsten Morgen zurück zur Insel fuhren, sahen sie die Verwüstungen, die der Tsunami in der Nacht angerichtet hatte. Sie selbst hatten auf dem offenen Meer nichts von der Welle gespürt! Mist, sollen wir nicht lieber aufs Boot zurückgehen und auf und davon segeln? Mir fällt leider nicht mehr ein, wo genau in der Südsee sich dieses Ereignis zugetragen hat.

Wir beschließen zu bleiben, wie alle anderen Einwohner auch, und es passiert – nichts. Die Hotelbesitzer geben Entwarnung, so ein Beben komme hier manchmal vor, ohne Tsunami. Das Beben hatte eine 5,2 auf der Richterskala und hat uns einen ordentlichen Schrecken eingejagt.

Zwei Tage später haben wir uns zum Schwimmen mit Walen angemeldet. Unser Guide, der uns mit aufs Wasser nimmt, ist eine junge Frau: Mette aus Walsrode! Mette war früher für Greenpeace aktiv und hat sich hier in Tonga zur Walführerin ausbilden lassen. Nun arbeitet sie für eine Saison hier auf Uoleva und zeigt Touristen die Welt der Buckelwale. Ihre Unterkunft besteht aus einem kleinen Igluzelt unter Palmen.

Das Schwimmen mit den Walen ist für mich eins der absoluten Highlights der Reise. Buckelwale werden um die 18 Meter lang. Unser Boot misst gerade einmal zwölf Meter! Wir sind mit einem Gummiboot und weiteren sechs jungen Touristen aus Neuseeland, Großbritannien und Spanien unterwegs, auf der Suche nach Buckelwalweibchen, die gerade Lust haben, mit Menschen zu interagieren. Wenn sie ihre Ruhe haben wollen, machen sie sich mit einem Schlag ihrer Flossen auf und davon. Die Weibchen kommen jedes Jahr aus den kalten Gewässern des Südpolarmeeres zum Gebären hierher und bringen ihre Jungen im 20 bis 30 Meter flachen, wärmeren Wasser Tongas zur Welt. Die Kälber sind auch schon einige Meter groß und ziemlich neugierig.

Lutz und ich wechseln uns mit dem Schwimmen ab. Als er im Wasser ist, beschließt das fünf Meter lange Walbaby, an ihm zu schnuppern. Es schwimmt genau auf Lutz zu, der so schnell gar nicht ausweichen kann. Das Baby schwimmt in einem halben Meter Abstand an Lutz vorbei, taucht ab und schwimmt zurück zu seiner Mutter.

Als ich in dem unruhigen kalten Wasser zum ersten Mal meinen Kopf unter die hohen Wellen stecke und in Richtung der Rückenflosse schaue, die bestimmt 30 Meter vor mir aus dem Wasser ragt, traue ich meinen Augen kaum: In unmittelbarer Nähe vor mir sehe ich zwei riesige Buckelwale – die Mutter, dessen Rückenflosse aus dem Wasser schaut, ein genauso großes, befreundetes Weibchen direkt unter ihr über dem Meeresboden und neben ihnen das wenige Wochen alte Baby. Die Mutter bewegt sich gemächlich in meine Richtung.

Auf Mettes eindeutiges Zeichen hin schwimme ich mit meinen Flossen rückwärts aus dem Weg. Die Strömung und die Welle sind gegen mich, ich komme nicht vom Fleck, während die 18 Meter lange Walmutter langsam auf mich zugleitet. Ihr Auge fixiert mich. Mir wird ganz heiß, und ich schlucke Salzwasser, die Wellen klatschen oben in meinen Schnorchel, da ich zu tief ins Wasser gesunken bin. Mit einem Hieb ihrer Fluke könnte sie mich erledigen. Sie schwimmt so nah an mir vorüber, dass ich jeden Kratzer auf ihrer Haut erkennen kann, und das sind erstaunlicherweise ganz schön viele. Tiefe, helle Schnitte auf ihrer grauen Haut. Woher sie wohl solche Kratzer hat?

Ihr großes, interessiertes Auge schwebt in wenigen Metern Entfernung an mir vorbei. Ich kann die Einzelheiten jeder ihrer Pocken ausmachen, die sich auch auf ihrer weißen Unterseite festgesetzt haben – die gleichen Seepocken übrigens wie an unserem Schiffsrumpf. Die beiden großen Tiere ziehen davon, das Baby hinterher. Ich bleibe sprach- und atemlos zurück.

Wir schwimmen den ganzen Tag über mit verschiedenen Weibchen und ihren Kälbern. Überall um uns herum sehen wir die Fluken der Wale aus dem Wasser auftauchen; die Seitenflossen, die absichtlich laut auf das Wasser klatschen, um zu kommunizieren; ganze Wale, die aus dem Meer springen und krachend wieder auf der Wasseroberfläche aufkommen, immer und immer wieder.

Levi, der noch nicht mit ins Wasser kann, beobachtet die Tiere vom Boot aus und ist auch nach mehreren Stunden noch kein bisschen gelangweilt. Immer wieder halten wir nach neuen Tieren Ausschau, und immer wieder ruft Levi dem Bootsführer zu, wenn er einen neuen Wal entdeckt hat.

Das Schwimmen mit den Buckelwalen wird inzwischen kritisch gesehen. Auch wenn sich die Wale – sollten sie keine Lust auf Interaktion haben – schnell der Störung durch uns Menschen entziehen können, so bleibt doch die Befürchtung, dass sich ihr Verhalten langfristig verändern könnte. Es gibt auch nur sehr wenige Orte auf der Welt, wo das Schwimmen mit Walen überhaupt erlaubt ist.

Am nächsten Tag schon verlassen wir Tonga. Das Wetter soll wieder schlechter werden, und wir wollen vorher in Fidschi ankommen. Die Überfahrt ist unspektakulär, zieht sich aber in die Länge, da es kühl ist und wir wieder viel per Hand steuern. Die Piep-Intervalle des Autopiloten werden immer kürzer, sodass wir ihn, wann immer möglich, entlasten wollen. Die Nächte verbringt Lutz wieder auf dem Boden im Cockpit.

Am vierten Tag erreichen wir Suva, die Hauptstadt von Fidschi. Wir ankern vor dem Yachtclub, und sind auf Anhieb von der quirligen, städtischen Atmosphäre des Ortes angetan. Fidschi war früher eine britische Kronkolonie und ist seit 1970 unabhängig. Unter britischer Herrschaft wurden so viele Arbeiter aus Indien hierher verschifft, um auf den Zuckerrohrplantagen zu arbeiten, dass die Inder bis 1997 die Bevölkerungsmehrheit auf den Inseln bildeten. Heute ist neben Fidschianisch und Englisch auch Hindi Amtssprache.

Entsprechend groß ist das Angebot an indischer – und damit auch vegetarischer – Kost. Wir schlemmen jeden Mittag für wenig Geld in der Stadt und bestellen mal wieder einen neuen Arm für den Autopiloten. So schnell wie beim letzten Mal geht der Versand diesmal leider nicht, und wir warten hier zwei Wochen auf das Paket. Ohne eine funktionierende Selbststeueranlage werden wir nicht weiterfahren, das ist klar.

Im Yachtclub treffen wir Jehoda wieder, den Israeli, dem ein Deutscher auf Curaçao den Kopf rasiert hatte. Erstaunlicherweise fängt Levi an, mit ihm Englisch zu sprechen. Er antwortet auf Jehodas Fragen mit »yes« und »no«, dem Taxifahrer ruft er beim Aussteigen »thanks a lot« zu, und auf dem Spielplatz des Yachtclubs antwortet er auf die Frage eines kleinen Mädchens, ob er mit ihr spielen wolle: »Yes, I like.« Klar, das ist rein grammatikalisch gesehen nicht ganz richtig, aber er hat sie verstanden und auch noch geantwortet!

Lutz und ich stehen neben ihm und sind völlig baff. Wir wollten gerade für die beiden übersetzen. Immerhin sprechen Lutz und ich ja Deutsch miteinander, und auf den Inseln in Französisch-Polynesien haben wir Französisch gesprochen und davor in Panama und Galapagos Spanisch. Erst seit Tonga verständigen wir uns mit den Einheimischen auf Englisch. Wie beneidenswert schnell Kinder fremde Sprachen lernen können!

Jehoda hat abgenommen und sieht übermüdet aus. Seine Haut ist grauer als sie es noch vor einem halben Jahr auf Curaçao war. Er ist viel allein gesegelt in den letzten Monaten, und seine Selbststeueranlage ist ihm auf dem Weg nach Hawaii kaputtgegangen, sodass er neun Tage am Stück steuern musste. Das Problem beim Einhandsegeln ist in so einem Fall, dass man niemanden hat, mit dem man sich am Steuer abwechseln kann und auch niemanden, mit dem man seine Sorgen teilen kann. Jehoda ist von Panama über Hawaii in die Südsee gesegelt – eine ungewöhnliche und sehr lange Route. Es ist schön, ihn hier wiederzutreffen, aber das Alleinsegeln ist ihm offensichtlich nicht gut bekommen.

Als wir vergessen, ihm Bescheid zu sagen, dass wir für zwei Tage in eine Regenwald-Ökolodge fahren, schlägt er im Yachtclub Alarm und meldet uns als vermisst, kurz bevor wir wieder zurückkommen. Er ist so erleichtert, uns quicklebendig anzutreffen, dass er sich nicht verkneifen kann zu sagen: »A Jew is worried about Germans! What kind of a world is that!«

In Suva warten wir dann auf das Paket aus Deutschland. Ohne Autopiloten haben wir keine Lust, die Inselwelt zu erkunden. Das ist dann auch unser Glück, da ich ein paar Tage später morgens aufwache und Schmerzen im Rücken habe. Dies beunruhigt mich zuerst nicht weiter, nur, dass sie im Laufe des Tages immer schlimmer werden und ich mich kaum noch bewegen kann. Am nächsten Tag ist es so schlimm, dass Lutz mich kurzerhand ins private Krankenhaus in der Stadt fährt.

Jede Bewegung tut so unglaublich weh, dass ich Tränen in den Augen habe, als ich versuche, von Bord ins Dingi zu klettern. Ins Auto kann ich kaum einsteigen, geschweige denn darin sitzen. In der Klinik fragt mich die Ärztin, woher das komme. Ich erzähle ihr von meinem Versuch, Levi in schiefer Körperhaltung vom Dingi an Deck zu heben, mit einem krummen Rücken, der dann bedenklich geknirscht hat. Aber das ist schon drei Monate her, das war auf Bora Bora, und seitdem hatte ich keine ernsthaften Probleme. Sie fragt mich nach Levis Gewicht. Elf oder zwölf Kilo müsste er jetzt wiegen.

Ob wir ihn mal wiegen sollten, fragt sie mich. Ich würde ihr am liebsten zuschreien, dass Levi kerngesund ist, egal wie viel er wiegt, meine Schmerzen aber auf einer Skala von null bis zehn die Nummer zehn erreicht haben. Ich kann nicht anders und breche in Tränen aus. Sie merkt, dass es ernst ist, veranlasst, dass ich eine schmerzstillende Spritze direkt in den Rücken bekomme und gibt mir ein Rezept für starke Schmerzmittel mit auf den Weg. Mit der Empfehlung, meinen Sohn nicht mehr zu tragen, entlässt sie uns.

Trotz der Spritze brauche ich 20 Minuten, um zurück zum Auto zu gehen und einzusteigen. Den Vordersitz klappen wir so weit nach hinten, dass ich eher liege als sitze. Lutz fährt ganz langsam über Schlaglöcher und andere Hindernisse. An der Kreuzung zur Küstenstraße, die zum Yachtclub führt, bleiben wir an einer roten Ampel stehen. Von meiner Liegeposition auf dem Vordersitz aus kann ich den Baum über mir sehen. Hängen an dem Baum Fledermäuse? Nein, die sind viel größer. Das sind Flughunde. Aber nicht nur einer oder zwei, nein, Hunderte von Flughunden hängen kopfüber an den Ästen des Baumes über mir! Einige drehen sich um die eigene Achse, andere lüften ihre weiten ledrigen Flügel, wieder andere schlafen ungestört im Tageslicht, eingewickelt in ihre eigenen braunen Flügel. Die Farbe der Flughunde übertüncht das Grün der Blätter. Vor lauter Tieren schimmert der Baum braunschwarz im Sonnenlicht. Dann wird die Ampel grün, und der Baum verschwindet aus meinem Sichtfeld.

Ich schaffe es nur unter Tränen zurück aufs Boot und bleibe zwei Tage in meiner Koje liegen, vollgepumpt mit Schmerzmitteln. Dann ist der Spuk vorbei. So überraschend wie er gekommen ist, ist der Schmerz auch wieder verschwunden. Und wir vergessen und verdrängen den Vorfall schnell wieder.

Für ein paar Tage buchen wir ein Hotel am anderen Ende der Insel und erkunden auf dem Weg das Landesinnere. Wir essen lokale Spezialitäten aus dem Erdofen und kosten Yaqona, das weltberühmte betäubende Getränk aus dem Wurzelstock des Rauschpfeffers. Auf den anderen Inseln ist dieses Getränk unter dem Namen Kava bekannt. Von der braunen Brühe werden aber nur unsere Zungen ein wenig taub, mehr Rauschwirkung verspüren wir nicht.

Die Menschen, die wir unterwegs treffen, sind selbstbewusster, stolzer und offener uns gegenüber als die Menschen auf Tonga. Wir erfahren eine Menge über Land und Leute und sind neugierig auf die anderen Inseln, von denen wir aber leider nicht mehr viele sehen können.

Mit einer winzigen Propellermaschine fliegen wir auf die Nachbarinsel Ovalau. Die Maschine ist so klein, dass Levi und ich den beiden ausgesprochen jungen Piloten fast auf dem Schoß sitzen. Entsprechend gut kann ich die Instrumente vorn am Armaturenbrett sehen: Position, Tankanzeige, Kurs und so weiter. Ich kann eine gewisse Ähnlichkeit zu den Anzeigen auf unserem Boot feststellen, was mich dazu verleitet, über einen Pilotenschein zu Hause nachzudenken. Es macht Spaß, den beiden Fidschianern beim Navigieren zuzuschauen. Der Ausblick über die Inseln und Riffe unter uns ist grandios. Levi quietscht vor Vergnügen und unterhält das ganze Flugzeug. Wir landen auf einer winzigen Piste zwischen Palmen und grünem Dickicht und nehmen zusammen mit der einen Hälfte der Passagiere eins der beiden Taxis in die alte Kolonialstadt Levuka.

Im Royal Hotel, dem ältesten Hotel im gesamten südlichen Pazifik, haben wir ein Zimmer gebucht. Das Hotel im Kolonialstil wurde 1852 in Betrieb genommen. Das Inventar ist genauso alt wie das Haus, und auch die Besitzer wirken wie aus der Zeit gefallen. Das Klavier, das im Salon steht, sieht aus, als hätte es viele Partys in den Anfangsjahren miterlebt. Wachs klebt noch an den Kerzenhaltern, die vorn am Klavier angebracht sind. Leider kann man kaum noch darauf spielen. Die Tasten sind fast braun, so vergilbt sind sie, einige fehlen oder klemmen. Die Fußböden knarzen, und der Staub scheint auch aus einem anderen Jahrhundert zu stammen. In unserem Zimmer gibt es kein Fenster aus Glas, sondern eine große Luke aus weiß gestrichenem Holz, die man mit einem schweren Stab aufstemmen kann, um Licht und Luft in den Raum zu lassen. Über dem Bett hängt ein altrosa Vorhang, der zusammen mit den Möbeln an vergangene Jahrhunderte erinnert.

Die historische Stadt Levuka war früher die Hauptstadt Fidschis, bis diese 1883 nach Suva verlegt wurde. Heute ist Levuka ein kleines Nest, das genau wie das Royal Hotel mit seinem maroden Charme an längst vergangene Zeiten erinnert. Das Dorf entlang der Küstenstraße sieht aus wie eine alte Westernstadt. Einige der Gebäude stehen leer und verfallen.

Wir wandern auf einen kleinen Hügel am Ortsrand und kommen an ganzen Schulklassen vorbei – Kinder im Alter von zehn bis 14 Jahren, alle in schicken Schuluniformen, die Schulschluss haben und nach Hause gehen. Kaum eines der Kinder kann kommentarlos an Levi vorübergehen. Sie kichern, scherzen und winken ihm zu. Unser Kleiner genießt die Aufmerksamkeit in vollen Zügen und winkt zurück. Aufgeputscht und vollgepumpt mit neuem Selbstbewusstsein, versucht er, eine junge Palme aus dem Boden zu reißen und damit anzugeben. Wir können ihn gerade noch davon abbringen, da sein Machogehabe von einer alten Dame im Nachbarhaus argwöhnisch beobachtet wird.

Als das Paket mit der neuen Autopilot-Antriebseinheit aus der Heimat im Yachtclub von Suva eintrifft, verlieren wir keine Zeit und machen uns sofort auf den Weg nach Vanuatu und Neukaledonien. Meine Schwester Julia und Heiko haben wieder ihren Besuch angekündigt und wollen in zehn Tagen in Nouméa in Neukaledonien landen. Beim Langfahrtsegeln Termine auszumachen und zu halten, ist äußerst schwierig. Man braucht doch immer sehr viel länger als geplant, denn es gibt einfach zu viele unvorhersehbare und damit unplanbare Ereignisse.

Doch bevor wir uns endgültig von Fidschi verabschieden, begutachten wir noch einen Katamaran, der neben uns in der Ankerbucht liegt. Er gehört einem Deutschen, der uns viele Infos zu Katamaranen im Allgemeinen und seinem im Speziellen gibt. Die schnittige, elegante 50-Fuß-Yacht, die nach dem Riss eines Franzosen zum Großteil in Eigenarbeit entstand, hat erstaunliche Segeleigenschaften, dafür aber überraschend wenig Platz unter

Deck, kaum mehr als die Lagoon 38 unseres Freundes Ludger. Unterschiedlicher könnten zwei Katamarane kaum sein.

In Gedanken sind wir jetzt immer öfter dabei, eine Liste mit Bootstypen zu erstellen, die für uns als Familie infrage kommen. Eins steht für uns inzwischen fest: Unsere heiß geliebte Dehler muss einem familienfreundlicheren Boot weichen.

Die Überfahrt nach Vanuatu ist gemütlich. Der Autopilot funktioniert wieder, und das Wetter ist zwar nicht bombastisch, aber auch nicht mehr so kalt. Wir erreichen Tanna, eine der südlichsten Inseln Vanuatus, nach fünf Tagen nachmittags um 3 Uhr und werden von Stanley begrüßt.

Stanley hat kakaobraune Haut, gekräuseltes mattschwarzes Haar und kommt in seinem Einbaum zu uns herübergepaddelt – nur mit kurzer Hose bekleidet und mit Pfeil und Bogen zum Fischen ausgerüstet. Wir freuen uns über seinen Anblick, sieht er doch recht authentisch aus, fragen uns aber gleichzeitig, wie wir wohl am besten mit ihm kommunizieren könnten. Ob er Bislama spricht? Das können wir nicht. Es ist die Lingua franca, die die Einwohner der Inseln untereinander sprechen, um sich über ihre verschiedenen Sprachen hinweg unterhalten zu können. Bislama ist eine Mischung aus Englisch, Französisch und melanesischen Einflüssen. »Tank yu tumas« heißt »thank you so much«. Die Sprache ist gespickt mit bekannten Ausdrücken, die man mit ein bisschen Übung erraten kann. Der Sprachmix ist der britisch-französischen Herrschaft geschuldet, der die Inseln seit 1887 ausgeliefert waren. Ihre volle Souveränität erreichten die Inseln erst 1980.

»Hi there! Welcome to Tanna! Did you have a good trip?« Stanley strahlt uns mit seinen schneeweißen Zähnen an. Sein Englisch ist so gut, dass ich sofort davon ausgehe, dass er in Oxford studiert haben muss. Wir strahlen zurück und erzählen ihm von unserer Überfahrt von Fidschi. Und dass wir hier eigentlich von den Immigration Officern empfangen werden sollten. Die eigentliche Einklarierungsstelle liegt im Westen der Insel, wo man aber schlecht ankern kann, deshalb hatten wir vorab einen offiziellen Antrag stellen müssen, um hier auf dieser Seite der Insel einklarieren zu dürfen. Der Antrag wurde bewilligt, und wir hatten als Ankunftszeit heute Vormittag genannt. Leider haben wir uns um ein paar Stunden verspätet, allerdings über E-Mail vom Satellitentelefon noch Bescheid gegeben, dass wir erst am Nachmittag ankämen. Diese Nachricht kam wohl zu spät. Die Beamten seien heute Vormittag hier gewesen und hätten drei Stunden auf uns gewartet. Sie würden aber wiederkommen. Morgen früh. Bis dahin, sagt Stanley, dürften wir das Boot aber nicht verlassen. Es tue ihm furchtbar leid, aber so seien die Vorschriften.

Wir plaudern noch ein bisschen, und Levi ist sehr interessiert an seinem Pfeil und Bogen. Stanley zeigt ihm, wie er damit Fische fängt. »Aber ich bin ein schlechter Fischer. Es gibt hier in der Bucht außerdem auch nicht viel Fisch«, sagt er.

»Und was fangen dann die anderen Fischer dahinten mit ihren Netzen?«, wollen wir wie aus einem Munde wissen.

Stanley lacht und schüttelt den Kopf: »Das wüsste ich auch gern.« Mit so viel Humor und britischer Höflichkeit hätten wir an diesem Ende der Welt nicht gerechnet. Wir sind hocherfreut, amüsieren uns köstlich und können es kaum erwarten, die Insel kennenzulernen.

Auf Tanna gibt es einen aktiven Vulkan, der alle paar Minuten Lava und Rauch ausspuckt, den Mount Yasur, an dessen Fuß wir ankern. Aus den Felswänden der Bucht zischt hin und wieder Rauch heraus, wie aus einem Auto, das etwas zu heiß gelaufen ist und Dampf ablassen muss.

Zusammen mit einer australischen Familie vom Nachbarboot nimmt Stanley uns am nächsten Tag in einem Pick-up mit in

Richtung Vulkan. Der Weg, der vom Dorf zum Vulkan führt, ist eher ein Trampelpfad als eine Straße, und so fahren wir nur etwa 15 Stundenkilometer, eher weniger. Wir werden ordentlich durchgeschüttelt und brauchen für die wenigen Kilometer mehr als eine Stunde. Kurz vor Sonnenuntergang kommen wir an, gehen bis zum Kraterrand und können zum Teil bis ins glühende Innere des Berges sehen. Vor jedem kleinen Ausbruch donnert und grollt der Berg so laut, dass Levi Angst bekommt. Dann fliegen Lavabrocken aus dem Schlund bis in den Himmel, wie bei einem überdimensionalen Silvesterfeuerwerk. Die schwarzen Brocken glühen orange und setzen sich stark gegen den dunkler werdenden Himmel ab. Der Berg brennt, raucht und faucht – und stinkt bestialisch nach Schwefel. Auch wenn wir uns auf der windzugewandten Seite des Vulkans befinden, riechen wir die Gase jedes Mal, wenn er Feuer speit.

Beim Anblick der umherfliegenden Glutsteine fragen wir uns, ob man nicht besser Helme tragen oder wenigstens einen größeren Abstand zum Kraterrand halten sollte. Erst beim Abstieg erklärt uns Stanley, dass tatsächlich alle paar Jahre Besucher von den herumfliegenden Lavabrocken erschlagen würden. Der letzte Todesfall sei aber bereits neun Jahre her, als eine Frau und der Führer gleichzeitig von einem sich spaltenden Lavabrocken erschlagen worden wären. Ein Helm hätte den beiden auch nichts genützt.

Vanuatu ist seit 1980 ein unabhängiger Staat, vorher wurde er unter dem Namen Neue Hebriden von Großbritannien und Frankreich gemeinsam regiert. Er besteht aus 83 Inseln, die zusammengenommen so groß sind wie Schleswig-Holstein. Die Einheimischen sind melanesischen Ursprungs, im Gegensatz zu den Polynesiern, denen wir bisher hauptsächlich begegnet sind. Die Menschen hier machen mit ihrem krausen dunklen Haar und den breiten Nasen eher einen afrikanischen Eindruck.

Auf dem Weg ins Dorf werden wir von einer Frau in meinem Alter angesprochen. Um sie herum toben fünf oder sechs kleine Kinder, barfuß und in kurzen Hosen. Sie alle haben krauses mattschwarzes Haar, bis auf eines. Ein kleines Mädchen hat blondes Haar. Ihre Haut hat die gleiche dunkle Farbe wie die ihrer Freunde, nur ihre Haare sind goldblond gekräuselt. Welch eine Laune der Natur! Sie sieht bezaubernd aus, vollkommen »exotisch«. Die Frau, die von der Kindermeute umzingelt wird, stellt sich als Kindergärtnerin vor und lädt uns ein, das kleine Dorf zu besichtigen. Sie führt uns herum und zeigt uns Dorfplatz, Laden und Café. Lutz wird von den Männern des Dorfes abgefangen und darf sich zu ihnen auf den Dorfplatz setzen. »Where are you from?«, wird er gleich gefragt und gibt bereitwillig Auskunft.

»Oh, Germany, that's where people go to work, right?« Das Lachen der Männer ist regelrecht ansteckend.

In der Zwischenzeit zeigt man Levi und mir die Dinge, die es im Dorfladen zu kaufen gibt – Muscheln, Ketten, geflochtene Besen und einiges mehr – und wie die Frauen davor die Besen aus Palmenblättern flechten. Dann geht es weiter zum Strand, wo die Kinder in ihren kurzen Hosen schreiend ins Meer rennen und ordentlich Spaß haben. So einen Kindergarten würden Lutz und ich uns für Levi wünschen. Einen Moment lang geben wir uns dem Gedanken hin, wie es wäre, wenn wir Levi hier in den Kindergarten schicken würden. Aber die Zeit bleibt wohl nicht. Schon in ein paar Tagen warten meine Schwester Julia und Heiko in Neukaledonien auf uns.

Die Häuser des Dorfes sind hauptsächlich aus Palmenwedeln gebaut, nur wenige sind mit Wellblech gedeckt. Die Insel wurde vor einem halben Jahr von Zyklon Pam schlimm getroffen, aber obwohl der Zyklon erst vor wenigen Monaten zugeschlagen hat, kann man die Spuren kaum noch erkennen. Ich sehe nur wenige Häuser, die noch nicht wiederaufgebaut worden sind. Warum war das auf Tonga so anders? Weil die Häuser dort aus Steinen und Brettern gebaut sind und die hier aus Palmen? Oder haben die Menschen auf Vanuatu einfach so viel mehr Ansporn, ihre Heimat wiederaufzubauen, dass sie das, was die Tongaer in eineinhalb Jahren nicht geschafft haben, in weniger als einem halben Jahr bewerkstelligten? Und das anscheinend ohne fremde Hilfe. Auf Tonga prangten überall die Schilder »Australia Aid« und »New Zealand Aid« – also wurden die meisten Häuser dort mit Geldern aus dem Ausland gebaut. Hier sehe ich kein einziges Schild. Wir kommen leider nicht dazu, diesem Rätsel weiter auf den Grund zu gehen, denn wir müssen los. Aber eines wissen wir mit Sicherheit: Zu diesen herzlichen Menschen voller Humor werden wir eines Tages zurückkehren und mehr Zeit hier verbringen.

Zur Sicherheit hatten wir Jule und Heiko gebeten, sich für die erste Nacht in Nouméa ein Hotelzimmer zu nehmen, falls wir uns verspäten sollten. Das war auch gut so, denn wir haben Strömung, Wind und Welle gegen uns. Es ist ein harter Ritt, bei dem wieder Wasser in die Vorderkabine eindringt. Niemand rechnet damit, dass dies unsere letzte Überfahrt mit der RUND360° sein wird! In der Nacht vernehmen wir ein Geräusch, das wir nur zu gut kennen: »Piep«! Glücklicherweise lässt sich der Autopilot wieder einschalten, und er steuert den Rest der Nacht durch. Mit dem Gerät scheint grundsätzlich etwas nicht zu stimmen.

Ziemlich geschafft, kommen wir in Nouméa in Neukaledonien an, und wir müssen erst einmal unsere Wunden lecken. Die Matratzen aus der Vorderkabine müssen getrocknet werden, und der Bootsrumpf ist an der Wasserlinie völlig zugewachsen; es schimmert grün auf unserem weißen Lack. In der geleckten, noblen Marina von Nouméa sehen wir aus, als kämen wir gerade von einer jahrelangen Expedition in der Wildnis zurück in die Zivilisation.

Julia und Heiko helfen uns, das Boot wieder salonfähig zu machen. Dann brechen wir auf, um für zwei Wochen zusammen die wunderbare Korallen- und Inselwelt Neukaledoniens zu erkunden. Nur den Autopiloten ignorieren wir. Wir haben vorerst keine Lust, uns mit diesem Elend zu beschäftigen. Zu viert können wir auch mit einem unzuverlässigen Autopiloten segeln gehen.

Von der Hauptstadt Nouméa aus segeln wir Richtung Südosten zur berühmten Île des Pins, der Pinieninsel. Die Vegetation und die Unterwasserwelt sind umwerfend schön. Winzige Buchten mit Palmen und Nadelwald, türkisblauem Wasser und Felsen, die wie Pilze aus dem Wasser auftauchen. Es ist nur ganz ungewöhnlich kalt – ja kalt! Dafür, dass wir uns in der Südsee befinden, ist es für unseren Geschmack viel zu frisch. In Neukaledonien herrscht ein stetiger steifer Wind, der noch weiter dazu beiträgt, dass man in nasser Schnorchelkleidung anfängt zu frieren. Das letzte Mal, dass wir an einem Strand gefroren haben, muss im Sommer an einem schleswig-holsteinischen Strand gewesen sein.

Um uns trotzdem die außergewöhnlich farbenprächtige Korallenwelt unter Wasser anzusehen, wickeln wir uns zwischen den Schnorchelgängen auf dem Dingi in Handtücher und Decken. Aber auch im Wasser selbst bleiben wir nie länger als fünf Minuten. Danach sind wir durchgefroren. Wir sehen viele kleine Korallenfische und von weitem auch Schildkröten. Nur keinen einzigen Hai, auch sonst keinen Großfisch, obwohl wir später auch an der Kante des Außenriffs entlangschnorcheln. Vielleicht ist es den Haien, Rochen und Thunfischen auch zu kalt hier.

Von der Île des Pins aus segeln wir in die vorgelagerten winzigen Inselchen hinter dem großen Außenriff. An einem paradiesischen Ankerplatz mit eigenem Strand beobachten wir einen gigantischen Fisch, der zusammen mit acht, neun Schiffshaltern um unseren organischen Abfall kämpft, den wir hin und wieder über Bord gehen lassen.

Jule sieht ihn zuerst, den Fisch, der aussieht, als sei er in der Nähe eines Atomkraftwerks aufgewachsen. Er sieht aus wie eine aufgepumpte Makrele oder eher ein etwas rundlicherer Fisch. Silber, in etwa einen Meter lang und einen halben Meter hoch. Lutz traut sich, seinen Kopf unter Wasser zu stecken, um ihn mit seiner Taucherbrille besser sehen zu können. Danach holen wir Levis Lieblingsbuch aus dem Schapp, das Fischbestimmungsbuch, und suchen Seite für Seite erfolglos ein Bild von diesem Monsterfisch. Schließlich werden wir in Lutz' Hochseeangelbuch fündig! Es ist eine Großkopf Makrele, die bei Anglern beliebt ist. Aber keiner von uns kommt auf die Idee, diesen Fisch zu angeln, geschweige denn zu essen.

BOOTSTYPEN

Die Diskussion, was besser ist – ein Einrumpfboot oder ein Katamaran –, treibt viele Segler um. Unsere Erfahrung ist, dass es schlicht davon abhängt, wofür man das Boot braucht. Um sportlich und schnell hoch am Wind zu segeln, ist ein Katamaran ungeeignet. Um aber viel Zeit an Ankerplätzen zu verbringen, auf dem Boot für längere Zeit bequem zu leben und auf Vorwind-Kursen gibt es in unseren Augen kaum eine bessere Wahl.

Wir haben unsere Dehler gekauft, als nicht abzusehen war, dass wir später einmal als Familie damit unterwegs sein würden. Wir wollten ein Boot, das uns unsere Anfängerfehler verzeiht, schnell und sportlich zu segeln und nicht zu teuer ist. Platz war kein wichtiges Kriterium für uns beide.

Im Lauf der Zeit haben sich unsere Ansprüche radikal verändert. Als Familie tritt das sportliche Segeln in den Hintergrund. So lieb wir unsere RUND360° auch gewonnen haben, wir haben uns entschieden, sie gegen einen Katamaran zu tauschen. Wir haben uns viele verschiedene Typen von Zweirumpfbooten angesehen und waren immer wieder erstaunt, wie viel mehr Lebensqualität die meisten bei gleicher Länge bieten.

Ein zusätzlicher Vorteil ist ganz klar das ruhigere Segeln. Die zwei Rümpfe verhindern ein starkes Krängen in den Wellen. Freunde von uns, die mit einer 55-Fuß-Outremer unterwegs waren, haben uns einmal eine Anekdote von einer ihrer wirklich »wilden« Segelpassagen erzählt. Der Seegang sei so heftig gewesen, dass sie sogar die Gläser vom Tisch hätten nehmen müssen! Daraufhin mussten wir sehr lachen.

233

Auf unserer Dehler können wir keinen Hafen verlassen, ohne absolut alles vom Tisch räumen zu müssen!

Ein Spruch, der uns im Gedächtnis geblieben ist, stammt von einem Langfahrtsegler in Panama, der nach vielen Jahrzehnten auf großen und schnellen Einrumpfbooten auf einen Katamaran umgestiegen ist: »Viele Segler wechseln von einem Einrumpfboot zu einem Zweirumpfboot, aber niemand wechselt zurück!«

Unser Plan steht: Als Nächstes wählen wir einen Katamaran.

DER SEGELVIRUS, DER UNS NIEMALS LOSLASSEN WIRD

» Bonjour. Ça va?« Wir sehen Romain schon von Weitem den Steg herunterkommen, und innerhalb von wenigen Minuten ist uns klar, dass er der neue Eigner unserer geliebten RUND360° sein wird. Es passt alles, auch über den Preis werden wir uns einig. Lutz und ich können unser Glück kaum fassen. Das hätten wir in dem Zustand, in dem sich unser Boot jetzt befindet, nicht erwartet. Es liegen Hunderte von Arbeiten an, die wir Romain alle aufgelistet haben. Aber offensichtlich kommen hier wenige Boote in unserer Größe und Klasse vorbei, die zum Verkauf angeboten werden. Über einen befreundeten Segler, der sein Boot ebenfalls in Neukaledonien verkaufen will, hat Romain von unserer Dehler erfahren und uns sofort kontaktiert.

Romain und seine Freundin kommen aus Frankreich, haben sich eine Existenz in Neukaledonien aufgebaut und wollen in ein paar Jahren auch auf Langfahrt gehen. Bis dahin wollen sie auf dem Boot leben, wie viele andere hier in Nouméa auch. Die Mieten sind hoch, und da lohnt es sich, auf ein Boot an einer Mooring auszuweichen. Für uns wäre das nichts – das Wasser in der Bucht ist für unseren Geschmack viel zu unruhig. Es ist immer windig und wellig, und die Dingifahrten an Land sind entsprechend nass. Außerdem sind die Liegeplätze in den wenigen Marinas hier sehr knapp und teuer.

Wir einigen uns mit Romain, dass wir für den Import zuständig sind und die Einfuhrgebühren beziehungsweise Steuern entrichten werden. Obwohl Neukaledonien zu Frankreich gehört, müssen wir unser Boot offiziell importieren. Mithilfe eines Gutachters lassen wir den Wert unserer Yacht bestimmen. Da sich dieser wegen der vielen anstehenden Reparaturen als sehr niedrig erweist, fallen auch die abzugebenden Steuern entsprechend gering aus. Unsere Französischkenntnisse helfen uns hier sehr, denn sowohl bei den Behörden, die den Import für uns erledigen, als auch bei DHL und der Bank gerät man immer wieder an Mitarbeiter, die tatsächlich kein Wort Englisch sprechen.

Für Romain verlegen wir sein neues Boot an eine der vielen halb legalen Moorings in der Bucht, da unsere Zeit in der Marina abgelaufen ist. Nach zwei Wochen hat man uns höflich gebeten, Platz für Neuankömmlinge zu machen. Bei 30 Knoten Wind und kabbeliger Welle in der Bucht machen wir an einer Mooring fest, die uns eine Freundin von Romain zeigt. Sie selbst wohnt auch mit ihrem Mann und den drei Kindern auf einem der Boote nebenan. Wir sind inzwischen ganz geübt und arbeiten zügig und gezielt gegen den steifen Wind an. Wie immer bleiben wir auf Position, bis wir an den endgültigen Platz treiben und die Leinen der Mooring uns sicher halten. Wir treiben und treiben – und treiben. Obwohl das Seil der Mooring fest am Bug verknotet ist, nehmen wir Fahrt auf und nähern uns dem blauen, leicht abgehalfterten Stahlkoloss hinter uns immer schneller. Er sieht aus, als könnte er ein ganz schönes Loch in unseren Rumpf reißen.

»Gib Gas, die hält nicht!« Lutz greift nach den Leinen der Mooring. Wenige Sekunden vor einem Zusammenstoß gebe ich Vollgas und manövriere uns wieder zwischen den Booten heraus, während ich versuche, die wahrscheinlich abgerissene Mooringleine nicht in den Propeller zu bekommen. Lutz zieht die Leine hoch und hält einen zerfetzten, rund sechs Meter langen Tampen in der Hand. »Mannometer, selbst gebastelte Moorings sind ja lebensgefährlich. Kein Wunder, dass die eigentlich verboten sind«, sagt er fassungslos. Zum Glück ist die Mooring gleich am Anfang gerissen. Hätten wir unsere Dehler erst einmal allein hier zurückgelassen und die Leinen wären erst dann gerissen, hätten wir nichts mehr tun können.

Es bleibt nur eine freie – und hoffentlich heile – Mooring direkt vor dem kleinen Strand in knapp 2,30 Meter Wassertiefe. Wir haben immerhin schon einen Tiefgang von 1,90 Meter. »Das wird knapp. Bist du sicher, dass die in Ordnung ist?«, ruft Lutz Romains Freundin zu, die im Dingi neben uns herfährt.

»Ja, ganz sicher. Die hat ein Freund von uns gestern noch benutzt!«

Wir testen diese Mooring lieber erst ein wenig, und sie scheint in Ordnung zu sein. Die Wassertiefe reicht trotz der Wellen hier im Ankerfeld aus. Als wir fest vertäut sind und Romains Freundin mit dem Dingi verschwunden ist, setzen wir uns kurz zusammen ins Cockpit und lauschen auf die Geräusche des Bootes. »Die Leute hier haben nicht mehr alle Tassen im Schrank! An solchen Moorings würde ich nicht mal ein Kinderschlauchboot festmachen«, sagt Lutz kopfschüttelnd.

»Zum Glück gehört das Boot ja schon Romain, das ist dann seine Sache.«

Trotzdem empfehlen wir dem neuen Eigner, sobald wie möglich aus diesem Teil der Bucht zu verholen, wenn ihm sein neues Boot lieb ist. Die abgerissene Mooringleine hat uns ordentlich in Bedrängnis gebracht in diesem engen, ungemütlichen Ankerfeld, aber wir haben das Boot souverän hinausmanövriert: Patrik wäre stolz auf uns gewesen!

Wir packen unsere Taschen und ziehen in eine kleine Pension, räumen das Boot aus und buchen Flüge nach Sydney. Als Abschluss dieser ganz besonders langen Etappe wollen wir noch einen alten Schulfreund von Lutz in Australien besuchen und von dort aus nach Hause fliegen. Wir waren zehn Monate unterwegs – unsere bisher längste Etappe

Der Abschied von unserer geliebten RUND360° fällt schwer. Immerhin haben wir so viel Zeit auf ihr verbracht und mit ihr die halbe Welt gesehen. Sie hat uns unsere Anfängerfehler verziehen und uns sicher durch Stürme und Korallenriffe geführt. Wir hatten zu jeder Zeit volles Vertrauen in unsere Dehler und haben so viel an ihr herumgeschraubt und repariert, dass es uns leidtut, sie gehen zu sehen.

»Also dann RUND180°!«, schreibt Jan, der junge Einhandsegler, von seiner gelben PHOEBE, dem wir per E-Mail aufgeregt von unserem vorteilhaften Verkauf erzählt haben. Nein, nicht RUND180°, es geht weiter! In ein paar Jahren, wenn Levi größer und die Bordkasse voller ist und der Segelvirus wieder voll zugeschlagen hat, wollen wir ein größeres Boot kaufen, möglichst einen Katamaran, und uns in die nächste Etappe stürzen. Aber erst mal geht es jetzt nach Australien, und wir freuen uns riesig darauf, mit einem Camper Van für eine Weile über Land zu reisen.

Als wir schließlich im November zu Hause in Berlin ankommen, hat sich vieles verändert. Mehr als sonst. Während der anfänglich kurzen Etappen ist zu Hause kaum etwas passiert. Es fühlte sich bloß an wie ein Zeitsprung: Wir sind da wieder angekommen, wo wir abgefahren sind. Jedes Mal auf unseren Etappen haben wir eine Art zusätzliche Zeit geschenkt bekommen, wie eine Zeitblase, die sich für uns ausgedehnt hat. Diesmal ist es anders: Freunde von uns haben geheiratet, andere haben sich getrennt, wieder andere haben in unserer Abwesenheit eine Familie gegründet oder noch ein Kind bekommen. Wir haben zwei neue Nachbarn, und unser Lieblings-Supermarkt ist verschwunden. Dort klafft nun ein großes Loch im Boden. In unserer Straße steht ein neues Haus auf einer vormals freien Wiese, und einige Läden in der Gegend haben den Besitzer und das Angebot gewechselt. Diesmal waren wir wirklich lange weg! An das Leben in der Großstadt müssen wir uns diesmal erst wieder gewöhnen.

FAZIT

Jetzt, wo wir vier Jahre mit unserer Dehler in Teilzeit um etwas mehr als die halbe Welt gesegelt sind, können wir ein erstes Fazit ziehen.

Das Teilzeitmodell hat sich für uns als die beste Alternative zum kompletten Ausstieg aus dem Leben zu Hause erwiesen. Sicher war es aufwendig und hat ein hohes Maß an Flexibilität von uns gefordert, aber wir konnten an allen wichtigen Festen im Familien- und Freundeskreis, wie Hochzeiten und 70. Geburtstage, teilhaben. Beruflich war diese Zeit für mich eine Einschränkung, aber das hätte sich zu Hause nicht anders ergeben, da Levi auch nicht in die Krippe gegangen wäre. Lutz hat sein berufliches Netzwerk erhalten, genug Geld verdient, dass wir auf unseren Reisen nicht jeden Euro dreimal umdrehen mussten, und wir durften unseren Levi adoptieren. Das alles wäre nicht möglich gewesen, wären wir drei Jahre oder länger am Stück unterwegs gewesen.

Durch die Segelpausen hat uns die teilweise harte Arbeit an Bord (Wasser holen, Motor und Autopilot reparieren, Waschsalons suchen, mühsames Verproviantieren) nicht so schnell mürbe gemacht. Wir hatten auch kein Heimweh, da wir wussten, wir kommen schon bald wieder.

Finanziell gesehen haben wir es tatsächlich geschafft, nach vier Jahren Segeln mit einer schwarzen Null dazustehen. Wir haben zwar kein Geld ansparen können in dieser Zeit, wie andere dies in unserem Lebensabschnitt sicherlich tun, aber wir haben auch unser vorher Erspartes nicht ausgeben müssen.

Was uns finanziell gesehen auch sehr entgegengekommen

ist, ist die unterschiedliche Bewertung von Gebrauchtbooten in Europa und in der Südsee. Wir haben unsere Dehler für weitaus mehr Geld auf Neukaledonien verkauft, als wir für sie in Hamburg bezahlt hatten.

Ein wichtiger Faktor nach der Ankunft von Levi war natürlich auch das Elterngeld, das wir 14 Monate lang bekommen haben und das je nach vorherigem Einkommen bis zu 1.800 € monatlich hoch sein kann. Diese staatliche Unterstützung in Deutschland ist ein großer Luxus, den viele frisch gebackene Eltern ebenfalls nutzen, um als Familie auf Reisen zu gehen.

Nicht nur der lohnende Verkauf des Bootes, die Steuerersparnisse und das immer wieder gute Gehalt in Deutschland haben dies möglich gemacht, sondern auch unser reduzierter Lebensstil.

Wir haben über die Jahre die verschiedensten Etappenlängen ausprobiert, von wenigen Wochen bis zu zehn Monaten. Im Rückblick empfanden wir etwa vier Monate als die ideale Etappenlänge. Das ist natürlich auch abhängig von den Segelbedingungen in den jeweiligen Gebieten. Aber vier Monate waren gerade lang genug, um wieder richtig »reinzukommen« und nicht gleich wieder an die Abreise zu denken, und kurz genug, um das Zuhause nicht zu vermissen.

Jedes Mal, wenn wir nach Berlin zurückkamen, lernten wir die Annehmlichkeiten zu Hause wieder zu schätzen, das Bad, der große Kühlschrank, die gut sortierten Supermärkte, die Fahrräder und das Auto vor der Tür. Und nicht zu vergessen: den großen Kleiderschrank und mehrere Zimmer, durch die man schreiten kann, ohne sich bücken zu müssen. Auf unseren Heimatetappen konnten wir auch alle Ersatzteile besorgen und direkt mitnehmen, ohne sie langwierig vor Ort bestellen und liefern lassen zu müssen.

Und das Allerschönste an unserem Teilzeitmodell war, dass wir der einsamen weißen Strände mit Palmen, des türkisblauen Meeres und der sagenhaften Unterwasserwelt nicht müde wurden. Nach jedem grauen, kalten und ungemütlichen Monat in Berlin haben wir uns an den Paradiesen auf unseren Reisen nicht sattsehen können. Die fröhlichen, interessanten Menschen und die Gastfreundschaft haben uns immer wieder in ihren Bann gezogen.

Wie Patrik, unser Segelmentor, es gleich am Anfang unserer Reise prophezeit hatte:

»You won't get bored of paradise!«

EPILOG

> Aim for the moon. If you miss,
> you may hit a star.
> *(W. Clement Stone)*

»Würdet Ihr jedem eine solche Reise empfehlen?« Die Moderatorin vom RBB sitzt uns auf dem roten Sofa gegenüber und versucht, uns mit ihrem Lächeln die Nervosität zu nehmen. Wir sind live vor rund 250.000 Zuschauern im Fernsehen. Es ist Freitagabend, Anfang Februar, und beim RBB-Fernsehen ist man wohl der Meinung, dass dieser Winter ein paar Bilder aus der Südsee gut vertragen könnte.

»Unbedingt! Ohne Wenn und Aber!«, lautet unsere einhellige Antwort, und die Moderatorin ist sichtlich erfreut, dass wir ein paar klare Worte herausbekommen. Während des Interviews werden immer wieder Zusammenschnitte von unseren Videos und Fotos gezeigt.

Wir sind nun schon seit über zwei Monaten zurück in Deutschland, und draußen herrscht trister Winter. Ich wurde kurz nach unserer Rückkehr an der Wirbelsäule operiert. Der Bandscheibenvorfall aus Fidschi hatte nach und nach die Nerven in meinem rechten Fuß gelähmt, eine OP war nicht mehr zu vermeiden. Lutz arbeitet jetzt mehrere Tage unter der Woche in Frankfurt, und Levi geht in die Kita. Mit dreieinhalb Jahren ist er jetzt auf jeden Fall alt genug, ein paar Stunden am Tag ohne uns zu verbringen.

243

Das Leben im Berliner Winter ist für uns alle eine große Umstellung. Beim Anblick der Bilder fühlen wir uns jetzt wieder auf unser Segelboot zurückversetzt. Das Blau des Himmels, das Türkis der Lagunen, das strahlende Weiß der Strände und die lange gemeinsame Zeit als Familie – mit jeder Faser sehnen wir uns in diesem Moment zurück an Bord!

Völlig unabhängig voneinander geht uns der gleiche Gedanke durch den Kopf: Die nächste Etappe wird nicht so lange auf sich warten lassen, wie wir es eigentlich geplant hatten. Papua-Neuguinea, die Salomonen, Indonesien und die vielen Inseln im Indischen Ozean – all diese Ziele liegen noch vor uns und warten darauf, von uns angesteuert zu werden! Orte, die man nur auf dem eigenen Kiel besuchen kann, davon einige, die in kaum einem Reiseführer stehen.

In den letzten vier Jahren haben wir magische Momente erlebt, haben Haie gestreichelt, sind mit Buckelwalen auf Tuchfühlung gegangen, haben Stürmen getrotzt – und sind mit unserem Sohn zu einer Familie zusammengewachsen. Die Welt zu besegeln und unseren Sohn zu adoptieren – zwei Dinge, die wir uns erträumt hatten –, haben sich verwirklicht. Nichts scheint mehr unmöglich. Wir sehen die Welt jetzt mit anderen Augen. Und die Magie, die manchmal bei Nacht zwischen Himmel und Ozean aufglimmt, hat einen Platz in unseren Herzen behalten.

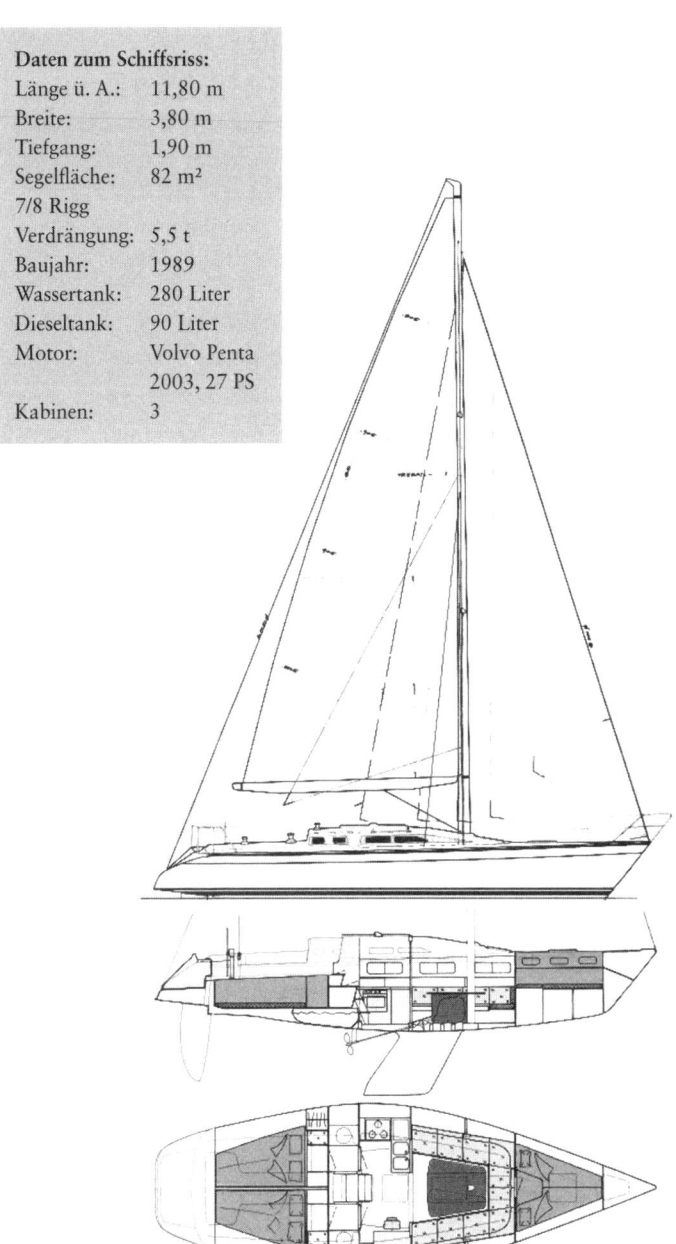

Daten zum Schiffsriss:

Länge ü. A.:	11,80 m
Breite:	3,80 m
Tiefgang:	1,90 m
Segelfläche:	82 m²
7/8 Rigg	
Verdrängung:	5,5 t
Baujahr:	1989
Wassertank:	280 Liter
Dieseltank:	90 Liter
Motor:	Volvo Penta 2003, 27 PS
Kabinen:	3

DANKSAGUNG

Allen voran möchten wir Patrik und John danken, die uns mit vollem Einsatz geholfen haben: John, der bei −4 °C ohne Heizung eine Nacht mit uns in Rendsburg an Bord ausgehalten hat; und natürlich Patrik, der uns in den ersten Wochen so vieles von dem beigebracht hat, was wir zum Langfahrtsegeln brauchten.

Wir danken unserer Familie, ganz besonders Anke und Götz, die unsere Post verwaltet und uns den Rücken frei gehalten haben, um dieses Buch zu schreiben. Meiner Schwester Julia für Taschen voller Ersatzteile und meinem Vater Tilo für die besten Bordfahrräder und immer wieder ein Dach über dem Kopf. Meiner Mutter Heidi und Rolf, die uns während des Bootausbaus so lange beherbergt haben.

Henning und allen Mitarbeitern der Mittelmann's Werft danken wir, die uns nicht nur mit Rat zur Seite standen, sondern auch richtig mit angepackt haben – und das, obwohl sicherlich die eine oder andere Wette lief, wie weit wir Segelnovizen denn überhaupt kommen würden.

Michael Teichmann danken wir für die schnelle Hilfe mit dem kaputten Autopiloten. Der Ersatzarm wurde innerhalb von 48 Stunden aus Kappeln nach Curaçao geliefert und war wenig später einsatzbereit.

Andre Oelmann danken wir herzlich für die Unterstützung beim Layout der Website.

Birgit, unserer Lektorin, gilt ebenfalls unser Dank für einen

246

sehr netten Motivationsbrief nach Trinidad, der sicherlich auch seinen Teil dazu beigetragen hat, dass wir weitergesegelt sind.

Unser besonderer Dank gilt Herrn Woyda von der Krebshilfe, der uns begeistert motiviert hat, unsere Reise der Krebshilfe zu widmen und Spenden zu sammeln.

Klaus Krieger von **Superwind** danken wir herzlich für die großzügige Unterstützung und die unglaublich nette und schnelle Hilfe bei einer Unwucht im Generator. Unser Windgenerator war das zuverlässigste Stück Ausrüstung, das wir an Bord dabeihatten.

Wir danken auch all unseren Sponsoren, die ihr Vertrauen in uns gesetzt und uns großzügig unterstützt haben:

Blaupunkt – Unterhaltungselektronik
DH Interkom – Satellitentelefon
SW-Segel – Segel und Persenninge
Gisa Tex – Stoffe
Istec – Parasailor

Bibliografische Information der Deutschen Nationalbibliothek
Die Deutsche Nationalbibliothek verzeichnet diese Publikation in
der Deutschen Nationalbibliografie; detaillierte bibliografische
Daten sind im Internet über http://dnb.dnb.de abrufbar.

1. Auflage
ISBN 978-3-667-11276-7
© Delius Klasing & Co. KG, Bielefeld

Lektorat: Birgit Radebold/Katja Ernst
Coverfoto vorn: Julia Knaak
Coverfotos hinten und Fotos innen: Johanna und Lutz Klostermann, außer
Bild 2: Lena Giese; 11, 42: Julia Knaak, 12: Silvia Stephan; 23: Stefan Asch-
mutat; 40, 41: Heiko Weissbach
Karten: inch3, Bielefeld
Schutzumschlaggestaltung: Felix Kempf, fx@fx68.de
Satz: Axel Gerber
Lithografie: Mohn Media, Gütersloh
Druck: CPI – Claußen & Bosse, Leck
Printed in Germany 2018

Delius Klasing Verlag, Siekerwall 21, D - 33602 Bielefeld
Tel.: 0521/559-0, Fax: 0521/559-115
E-Mail: info@delius-klasing.de
www.delius-klasing.de

KRISTINA MÜLLER

FREIHEIT AUF ZEIT

WELTUMSEGLER
ERZÄHLEN

DELIUS KLASING

256 S., Format 13,5 x 21,5 cm, gebunden
Euro 22,90 (D)/23,60 (A)
ISBN 978-3-667-11075-6
www.delius-klasing.de

E-book: 17,99 Euro

Ein letztes großes Abenteuer

Jede Weltumsegelung ist eine Liebesgeschichte. Sie erzählt von Männern und Meeren, von Frauen und Freiheit. Und von der Verwirklichung lang gehegter Träume. Vor diesen Geschichten sei gewarnt. Sie können akutes Fernweh auslösen und Reisefieber verursachen, bis hin zu dem drängenden Verlangen, jetzt gleich und hier alles stehen und liegen zu lassen, auf ein Boot zu steigen und davonzusegeln. Als Gegenmittel helfen vorübergehend nur das Stöbern in Gebrauchtbootanzeigen und das Verteilen von Kreuzchen auf dem Globus.

Zwölf Reisen deutscher Weltumsegler zeichnet dieses Buch nach, basierend auf zwölf Interviews mit Paaren, Soloseglern und einer Familie. Zwölf Träume, zwölf Entscheidungen des Loslassens, zwölfmal vollkommene Freiheit. Aber auch: Stürme, Kenterungen, Schlafmangel, leere Kassen und Bürokratie.

All diese Weltumsegelungen haben Menschen wie Sie und ich unternommen: keine Profisegler, keine Rekordjäger, keine Superreichen. Keine bärtigen »Salzbuckel«, keine Adrenalinjunkies. Sie alle teilen die Leidenschaft des Langfahrtsegelns, ohne dass sie zwangsläufig am Meer aufgewachsen, geschweige denn von klein auf Segler sind. Und sie alle haben vorgemacht, dass verdammt viel möglich ist, wenn man nur will.

Ähnlich, oft gar identisch, waren ihre Gründe, loszusegeln. Eines der »letzten großen Abenteuer« wollte Lars Winkelmann erleben. Die Welt zu sehen oder einfach mal weg zu sein sind weitere Motive, die regelmäßig auftauchen. Und dennoch hätten die folgenden Reisen und die Voraussetzungen dafür verschiedener kaum sein können. Genau das war der Grund, warum ich sie auswählte.

Von A bis Z durchgeplant und schnell wieder vorbei (zumindest aus Weltumsegler-Perspektive) war die Tour von Birgit und Uwe Strüwing. Sie schlossen sich einer Rallye um den Globus an. Gefühlt endlos ließen sich dagegen Ingrid und Jürgen Mohns über die Weltmeere treiben. An ihre große Runde hängten sie gleich eine zweite dran. Erst nach über zwei Jahrzehnten liefen sie wieder im Heimathafen ein.

Martin Finkbeiner zog als Mittzwanziger los, hungrig nach Abenteuern. Auf die Rente warten? Nein, danke. Auch andere wollten das nicht: Familie Winkelmann zum Beispiel, die sich von der Schulpflicht in Deutschland nicht abschrecken ließ und mit kleinen Kindern aufbrach. Oder Tatjana Hartmann und Thomas Witt: Sie kündigte, sein Chef genehmigte Urlaub, und sie waren fortan nicht mehr gesehen … So hätte die Geschichte zumindest weitergehen können, wäre es nach den beiden Seglern gegangen. Glücklicherweise wurden sie wiedergesehen. Doch die Abgeschiedenheit mancher Ankerplätze, das Fehlen von Zwängen und das langsame Leben an Bord hinterließen den nachhaltigen Gedanken an den ganz großen Ausstieg.

Dr. Michael Leppert ist diesen Schritt längst gegangen. Seine Weltumsegelung mit ärztlicher Mission ist (noch) nicht vollendet, sie wird es vielleicht niemals sein. Der Pazifik hält ihn fest, seit bald einem Jahrzehnt. Zum Geschäftsmodell hingegen hat Wolfgang Weber das Weltumsegeln ausgebaut: Als Gastgeber reiste er auf seiner Yacht um den Globus. Nicht einmal, gleich zweimal. Mit großem Erfolg.

Nicht allen Reisenden war Fortuna so wohlgesonnen. Eine der Weltumsegelungen endete dramatisch, eine andere löste Zweifel aus. Dies sind jedoch die Ausnahmen, der Großteil der Rückkehrer wäre am liebsten gleich wieder losgesegelt. Oder gar nicht erst zurückgekehrt. Gerade die jüngeren Crews wären wohl heute noch unterwegs, hätten leere Bordkassen sie nicht irgendwann in die Heimat geschickt.

Heimliche Hauptdarsteller der Geschichten sind die Segelyachten. Sie wurden zum Zuhause und zu Reisegefährten der Segler. Manche sind klein, alt und aus rostendem Stahl. Andere, wie die SCHÜSSEL von Christine und Herbert Graßhoff, brandneu und nach den Wünschen der Eigner in modernster Machart gebaut. Heinz Solka schweißte die Platten seines ersten Schiffes eigenhändig zusammen, das zweite konstruierte er selbst und spendierte ihm sogar eine Fahrt auf dem Frachtschiff. Renate und Dieter Heller brachen mit einem schmucken Klassiker zur Weltreise auf, einem Schiff mit hohem, pflegeintensivem Holzanteil.

Schließlich unterscheiden sich die Weltumsegelungen dieses Buches durch die gesegelten Routen, den »Fahrplan«. Viele führen entlang der Barfußroute, geschoben vom Passatwind. Doch nicht wenige Segler entfernten sich vom Strom, reisten abseits der Segelhighways: zu den abgelegenen Inseln des Nordpazifiks, auf Flüssen und Kanälen in Europa und Amerika, in den hohen Norden und tiefen Süden dieses Planeten. Zum Mythos Kap Hoorn und weiter.

Sie halten keinen Ratgeber für angehende Blauwassersegler in den Händen. Dennoch konnte ich es nicht lassen, die Weltumsegler um ihre besten Tipps, Tricks, Anekdoten und technischen Angaben zu ihrem Schiff zu bitten. Sie finden sich am Ende jedes Kapitels und vermitteln gemeinsam mit den Kurzporträts einen kompakten Eindruck davon, worauf es bei dem Unterfangen Weltumsegelung ankommt.

Was die Protagonisten der folgenden Seiten wohl erzählen würden, säßen sie alle in einer lockeren Runde versammelt? Vielleicht ginge es um die optimale Ausrüstung, die schönsten Ankerbuchten – oder um die Fragen, die ich ihnen gestellt habe: In welchem Moment war klar, dass ihr um die Welt segeln wollt? Was werdet ihr nie vergessen? Und wie war es, wieder zurückzukehren?

Für einige Stunden laden sie uns zu sich an Bord ein, um noch einmal, zwischen Seekarten und Konservendosen sitzend, zu planen und zu träumen, die Welt achteraus zu lassen und irgendwann wieder anzukommen.

Vielen Dank euch Weltumseglern. Für die Offenheit, mit der ihr über den Törn eures Lebens und den Weg dorthin berichtet habt – in Kajüten, Kaminzimmern, Kneipen oder über eine brüchige Skype-Verbindung. Ein Hoch auf eure Abenteuerlust, dank der zwischen den folgenden Zeilen die Erfahrung aus einer halben Million Meilen und rund 100 Jahren auf See fließt.

Kristina Müller, Hamburg 2017

Nachgehakt: Martins …

- Sich genug Zeit nehmen, drei Jahre sind das Minimum. Zwei Jahre, das klappt nicht.
- Auf gute Ausrüstungsgegenstände wie Anker und Selbststeueranlage achten. Sie können das Leben an Bord, vor Anker und unterwegs, sehr komfortabel machen.
- Improvisieren können: Mit Zwei-Komponenten-Kleber kann man auch mal einen abgebrochenen Zahn reparieren [lacht]. Hat bis zum Ende der Reise gehalten!

- »Segelrouten der Welt« von Jimmy Cornell.
- Mein Lieblingsbuch: »Schiffbruch mit Tiger« von Yann Martel.

Nordsee oder Ostsee? Eigentlich keine von beiden, sondern die Passatregion, wo der Wind stetig weht. Aber die Ostsee ist einfach wunderschön, hat viel zu bieten, tolle Ankerplätze. Die Nordsee sicher auch, ist aber wahnsinnig rau und ungemütlich. Ich würde immer schauen, dass ich da schnell durchkomme. Ein Freund von mir hat mal gesagt, die Nordsee sei kein Segelrevier, sondern eine Zumutung.

Atlantik oder Pazifik? Pazifik. Und da der Nordpazifik, der Leute und der Kulturen wegen. Die Menschen im Pazifik sind schon sehr besonders.

Hafen oder Ankern? Ankern. Die coolen Orte auf der Welt haben keine Häfen, denn sonst würde ja alle Welt dahin segeln.

Die Orte, an denen es kein WLAN gibt. In Mikronesien gibt es die noch zahlreich.

Eine Kanne heißen Kaffee kochen.

Aus dem Kapitel Junge, komm heil wieder – Frei und weg: der 25-jährige Martin Finkbeiner und seine Weltumsegelung mit Hindernis und Hilfsprojekt.

ASIEN

NÖRDLICHER

STILLER OZEAN

NORD–

AME

AQUATOR

JANUAR–NOVEMBER 2015

Neukaledonien

AUSTRALIEN

SÜDPAZIFIK